U0865129

黑龙江省
高等院校档案工作概览

HEILONGJIANG SHENG GAODENG YUANXIAO DANG'AN GONGZUO GAILAN

主　编　雷晓蓉

副主编　刘婉欣　翟　煜　王永芳

金红霞　王春晖　刘昆鹏

哈尔滨工业大学出版社

HARBIN INSTITUTE OF TECHNOLOGY PRESS

图书在版编目(CIP)数据

黑龙江省高等院校档案工作概览/雷晓蓉主编.—
哈尔滨：哈尔滨工业大学出版社,2023.5
ISBN 978-7-5767-0645-1

Ⅰ.①黑… Ⅱ.①雷… Ⅲ.①高等学校-档案工作-
工作概况-黑龙江省 Ⅳ.①G647.24

中国国家版本馆 CIP 数据核字(2023)第 030672 号

黑龙江省高等院校档案工作概览
HEILONGJIANG SHENG GAODENG YUANXIAO DANG'AN GONGZUO GAILAN

策划编辑 李艳文 范业婷
责任编辑 苗金英
封面设计 屈 佳
出版发行 哈尔滨工业大学出版社
社 址 哈尔滨市南岗区复华四道街 10 号 邮编 150006
传 真 0451-86414749
网 址 http://hitpress.hit.edu.cn
印 刷 哈尔滨市石桥印务有限公司
开 本 787 mm×1 092 mm 1/16 印张 18.25 字数 464 千字
版 次 2023 年 5 月第 1 版 2023 年 5 月第 1 次印刷
书 号 ISBN 978-7-5767-0645-1
定 价 88.00 元

编委名单

前　言

2021 年 7 月，在中国第一历史档案馆新馆开馆之际，习近平总书记对档案工作做出重要批示，“档案工作存史资政育人，是一项利国利民、惠及千秋万代的崇高事业”，要“加强党对档案工作的领导，贯彻实施好新修订的档案法，推动档案事业创新发展”。高校档案是高校从事招生、教学、科研、管理等活动直接形成的对学生、学校和社会有保存价值的各种文字、图表、声像等不同形式、载体的历史记录，是国家档案的重要组成部分，是高校在办学过程中积淀的珍贵资源和财富。高校档案工作作为国家档案事业的中坚力量，是高校重要的基础性工作，是高校治理体系中不可或缺的组成部分。

一直以来，黑龙江省各高校按照新修订的档案法及高校档案管理制度规定和要求，认真开展档案工作，充分履行归档、保存、提供利用高校档案的职责。黑龙江省高校档案事业始终紧跟全国高校档案事业发展步伐，努力与黑龙江省高等教育发展相适应，并积极服务于黑龙江省高等教育改革与发展。尤其是 2008 年 8 月教育部、国家档案局联合发布了《高等学校档案管理办法》以后，黑龙江省高校扎实推动学校档案工作科学发展，档案工作体制机制日趋健全，档案基础设施投入力度不断加大，档案管理现代化水平和档案资源信息化程度大幅提升，档案服务质量、服务效率进一步提高，高校档案在高校的行政管理、教学科研、宣传教育、对外合作交流、校园文化建设、维护学校及师生员工利益等方面都发挥了非常重要的作用，全省高校档案工作呈现出良好的发展态势。在黑龙江省档案局、黑龙江省教育厅、黑龙江省高等院校档案学会 2012 年、2016 年两次全省高校档案工作联合执法检查中，各项检查指标都有明显提升。其后，黑龙江省高校陆续进行了档案机构调整，全省高校档案工作者始终坚守自己的职责，坚持和弘扬“工匠精神”，一如既往地保持着饱满的工作热情和进取的工作状态，努力发挥档案机构职能作用，以有为争有位，以实绩求发展。

2021 年，习近平总书记在对档案工作做出的重要批示中特别强调，“要把蕴含党的初心使命的红色档案保管好、利用好，把新时代党领导人民推进实现中华民族伟大复兴的奋斗历史记录好、留存好，更好地服务党和国家工作大局、服务人民群众”。习近平总书记的重要批示明确了新时代档案工作的总体思路和要求，为全面开启新时代档案事业发展的新征程指明了方向，提供了行动指南。

进入新时代、踏上新征程，黑龙江省高校档案事业也站在了一个新的起点。为全面深入贯彻落实习近平总书记对档案工作的重要指示批示精神，推动黑龙江省高校档案工作实现高质量发展，黑龙江省高等院校档案学会决定组织黑龙江省各高校对档案工作现状进行梳理总结，对未来档案工作进行规划与思考，编写《黑龙江省高等院校档案工作概览》，旨在对全省高校档案工作做一次全面自检和把脉，为进一步总结经验、查找问题、交流和研讨新形势下的档案发展新思路打好基础，助力黑龙江省高校档案工作实现突破与创新发展，也希望以此为契机，推动全省高校档案部门转变思想、提升水平，主动适应新变化、新要求，补短板强弱项，为提高黑龙江省档案工作水平做出更大贡献。

编者

2023 年 2 月

目　录

哈尔滨工业大学档案工作概览

一、学校概况

哈尔滨工业大学隶属于工业和信息化部,位于冰城哈尔滨市,同时在山东省威海市和广东省深圳市分别设有校区。

哈尔滨工业大学始建于1920年,1951年被确定为全国学习外国高等教育模式的两所样板高校之一;1954年进入国家首批重点建设的6所高校行列,被誉为“工程师的摇篮”;1984年被列为全国重点建设的15所院校之一;1996年进入国家“211工程”首批重点建设高校;1999年被确定为国家“985工程”首批重点建设的9所大学之一;2000年与同根同源的哈尔滨建筑大学合并组建新的哈尔滨工业大学;2017年入选“双一流”建设A类高校名单;2022年8个学科入选新一轮“双一流”建设名单。

哈尔滨工业大学始终坚持党的全面领导,坚持社会主义办学方向,坚持立德树人根本任务,秉承“规格严格,功夫到家”的校训传统,赓续弘扬哈工大精神,建成了一支享有“八百壮士”美誉的师资队伍,形成了优势特色学科、基础学科、新兴交叉学科、支撑学科组成的较为完善的学科体系,以及“厚基础、强实践、严过程、求创新”的人才培养特色,培养出了30余万优秀人才。学校坚持与国家重大战略同频共振,打造了一大批国之重器,形成了“立足航天、服务国防、长于工程”的哈工大优势特色。

2020年6月7日,习近平总书记致信祝贺哈尔滨工业大学建校100周年。在习近平总书记贺信精神的引领下,全体哈工大人正奋力开创中国特色、世界一流、哈工大规格的新百年卓越之路。

二、档案机构发展沿革

哈尔滨工业大学早在建校初期就建立了档案管理机构,1938年时,档案室是学校的教学辅助机构。中华人民共和国成立后,哈尔滨工业大学又相继建立了文书档案室、人事档案室、科技档案室,并在物资处、电教中心、计算中心、机工厂和电子厂分别设立了专门的档案管理机构。至1981年,哈尔滨工业大学档案工作格局是:党委办公室下设文书档案室、校长办公室下设科技档案科、组织部下设人事档案室。

1991年4月,哈尔滨工业大学档案馆成立,是最早成立的高校档案馆之一。1992年,哈尔滨工业大学档案管理通过省级考评。1997年12月,哈尔滨工业大学档案管理通过了航天工业总公司和黑龙江省档案局的联合考评,1998年1月由国家档案局批准为“科技事业单位档案目标管理国家一级”单位。哈尔滨工业大学于1998年成立了档案工作委员会,在学校各单位设立专(兼)职档案工作岗位280个(2021年优化为120个),建立起覆盖全校的学校档案工作网络。2000年6月7日,哈尔滨工业大学与哈尔滨建筑大学合并,两校档案馆同时合并,组建新的哈尔滨工业大学档案馆。

三、档案机构基本情况

哈尔滨工业大学档案馆是学校直属处级单位,现有人员18人,其中本科学历9人、硕士研究生学历9人。具有副高级以上职称9人,其中,工业和信息化部项目档案评审专家3人、黑龙江省军工固定资产投资项目档案验收专家3人、黑龙江省档案局科技项目评审专家3人。档案馆下设文书档案室、科技档案室、综合办公室、信息技术室及学籍利用室共5个业务科室。档案馆现存哈尔滨工业大学、哈尔滨建筑大学两个档案全宗,馆藏档案23万卷(件),包括党群、行政、教学、科研、基建、出版、特型、设备、招投标、会计、声像、人物、口述、班级共14个门类。馆舍面积3 000 m^2,库房配有红外报警系统、视频监控系统、恒温恒湿环境控制系统及高压细水雾消防系统。建馆以来,共获评省、部级先进集体17次。其中,2003年获得全国档案工作优秀集体称号,2021年获评全省档案工作先进集体。

四、档案机构主要职能

哈尔滨工业大学档案馆既是学校档案工作的行政管理部门,又是集中统一保存和提供利用档案的业务机构,负责在全校宣传贯彻落实国家和地方有关档案工作的法律法规和方针政策,综合规划学校档案工作;制定和组织实施全校档案工作的规章制度;监督指导学校各部门做好各类档案的收集、整理、立卷和归档工作;对接收进馆的档案进行系统的整理、保管、鉴定和统计;组织实施档案信息化建设和电子文件归档工作,开展数字档案馆建设;开发档案信息资源,提供档案利用;负责学校重大建设项目和重大科研项目档案工作的全过程管理,负责项目档案管理和验收。利用档案开展多种形式的档案宣传教育活动,充分发挥档案的文化育人功能;开展档案学术研究、经验交流和业务培训。

五、档案工作主要业绩

1.加强党的领导,全面推进档案治理体系建设

学校制定了《哈尔滨工业大学档案工作规范》,确定“统一领导,集中管理,分级保管,既确保学校档案的完整与安全,又方便各方面利用”的档案工作原则和学校档案的二级管理体系。在此基础上,建立并完善了各类档案管理的规章制度和工作流程。档案馆紧密围绕学校中心工作,配合固定资产投资项目竣工验收、科研项目(课题)结题验收、科研质量管理体系认证、保密资格认证、装备资格审查、配套生产许可证审查、干部人事档案核查等工作的开展,坚持档案工作“三纳入、四同步”,前期介入,全程管理,主动服务,发挥档案参考、凭证作用,做好档案工作指导和档案验收,服务学校中心工作。深入贯彻习近平总书记对档案工作的重要指示批示精神,科学谋划,制订了学校档案工作“十四五”规划。

2.强化业务基础,有效推动学校档案资源体系建设

持续拓展特色档案收集,加大照片档案、人物档案收集力度,馆藏照片档案达到57万张。增加了班级档案、口述档案类别,出台了相关管理办法,开展了“哈工大特色班”班级档

案专项工作。2017 年设专人负责口述档案采集和归档,已形成或归档 97 人、18 700 min 口述视频材料。发布《哈尔滨工业大学电子文件归档及电子档案管理办法》,扫描归档了 2016 年以来的全部毕业证书、学位证书电子档案,建立了网站、校报、学术成果专题库,专项收集归档了百年校庆活动档案。及时开展扶贫工作、“不忘初心、牢记使命”主题教育等专题档案工作的指导和检查,并完成阶段性归档和整理工作。

3.坚持守正创新,加快数字校园环境下档案数字转型

哈尔滨工业大学档案管理信息化起步于 1991 年,自主开发了档案信息管理系统和档案馆网站,2004 年启动馆藏档案数字化工作,2009 年编写了《数字档案馆建设方案》并分步实施。2012 年购置工程一体机,完成馆藏基建图纸数字化工作,实现自动检索和打印。2018 年,《哈尔滨工业大学数字档案馆建设方案》通过校长办公会审议,纳入学校信息化校园建设项目统一规划,一期建设完成数字化扫描 300 万页(形成数据化信息 100 万条),构建了基于档案馆局域网和校园网虚拟网的基础网络系统,建成综合档案管理系统及学籍档案远程预约、设备归档系统、档案利用服务平台等 10 个子系统,实现了 OA 系统电子文件、教务系统学籍数据的电子档案归档接收。2021 年,获批国家档案局全国数字档案室建设试点,规划了以电子档案归档平台、档案资源分级利用平台、档案资源安全存储平台为核心的“三网三库四平台”数字档案馆(二期)建设内容,全面开启业务融合条件下的档案工作数字化转型。

4.强化服务理念,持续提高档案利用服务能力和服务效率

持续改进服务理念,创新服务措施,扎实推进“我为师生办实事”活动。坚持以师生需求为出发点和着力点,梳理、健全档案服务工作 37 项,开通网络服务 31 项,全面优化服务流程。针对服务师生高频事项,进一步完善“学籍档案利用预约系统”,推出多种途径的“不见面”远程服务,实现特殊时期“不间断的服务”,为档案工作价值赋能。2020 年为百年校庆筹备工作提供大量电子照片、历史文件、毕业生信息等。2021 年,为学院教学秘书开通网上学籍档案查询,高效完成毕业学历核查工作任务。近 5 年,平均每年提供档案利用 8 949 人次/49 102 卷(件)次。

5.强化档案资源开发,发挥学校档案文化价值和育人作用

坚持开展档案编研,编写了《哈尔滨工业大学改革开放三十年大事记》、《哈尔滨工业大学知名人士介绍》(第一、二辑)、《哈尔滨工业大学博士生发表论文情况汇编》等成果。近年来,档案馆注重挖掘档案的历史文化价值,坚持每年“6·9 国际档案日”开展系列宣传活动,举办《哈尔滨工业大学与俄罗斯(前苏联)——源远流长 超越创新》《馆藏档案回顾之哈尔滨工业大学教学工作》《馆藏档案回顾之哈尔滨工业大学科学研究工作》等馆藏系列展以及档案知识展览,线上线下多形式举办档案知识、校史知识有奖答题,利用馆藏档案设计制作具有哈工大元素的书签、便笺纸、冰箱贴、老照片、明信片等文化产品,传播“哈工大印记”。2021 年恰逢建馆三十年,档案馆举办了《记忆·传承:哈尔滨工业大学档案工作三十年》《世纪回眸,致敬百年》主题展览,制作了《铭记》《学校档案工作三十年》专题片,总结过去,展望未来。档案馆还在网站、微信公众号中发布“恢复高考三十年记”“红色故事——哈尔滨工业大学的红色星火”“风华人生——哈工大何绍元教授口述档案访谈纪实”“一张照片引出的故事——‘红色江岸’热土上的燃情岁月”等推送,讲述哈工大故事,宣传哈工大文化,传承“规格严格,功夫到家”的校训精神。

六、面向未来工作设想

当前，国家治理体系和治理能力现代化正持续推进，数据赋能、协同治理、智慧决策、优质服务已成为数字时代政务及管理工作新要求，“网络强国”“数字政府”“数字经济”发展为档案工作发展提供了新的机遇与挑战。“十四五”期间，档案馆将以数字档案馆建设为契机，逐步推进数字校园环境下档案工作的业务融合、数据融合、技术融合，全面加强重大专项档案和电子档案归档管理，持续强化档案资源建设；建构线上线下一体化业务管理体系，加快学校档案治理的现代化进程；探索档案知识管理和在线服务，加强档案信息数据化决策支撑能力，提升档案利用服务水平；系统开展档案深层次编研，开发档案资源的历史记忆功能和文化传承价值，为学校落实立德树人根本任务和追求卓越的新百年建设发展做出更大贡献。

（哈尔滨工业大学档案馆　雷晓蓉　刘婉欣）

2021 年建馆三十年举办《记忆 · 传承：哈尔滨工业大学档案工作三十年》大型展览

基础科研楼建设项目档案验收
——专家现场查验档案

哈尔滨工程大学档案工作概览

一、学校概况

哈尔滨工程大学坐落于北国冰城哈尔滨,前身是创建于1953年的中国人民解放军军事工程学院。1970年,以海军工程系为基础在原址组建哈尔滨船舶工程学院。1978年,被确定为全国重点大学。1994年,更名为哈尔滨工程大学。现隶属于工业和信息化部。

哈尔滨工程大学是“211工程”首批重点建设高校,国家“985工程”优势学科创新平台项目建设高校;2017年,进入国家“双一流”建设高校行列,是国家“三海一核”(船舶工业、海军装备、海洋开发、核能应用)领域重要的人才培养和科学研究基地。

哈尔滨工程大学始终坚持和发扬“哈军工”精神,以祖国需要为第一需要,以国防需求为第一使命,以人民满意为第一标准,紧紧抓住“三海一核”领域及东北振兴的国家战略机遇,以敢为的自信、必成的劲头、开放的眼界、合作的气度,开启全面创建特色鲜明世界一流大学新航程。

二、档案机构发展沿革

哈尔滨工程大学档案工作始于1978年哈尔滨船舶工程学院时期设立的文书档案岗位。1982年成立科技档案室,成为学校第一个档案工作常设机构。1991年3月成立档案馆,是学校直属的处级单位。2001年晋升为科技事业单位国家档案管理一级单位。档案馆既是学校档案工作的行政管理部门,又是提供档案利用服务的业务部门,同时,也是学校历史档案编研、红色文化传承的部门,2021年被评为黑龙江省档案工作先进集体。

三、档案机构基本情况

档案馆现设综合档案服务利用中心、教学档案服务利用中心、科研项目档案服务利用中心、校史资源开发编研中心、档案宣传与信息技术中心、档案认证服务中心共6个中心。现有专职工作人员14人,其中,高级专业技术职务5人,博士4人,硕士7人。黑龙江省科技档案项目评审专家2人,黑龙江省项目档案验收专家2人,哈尔滨市科技项目档案评审专家1人,哈尔滨市档案职称评审专家1人。馆舍总面积近5 000 m^2,其中库房面积2 000多m^2。馆藏两个档案全宗,即哈军工海军工程系全宗、哈尔滨工程大学全宗。馆藏档案25万余卷,包含党群、行政、科研、基建、设备、产品、出版、教学、财会、实物、声像共11个门类。近5年,年均接待各类档案利用服务8 000人次以上,年均查询借阅调用档案逾万卷,年均查询核实制作各类认证文件2 000份以上。

四、档案机构主要职能

基于部门职责及定位，档案馆持续坚持“一体两翼”工作思路，即“以档案基础业务为本体，以档案数字化信息化、档案文化编研为两翼”，积极寻找新的工作增长点，不断提升部门服务保障能力，助力学校“十四五”高质量发展。

档案基础业务方面，近年来建设完成“院士二级档案室”，增设“青岛创新发展基地”“烟台研究(生)院”二级档案室，新增扶贫专项等档案类目，档案工作实现全覆盖、稳增长态势。为事关学校重大利益的工作提供稳定有力的档案支撑，高质量完成固定资产投资项目档案验收，完成多个项目档案的管理工作。持续开展研究论文对外交流工作，每年向国家图书馆、CNKI(中国知网)、万方数据等单位交流、封装、编目、邮寄学校研究生学位论文总量近9 000册(份)。积极开展档案精准服务，“档案认证答疑解惑”“工程永远是家”“档案走进您心里”三大品牌活动得到广大师生、校友的广泛欢迎与认可。

在档案数字化信息化方面，建成档案数字化加工间，理顺档案数字化加工流程，自主稳步推进档案数字化工作。完成档案信息化系统一期建设工作，扎实推进档案工作信息化进程。在网上办事中心提供远程归档、档案查阅申请审批、部分门类档案利用等服务项目。

在档案文化编研方面，坚持“档案是学校文化自信的源泉”理念，深度开展档案文化编研、传播、创新。策划“你在前方——纪念谢有法、刘居英、张衍诞辰100周年”“不忘初心、牢记使命——党旗、党徽、党章专题展”“‘三海一核’的前世今生”“与祖国共成长——哈尔滨工程大学历史图片展”“唱响东方红　放歌新时代——纪念我国第一颗人造卫星发射成功50周年”等主题展览；献礼校庆65周年，推出专著《忠诚的印记》(由光明日报出版社出版)，编印《“三海一核”的前世今生》画册以及《我的大学》手绘画册；全国中小学生研学实践教材《图说舰船》入选黑龙江省科学技术厅优秀科普教材；档案馆形象宣传片《记录·传承》获黑龙江省优秀教育电视片一等奖。

五、档案工作主要业绩

哈尔滨工程大学档案馆以贯彻落实习近平总书记对档案工作的重要指示批示精神为指引，持续坚持“一体两翼”工作思路，不断提升服务质量和水平，力争为学校“十四五”高质量发展贡献全部力量。

围绕习近平总书记“加强党对档案工作的领导，贯彻实施好新修订的档案法，推动档案事业创新发展”的重要批示，档案馆深刻把握“档案姓党”的政治属性，组织新修订的档案法学习，编撰档案事业发展“十四五”规划。荣膺黑龙江省档案工作先进集体；2人入选黑龙江省科技档案项目评审专家，1部作品获黑龙江省档案局建党百年征文二等奖，8部作品在黑龙江省高校档案学会获奖。

围绕习近平总书记“把蕴含党的初心使命的红色档案保管好、利用好”的重要指示，积极开展哈军工红色档案及校史编研工作，产出一系列具有影响力的标志性成果：作品《一份校报记录的初心与使命》入选迎建党百年全国档案系统百佳微视频(黑龙江省唯一)；《哈军工文化传承创新服务育人》项目入选教育部思政培育项目；《讲述：哈军工革命文物背后的故事》系列作品入选全国高校庆祝中国共产党成立100周年原创精品档案，并在高校思政网、

“学习强国”黑龙江省平台高校慕课栏目播出；建党百年之际，黑龙江省教育厅以哈尔滨工程大学档案馆组织策划的“庆祝建党百年图片展”为基础，下发通知组织省内高校联展活动，30余所高校参与，约10万人次参观展览，为全省高校提供党史学习教育鲜活载体，光明网等国家级媒体给予报道；品牌编研成果《校史读本》得到新生广泛好评，品牌活动“天涯共此时 我与家长读校史”活动获得家长高度认可。

围绕习近平总书记“把新时代党领导人民推进实现中华民族伟大复兴的奋斗历史记录好、留存好”的重要批示，扎实推进脱贫攻坚等档案的归集工作。依托档案馆征集的扶贫照片档案，策划《工迹——精准扶贫中的“工程”作为》宣传片，累计收集扶贫实物史料照片3 000余件。支撑学校精准扶贫工作，继续实施与汤原县永发乡学校签订的“春雨科普扶智计划”，开设“春雨扶智空中课堂”，受到永发乡学校领导高度评价。

围绕习近平总书记“更好地服务党和国家工作大局、服务人民群众”的重要指示，将档案业务工作与党史学习教育结合起来，从“读懂百年”“聆听百年”等方面开展本馆党史学习教育“十个一”活动；组织开展“档案认证答疑解惑”“档案走进您心里”等为师生校友办实事服务活动；协助大连船舶重工核查补全档案证明400余份，并将其送至校友手中，获用人单位高度评价。深入校内外相关单位，开展点对点档案培训指导。为事关学校重要利益的工作提供档案支撑，完成多个固定资产投资项目档案验收工作，为国家级课程申报、学科评估、中组部补充人事档案信息，并为学校“十四五”固定资产投资规划、学历清查等提供档案服务与支撑。

六、面向未来工作设想

面向未来，哈尔滨工程大学档案馆将以贯彻落实习近平总书记对档案工作的重要指示批示精神为引领，坚持“一体两翼”工作理念，以“存史资政育人”为贡献点，以“四个得以”“三个走向”为结合点，以“四个好”“两服务”为着力点，秉承“为党管档、为国守史、为民服务”使命担当，奋力谱写档案事业发展新篇章！

（哈尔滨工程大学档案馆　姚　贝　王春晖）

《胸怀千秋伟业　恰是百年风华》庆祝中国共产党建党100周年图片展

哈尔滨工程大学档案馆征集到的部分扶贫实物档案

东北林业大学档案工作概览

一、学校概况

东北林业大学是一所以林科为优势、林业工程为特色的多学科协调发展的高等学校，地处我国最大国有林区的中心——哈尔滨市，并拥有帽儿山实验林场和凉水实验林场等教学、科研、实习基地，总面积达 3.3 万 hm^2。

学校创建于 1952 年 7 月。2000 年 2 月，由国家林业局（现国家林业和草原局）划归教育部直属管理。2005 年 10 月，经国家发改委、财政部和教育部批准，成为国家“211 工程”重点建设高校。2011 年 6 月，成为国家“985 工程”优势学科创新平台建设高校。2017 年 9 月，经国务院批准列为“双一流”建设高校。2022 年 2 月，入选国家第二轮“双一流”建设高校及建设学科名单。

学校始终坚持党的全面领导，牢记“为党育人、为国育才”的初心使命，秉承“学参天地、德合自然”的校训，弘扬“以林育人”的特色文化，扎根于中国大地、坚守于祖国北疆、耕耘于绿水青山、致力于生态文明，为社会输送了大批高级专门人才，培养了一批批以塞罕坝林场建设者、鹦哥岭自然保护区青年团队、全国首位环保烈士徐秀娟等为代表的优秀毕业生 20 万余名，为我国的林业教育、生态文明建设和经济社会发展做出了重要贡献。

二、档案机构发展沿革

东北林业大学档案工作最初由学校办公室秘书科档案室承担。1963 年，学校办公室成立档案科。1990 年，学校决定撤销原校长办公室下设的档案科，成立综合档案室，为副处级机构，由校长办公室副主任兼任综合档案室主任。2007 年，学校档案馆明确独立处级建制，不再挂靠学校办公室。2018 年，学校档案馆正处级建制保持不变，挂靠学校办公室，其人事档案科划转到党委组织部。2019 年，档案馆调整为副处级建制，挂靠学校办公室。2020 年，增设档案编研科，原综合档案室更名为档案管理科。

三、档案机构基本情况

东北林业大学档案馆现有工作人员 6 人，其中馆长 1 人（学校办公室副主任兼），科长 2 人，馆员 3 人。其中 4 人为硕士研究生学历，2 人为本科学历。档案馆下设档案管理科和档案编研科共 2 个业务科室。为进一步加强档案工作管理，学校成立了以校长为主任、分管副校长为副主任的档案工作委员会，领导、指导、规划全校的档案工作。东北林业大学档案馆现有馆藏 13 大类档案，共计 20 余万卷（件），现有库房面积 721.81 m^2；建有门户网站和数字档案管理平台。学校共有59个立档单位,各单位设置档案工作负责人,构建了由93名兼职档案员形成的档案工作网络体系。自建馆以来,在黑龙江省教育厅、黑龙江省档案局年度档案执法检查中2次被评为优秀,3次被确定为免检单位,并入选黑龙江省高等院校档案学会常务理事单位。2021年荣获黑龙江省档案工作先进集体称号。

四、档案机构主要职能

东北林业大学档案馆是学校档案工作的职能管理部门,同时还是保存和提供利用学校档案的业务部门,最大限度地向广大师生、社会提供档案信息。负责规划学校档案工作,制定学校档案工作规章制度,对学校各单位档案工作进行监督、指导和检查;根据学校档案归档范围,指导和协助各单位做好各类档案的收集、征集和立卷工作;接收各单位立卷完毕的档案,并进行科学管理和开放、利用工作;组织实施档案信息化建设和电子档案的规范化管理;编研档案参考资料,开发档案信息资源;负责学校档案工作专兼职人员的业务培训;开展档案学术研究交流和宣传教育活动;保守档案秘密,确保档案实体和信息安全,维护档案的完整、准确和系统。

五、档案工作主要业绩

近年来,东北林业大学档案馆科学履行"为党管档、为国守史、为民服务"职能,加强档案科研能力,提高一流档案对一流学科、一流大学的支撑能力。服务学校中心工作,向着建设数字化档案馆的工作目标迈进,切实为广大师生校友提供优质服务。

1.依法治档能力更强

东北林业大学档案馆始终坚持依法依规履行档案管理职责,不断加强档案治理体系建设。一是夯实依法治档制度体系。认真贯彻落实新修订的档案法,通过以修订《东北林业大学档案管理办法》为核心,涵盖13大类基础业务管理文件的重新梳理,形成一整套业务建设规范。近两年,完善修订《东北林业大学综合档案归档制度》《东北林业大学档案保管制度》《东北林业大学档案工作考核制度》《东北林业大学档案查阅利用制度》等档案管理工作制度和《东北林业大学档案归档范围和保管期限表》。学校档案工作制度标准体系逐步完善,管档治档依据更加充分,各项工作制度化标准化规范化水平进一步提升。二是档案实体安全检查工作更加有力。遵循预防为主的总原则,做好各项工作预案,积极开展档案库房检查、消防安全检查等,预防和处理突发事件,对档案人员进行相关安全知识培训,严格做好库房管理"十防",确保档案安全。在库房管理中,严格实行双人双锁,档案实行分工分区管理,重要的档案使用保密柜特殊保管。阅档区档案库房门口设置监控,并有门卫24小时把守。

2.档案信息化建设步伐更快

学校着眼档案工作在信息时代的战略转型,按照"资源为先、整体推进、确保安全"的原则,大力推进信息化建设,学校数字档案馆一期、二期建设项目现已初具规模。

数字档案馆建设项目由档案信息资源管理平台建设及馆藏档案数字化加工两部分组成。管理平台共开发了6个子系统,同步完成馆藏近2.9 TB的数字化扫描工作。同时开发数据交换接口,与校内其他业务系统进行信息集成,基本满足档案管理工作收、管、存、用的业务需求,实现了各单位档案在线移交接收、档案业务流程全过程留痕管理、档案多方式多格式安全储存。同时,为档案利用者提供了基于互联网跨地域在线服务系统,档案利用者经授权就可以足不出户查阅档案信息,充分利用智能移动设备的便携性与交互性,打造高校“掌上档案”利用服务模式,构建档案资源、技术平台和用户之间的通道,建立一体化的档案服务模式,大大提高档案的利用效率。

3.档案资源体系更完善

一是严格执行规章制度,做好各类档案的收集、整理等工作,做到“应归尽归、应收尽收”,平均每年接收各类档案及资料2万余卷(件)。二是及时开展70年校庆工作档案、脱贫攻坚档案等的专项收集工作,通过多途径、多形式,征集到相关档案百余件,确保重大事件和专项档案及时收录,助力学校发展建设。三是开展口述东林历史的工作,自2020年开始有计划地开展口述历史工作,用影音记录下老一辈东林人记忆中的东林创业史和成长史,用艰苦创业的东林精神去感召新一代东林人,培养塑造东林情怀和东林品格,宣传东林文化和创业精神。同时,以此为契机征集有价值的档案资料,建立东林名人专题档案。

4.档案利用服务质量不断提升

以档案信息化建设为基础,以提高服务质量为宗旨,积极为全校师生、校友等提供精准的档案服务。一是建立首问负责制。实行来电、来访首问负责制度。二是实行主副岗工作制度。根据档案馆工作职能确定各岗位工作职责,每个岗位确定主岗责任人、副岗责任人各1名。主副岗责任人相互协助做好工作,重要事项登记备案。三是网上办理,快速送达。2020年,档案馆主动作为,为校友提供利用服务,通过网上预约,克服特殊时期快递员不能进校园的困难,档案工作者每天多次往返快递站为用户服务。共为校友提供3000余件次查档服务。四是优质服务获得成效。教育部学位与研究生教育发展中心和全国高等学校学生信息咨询与就业指导中心发来感谢信,对东北林业大学档案馆严谨规范的工作作风、热情负责的工作态度表示感谢。在学校机关党委组织的2018—2019年度加强和改进机关作风“三创一改”活动中档案馆获得“作风建设示范科室”和“优质服务项目”两项一等奖。

5.档案资源开发取得新成果

以每年“6·9国际档案日”为契机,连续举办了八届档案馆开放日品牌活动。从宣传档案知识法规、展示档案文化角度出发,举办“档案见证东林发展”等主题鲜明有特色的图片展、实物展等充分发挥档案文化育人功能,为学校人才培养服务。同时,创办了微信公众号,充分利用校内外各种媒体加大档案工作宣传力度,强化全校师生员工档案意识,提升档案工作的影响力。主要做法是:一是大型图片展走进东林。2018年12月联合革命领袖视察黑龙江纪念馆共同举办“毛泽东家风展走进东林”活动。二是积极参加黑龙江省高等院校档案学会举办的图片展。三是举办馆藏书画展。在馆藏书画作品中选出26幅毛泽东诗词书法作品举办展览。四是举办主题联展,迎接建党百年。学校通过全省高校“庆祝中国共产党建党100周年图片展”联展活动,将校园西路打造成“党史文化长廊”,充分展现了建党100年中的重要历史节点,为全校干部师生知党、爱党、荣党提供了新的阵地和平台。五是在70周年校庆节点,举办档案图片展再现学校70年光辉历程。六是加强档案编研工作。2020年对档案工作机构进行调整,增设了档案编研科。目前的编研作品主要是《东北林业大学重要会议汇编》《东北林业大学大事记汇编》《东北林业大学凉水林场文件汇编》《东北林业大学帽儿山林场文件汇编》等。

6.特色档案工作重实效

一是建立“档案学”实习基地。自2009年起,档案馆一直作为东北林业大学文法学院政治学与行政学专业实习基地,2019年11月实习基地正式挂牌。为文法学院政治学与行政学专业的档案管理课程提供实践教学服务,向学生介绍档案与日常生活方面广泛的关联性,强调档案的传承和历史见证作用,强调个人应具有的责任和义务,同时教给学生一些具体的收集、整理、保存、利用的方法。增强学生对档案的感性认识和认同感,选取与学生学习、生活相关的档案信息,主动提供服务,让他们直接地、有形地感受到档案与自身息息相关,引导他们由被动接受向主动寻求档案、信息转化。二是开展业内交流合作。学习借鉴同行业先进经验和国内领先的档案管理理念。积极参与教育部直属高校档案学会和黑龙江省高等院校档案学会理事会活动,并承办了教育部直属高校档案工作协会第一组2018年档案工作交流会议。三是走访兄弟高校开展调研学习。2020年5月,赴浙江大学、天津大学等6所高校进行数字档案馆建设的调研。11月,东北农业大学档案馆一行8人来档案馆交流学习。12月,赴哈尔滨工业大学档案馆学习交流。

六、面向未来工作设想

面向新一轮“双一流”建设的新目标、新要求,身处学校学科专业体系优化调整工作新时期,档案馆在学校“双一流”建设中的定位和作用日益凸显,档案工作职能拓展转型时不我待,需要一代代档案人接续奋斗、挺膺担当。东北林业大学档案馆将服务于一流学科建设和学术研究,服务于学校人才培养和管理,构建和传播校园文化和大学精神。基于学校的发展目标和中心工作,全力推进档案信息化进程,加快数字化智慧型档案馆建设,提高档案工作现代化管理水平,服务学校立德树人根本任务,切实为学校的发展提供服务和支撑,为学校、社会的发展做出更大的贡献。

(东北林业大学档案馆　王艳坤　任丹婷)

东北林业大学档案馆文法学院
实习基地挂牌

东北林业大学档案馆荣获2021年
全省档案工作先进集体

东北农业大学档案工作概览

一、学校概况

东北农业大学是一所“以农科为优势,以生命科学和食品科学为特色,农、工、理、经、管等多学科协调发展”的国家“211 工程”重点建设大学和世界一流学科建设高校,是黑龙江省人民政府与农业农村部省部共建大学、国家“中西部高校基础能力建设工程”项目入选高校、教育部本科教学工作水平评估优秀院校。

东北农业大学 1948 年创建于哈尔滨,始称东北农学院,是中国共产党在解放区创办的第一所普通高等农业院校,知名教育家、哈尔滨市第一任市长刘达为学校第一任院长。建校以来,先后隶属于东北行政委员会农业农村部、国家高等教育部、农业农村部、黑龙江省农业委员会、黑龙江省教育厅,1981 年被确定为黑龙江省省属重点院校,1994 年与黑龙江省农业管理干部学院合并组建东北农业大学。

东北农业大学设有 16 个学院和 1 个教学部。现有 3 个国家重点学科,3 个国家重点(培育)学科,2 个农业农村部重点学科,2 个省级重点学科群,10 个省级一级重点学科,6 个学科进入 ESI 国际学科排名前 1%。学校是全国首批具有博士、硕士学位授予权的高等学校之一,现有 10 个博士学位授权一级学科点,22 个硕士学位授权一级学科点;2 个博士专业学位授权类别,15 个硕士专业学位授权类别;10 个博士后科研流动站,2 个博士后科研工作站;75 个本科专业,10 个国家级特色专业,18 个国家级一流本科专业建设点,30 个省级一流本科专业建设点,1 个专业入选国家级综合改革试点。

二、档案机构发展沿革

东北农学院建校初期,档案工作由相关的工作人员兼职,分别负责本部门文件材料的收集、归档和保管。1960 年,根据中共中央《中央关于统一管理党、政档案工作的通知》文件精神,学校开始建立档案机构,成立档案室并设专人集中统一管理文书档案。

1984 年 3 月,学校设立综合档案室(科级单位),隶属于学院办公室,管理文书档案和科技档案,后增财会档案。1990 年 1 月,启用“东北农学院综合档案室”印章。

1994 年 2 月,东北农学院与黑龙江省农业管理干部学院合并组建东北农业大学,综合档案室隶属于东北农业大学校长办公室。2000 年 5 月,校长办公室与校党委办公室合并更名为学校办公室,综合档案室隶属于学校办公室。

2003 年 1 月,学校将学校办公室的综合档案室与校人事处的人事档案科合并组建档案馆,确定为副处级单位,归口学校办公室管理,2004 年 4 月,启用“东北农业大学档案馆”

印章。

2006 年 2 月，档案馆独立为学校直属副处级单位，内部设立综合档案室和人事档案室两个部门。2009 年 11 月，档案馆优化了学校档案业务管理结构，在档案馆内设置了档案资源建设部、档案信息服务部、综合部和人事档案部 4 个部门。

2016 年 8 月，档案馆并入图书馆，2016 年 12 月，内设部门由 4 个变为 2 个，分别为综合档案部和人事档案部。

三、档案机构基本情况

当前，档案部门由图书馆综合档案部和人事档案部两个部组成，由校图书馆副馆长分工管理。两个部共有专职馆员 6 人，其中研究馆员 1 人，馆员 5 人。学历层次方面，硕士研究生 1 人，本科生 5 人；学历专业方面，档案专业毕业 2 人，计算机相关专业毕业 1 人。档案用房使用面积 842 m^2，其中库房 505 m^2。馆藏档案以卷为单位 20 427 卷、以件为单位 126 187 件，照片档案 8 754 张，实物档案 676 件，单套电子档案 95.7 GB。

四、档案机构主要职能

贯彻落实国家有关档案工作的法律法规和方针政策，综合规划学校档案工作；负责学校档案规章制度体系建设，开展档案规范化、信息化、现代化、数字化、智慧化建设。开展专兼职档案工作人员队伍建设，对兼职档案员进行业务培训、指导。征集、收集、接收各门类、各种形式的文件材料归档。负责东北农业大学（含东北农学院）、黑龙江省农业管理干部学院、东北农业大学附中、东北农业大学成栋学院、东北农业大学名人 5 个全宗和全校及附属单位教职工人事档案材料的收、管、存。为教职工个人、学校和社会提供档案利用服务。开展档案宣传、档案编研、档案业务研究和学术交流活动。

五、档案工作主要业绩

1.建立完善的学校档案规章制度体系，为学校档案工作规范化建设奠定坚实基础

档案规章制度建设一直得到学校和档案机构的充分重视，已形成一套比较完整且根据档案工作的法律规章、科学技术发展和具体工作实际变化进行适时修订和补充完善的档案规章制度体系。东北农业大学档案规章制度体系以《东北农业大学档案管理办法》为根本规章，辅以学校层面的《东北农业大学电子文件移交归档管理细则》《处级单位年度文件材料归档情况报告制度》等细则、制度和《东北农业大学全宗卷管理办法》《东北农业大学档案鉴定与销毁制度》等档案机构层面的内控制度，为学校档案工作规范化管理奠定了坚实基础。学校档案工作遵循规章制度稳步推进、规范发展，在省档案局和省教育厅组织的历次检查中均得到充分肯定和认可。

2.持续做好档案资源建设和管理工作，水平不断提高

东北农业大学全宗起始年为东北农学院的建校时间即 1948 年，档案记录完整连续，即使经历了学校下迁香兰、辗转阿城、回哈择址重建的曲折历程，档案也未间断缺失。1994 年东北农学院与黑龙江省农业管理干部学院合并组建东北农业大学，档案部门接收黑龙江省农业管理干部学院档案，成为馆藏第二个全宗。为丰富学校档案资源，档案部门于 2003 年开始征集和建立名人档案，以 1 个全宗汇集方式进行管理。之后，档案部门主动接收大学举办的附中和成栋学院档案，馆藏全宗增加到 5 个。

2004 年，档案馆开始使用《南大之星》档案管理系统软件管理档案，2008 年末，全部馆藏档案文件级目录回溯著录工作完成。在建设目录数据库的同时，档案全文数据库的建设工作也逐步开展。2006 年开始接收电子文件归档，2007 年开始进行馆藏档案数字化。2016 年以后，档案馆开始扫描毕业证、学位证图片进馆；2016 年档案馆开始接收原生电子文件，试行单套制管理。

2014 年，档案馆基于数据库技术自主开发建设的“东北农业大学档案提供利用系统”开始应用于学籍类档案的提供利用服务，与《南大之星》档案管理系统软件互为补充，极大地提高了学籍类档案利用服务质量和效率。

档案部门定期开展到期档案鉴定销毁工作，不断优化馆藏。对于实体档案，安全防护能力不断提高，档案库房达到“十防”要求。对电子档案，建立了光盘、专用存储服务器、信息管理系统“三址四套”存储、备份模式，确保档案安全。

3.积极作为，提供便捷、高效的学校档案利用服务

档案部门以提供高质量的档案服务为己任，依托丰富优质的档案资源、采用先进的技术手段，为学校和广大利用者提供便捷、高效的档案利用服务。数字化成果和专题编研材料的应用为学校职能部门工作提供了极大便利，微信公众号登记申请、快递或邮箱寄送档案材料的线上远程服务，为校外利用者节省了时间和费用。为解决非工作时间电话咨询问题，档案馆向办公电话管理部门申请办理了企业乐铃服务，用介绍线上远程服务途径的语音做铃声，方便利用者随时获取服务途径信息。为保证电子文件证明的真实可信，档案部门引入电子签名数字证书服务和时间戳技术。档案部门自主开发设计的学籍档案信息利用系统，将招生就业、教学管理部门的学生数据与学籍档案数字化成果进行整合处理、将数据颗粒细化到人，极大地提高了检索和出证效率。近年来，平均每年的服务量在 4 000 人次以上，优质的档案服务得到校内外广泛好评，为档案部门赢得良好声誉的同时也让档案发挥了更大价值。

4.获得荣誉

1998 年省(中)直机关档案工作先进集体。

2004 年省(中)直机关档案工作先进集体。

2009—2010 年东北农业大学精神文明单位。

2010 年省(中)直机关档案工作先进集体。

2012 年省(中)直机关档案工作先进集体。

2013 年黑龙江省高校档案工作先进集体。

2016 年档案馆支部获东北农业大学先进基层党组织荣誉称号。

六、面向未来工作设想

面向未来，以习近平新时代中国特色社会主义思想为指导，以习近平总书记对档案工作的重要指示批示精神为根本遵循，以学校档案工作走向依法治理、走向开放、走向现代化取得突破性进展，形成与经济社会发展水平和学校发展建设程度相适应的档案工作发展新局面为目标，推动学校档案工作高质量发展。不断优化学校档案管理体制机制，加快形成更加坚强有力的档案管理体系；收集好、管理好反映学校新成就的各类文件材料，加快形成范围更广、质量更优的学校档案资源体系；加力推进档案开放工作，加快形成更加便捷高效的档案利用体系；不断提高档案工作风险防范意识和安全风险防范水平，加快形成更加安全稳固可靠的档案安全体系；提高馆藏资源数字化占比和档案工作数字化程度，加快实现学校档案数字化转型和智能升级；持续加强档案人才队伍建设，为学校档案工作发展提供高水平人力、智力支撑。

（东北农业大学图书馆/档案馆　王永芳）

东北农业大学主楼

档案部门全体人员参观展览

黑龙江大学档案工作概览

一、学校概况

志存高远，爱国奉献，艰苦奋斗，自强不息。黑龙江大学是教育部与黑龙江省人民政府共建的有特色、高水平、现代化地方综合性大学，是国家国防科技工业局和黑龙江省共建高校，其前身是1941年成立的中国人民抗日军政大学第三分校俄文队。办学80多年来，黑龙江大学坚持立足龙江、面向全国，全力为地方和国家经济社会发展提供高端的人才支持、智力支撑、科技服务和文化引领；坚持以稳定规模、优化结构、提升质量、强化管理为主的发展道路，着力构建教学、科研和学科三位一体的内涵式发展模式，整体办学水平、综合实力、核心竞争力和社会声誉显著提升；注重通过树立和涵养优良的校风、学风和教风，以丰富多样的校园精神文化、制度文化、物质文化活动为载体，努力构建全方位育人的和谐校园。

风雨砥砺开创优良传统，继往开来谱就精彩华章！站在新的历史起点，黑龙江大学将坚持“质量立校、特色兴校、人才强校、依法治校”的办学理念，遵循“教学为中心、科研为基础、学科为龙头、管理为保障”的四位一体协调发展模式，以更加坚定的信念、更加澎湃的活力和更加豪迈的情怀，为努力实现建设有特色、高水平、现代化省部共建大学的宏伟目标而开拓奋进、再铸辉煌！

二、档案机构发展沿革

1958年8月1日，哈尔滨外国语学院扩建为黑龙江大学，当时由于独立建校的条件不足，采取了“先分校设系后独立建校”的建校方针。为了实现承前启后和平稳过渡，档案工作暂时延续了哈尔滨外国语学院时期的做法，由党委办公室负责，编制一人。

1959年7月20日，黑龙江大学结束“分校设系”的历史，进入“独立建校”的综合性大学建立时期。根据中央、省市档案工作会议的精神和学校档案资料的管理情况，为适应未来发展的需要，建议成立文书档案室，暂设编制一人，负责学校党、政、工、团档案资料的管理工作，以及对各系处的文书档案和资料工作的指导。

1959年9月8日，黑龙江大学行政会议研究决定正式成立文书档案室，在党委领导下工作，在各单位设一名兼职文书人员负责管理。

1984年10月6日，根据〔82〕教办字243号和254号文件及省高教局有关会议精神，经校长办公会讨论，决定建立科技档案室，配备两名专职干部，由校长办公室归口管理，具体负责全校科技档案的集中统一管理。

1990年4月12日，黑龙江大学第六次校长办公会议研究决定成立综合档案室，负责文书档案和科技档案的管理工作，编制6人，在校长办公室领导下工作。

1999年10月7日，根据教育部建立档案馆的有关规定，经黑龙江大学第三十二次校长办公会议研究决定，成立黑龙江大学档案馆，隶属校长办公室，属副处级单位。

2000年1月14日，黑龙江大学以校发〔2000〕5号文件的形式，正式宣布成立黑龙江大学档案馆。馆长全面负责馆内工作，同时兼任党校办副主任；档案学专业教授为副馆长，分管业务工作；馆员2名。各处级单位指派1名处级干部分管档案工作，配备1~2名兼职档案员负责本部门档案的收集和整理工作，全校档案工作步入正常轨道。

2000年12月15日，黑龙江大学档案馆晋升科学技术事业单位档案管理国家二级单位，结束学校有档案无级的历史。

2001年12月1日，黑龙江大学档案馆晋升科学技术事业单位档案管理国家一级单位。

2003年5月2日，黑龙江大学以党发〔2003〕19号文件的形式，正式宣布档案馆升为处级单位。设馆长（处级）1名、副馆长（副处级）1名。

2005年12月21日，根据黑龙江大学党发〔2003〕19号和校人字〔2005〕31号文件，同意档案馆下设接待科、信息科、文书档案科、科技档案科、学生档案科，各科均为正科级建制。

2016年11月11日，根据黑龙江大学党发〔2016〕54号文件《关于调整内设机构的决定》，档案馆调整为学校办公室的内设机构。

三、档案机构基本情况

黑龙江大学档案馆是保存和提供利用学校档案的专门机构，成立于1999年10月，2006年9月迁入现址，建筑面积2 500 m^2，其中库房建筑面积1 567 m^2，安装密集架954 m^3。馆藏资源丰富，门类齐全，结构合理，存有1946年至今的14类档案30余万卷（件）。

学校现有专职档案工作人员9名，均为专业技术岗，其中高级职称4名，档案专业毕业生3名；学校各立卷归档部门由一名处级领导分管档案工作，视情况配备1~2名工作责任心强的兼职档案人员，共60余名，队伍相对稳定。

机构改革后的档案馆，在学校办公室的领导和支持下，正在逐步实现档案存量数字化和增量电子化，实现管理的现代化和利用的网络化，充分发挥档案的凭证和文化价值，为学校的各项工作和广大毕业生提供优质服务。

四、档案机构主要职能

（1）贯彻执行国家和上级主管部门有关档案工作的法律法规和方针政策。

（2）规划学校档案工作，制定学校档案工作规章制度，并负责贯彻落实。

（3）负责接收、整理、鉴定、统计、保管、开放和利用学校各类档案及有关资料。

（4）编制检索工具，编研、出版档案史料，开发档案信息资源。

（5）保守档案机密，确保档案安全，维护档案的完整，最大限度地延长档案寿命。

（6）负责监督、检查和指导学校各部门档案工作规章制度执行和立卷归档工作。

（7）负责对全校专（兼）职档案工作人员进行业务培训，组织学术研究和交流活动。

（8）利用档案开展多种形式的宣传教育活动，提高全校师生员工的档案意识。

（9）充分发挥档案专业学生实习基地作用。

(10)配合黑龙江大学校史馆做好爱国主义教育基地工作。

五、档案工作主要业绩

1.学生档案管理的坚定践行者

黑龙江大学档案馆自成立之日起即坚持负责学生档案的收集、利用、转递和宣传等工作,经验丰富,科学总结,精准服务。档案馆内存有学生档案近4万份,并在开学季做好近万名新生档案的清点和入库等工作;日常做好材料的补充与用人单位审查档案工作,利用"6·9国际档案日"等契机面向学生宣传和普及档案知识;毕业季做好近万件本科生和研究生档案转递工作,快速、准确和高效完成,为毕业生入职就业提供优质保障,全体馆员彰显了与辅导员队伍的团结协作精神,呈现了高度负责的工作情怀与使命担当。

2.档案专业实践的优秀引路人

黑龙江大学是全省唯一一家开设档案专业的高校,依托于这一独特的资源和优势,档案馆注重加强与专业的联系,既受惠于专业的指导,同时也注重发挥实践作用,随时满足课程教学的参观与实践需要,带给专业学生更多的感性认识;同时档案人员作为外聘教师走进学生课堂,将多年的实践积累与理论积淀分享给学生,在"新文科"背景下档案学人才培养建设和思政教育融入课堂的要求下,争做学生专业实践上优秀的引路人。

六、面向未来工作设想

站在新修订的档案法和《"十四五"全国档案事业发展规划》贯彻实施的新起点,为助力学校宏伟目标的实现,为实现档案工作的突破与创新,黑龙江大学档案馆怀揣设想,努力向前。

一是要在学校党委的领导下,继续深入领会习近平总书记对档案工作的深切关怀和殷切期望,切实把思想和行动统一到习近平总书记对档案工作的重要指示批示精神上来,立足当前、学深悟透、谋新谋远、守正创新,不断破难题,开新局,为黑龙江大学档案工作的高质量发展做出新的贡献。

二是要加强红色档案收集工作,创新档案征集渠道,努力征集散存于校友手中的珍贵档案,鼓励校友向档案馆捐赠档案,加大校友档案收集和整理工作力度。

三是要参与学校重大活动档案的形成和保管工作,把体现学校中心工作、反映各个部门职能和涉及广大教职员工与学生切身利益的文件材料纳入归档范围并记录好、留存好,实现为党管档,服务师生,切实履行好档案工作者的政治责任和历史使命。

四是要改变档案管理系统始终孤立于学校办公系统、学工系统和教学系统的现状,未来借助智慧校园建设的契机,实现触摸屏查档打印一体机及显示利用系统、档案远程服务利用系统、库房管理模块、与智慧校园对接等信息化和数字化建设目标,留有更多的时间与精力用于深层次档案内容的挖掘,为学校中心工作、为校园文化建设做贡献。

(黑龙江大学档案馆　李　萍　王茹熠　杨　杰)

黑龙江大学正门

黑龙江大学档案馆办公区

档案库房

哈尔滨医科大学档案工作概览

一、学校概况

哈尔滨医科大学由我国医学先驱伍连德博士于 1926 年创建的哈尔滨医学专门学校和兴山中国医科大学第一、二分校共同组建而成。哈尔滨医科大学历经 90 多年的发展建设，传承伍连德博士“赤诚爱国、自强创业”的精神，发扬中国工农红军卫生学校“政治坚定、技术优良”的光荣传统，秉承“木直中绳、博学载医”的校训，综合实力不断增强，具有相当的发展规模和鲜明的办学特色。哈尔滨医科大学是部委省共建大学、黑龙江省高水平大学和优势特色学科建设高校、中俄医科大学联盟中方牵头单位、国家理科基础科学研究与教学人才培养基地、教育部首批试办七年制高等医学教育院校。

哈尔滨医科大学设 18 个二级院部和 8 个事业单位。附属医院 10 所，其中直属 5 所。有教职工 17 000 余人（大庆校区 500 余人），在校普通教育本科生 13 000 余人（大庆校区 6 000余人），研究生 7 000 余人，留学生 300 余人。中国工程院院士 2 人，获南丁格尔奖 1 人，国务院学科评议组成员 3 人，教育部高等学校教学指导委员会委员 18 人，全国医学专业学位研究生教育指导委员会委员 3 人，国家级教学名师 4 人，教育部新世纪优秀人才入选者 10 人，国家杰出青年科学基金获得者 2 人，国家优秀青年科学基金获得者 1 人，享受国务院政府特殊津贴 90 人。省级领军人才梯队带头人 38 人，黑龙江省“头雁”团队 6 个，“龙江学者”特聘教授 29 人、青年学者 5 人。

哈尔滨医科大学有博士学位一级学科授权点 9 个，二级学科授权点 62 个；硕士学位一级学科授权点 11 个，二级学科授权点 64 个；博士后科研流动站 5 个。有本科专业 29 个（大庆校区 11 个）。拥有国家重点学科 2 个、国家重点培育学科 1 个，国家临床重点专科建设项目 33 个，省级重点学科（群）21 个。在全国第四轮学科评估中，1 个学科进入 A 类、8 个学科进入 B 类。5 个学科进入 ESI 国际学科排名前 1%。国家级一流专业建设点 12 个，省级一流专业建设点 2 个。国际合作联合实验室 2 个，省部共建国家重点实验室培育基地 1 个，教育部重点实验室 4 个，卫健委重点实验室 3 个，省级重点实验室 18 个，省普通高校重点实验室 11 个。与地方政府和企业共建院士工作站 2 个。建立了北方医学转化研究合作中心。国家级临床教学培训示范中心 1 个，国家级实验教学示范中心 4 个，国家级虚拟仿真实验教学中心 1 个。

二、档案机构发展沿革

1958 年建立文书档案室，归党委办公室领导。

1983 年 12 月，成立科技档案室，归学校办公室领导。

1995 年 3 月，在文书档案室、科技档案室基础上成立综合档案室，副处级建制。

2000 年 11 月，成立档案馆，处级建制。

2002 年 4 月，晋升国家二级档案管理单位。

2013 年 12 月，成立哈尔滨医科大学档案工作领导小组。

2019 年 10 月，档案馆并入哈尔滨医科大学图书馆，为图书馆内设业务机构，职责分工不变。

三、档案机构基本情况

哈尔滨医科大学档案馆办公区位于图书馆楼 5 层东侧，馆库面积 624 m^2。档案馆内设有文书档案室、教学档案室、科技档案室、数字化加工室，分别负责档案的业务指导、收集整理、提供利用、信息化加工、编研等工作。档案馆设馆长 1 名（兼任图书馆副馆长），专职档案员 5 名。馆员全部具有大学本科以上学历，4 人具有硕士学位，2 人具有高级职称。

哈尔滨医科大学档案馆主要保管党群、行政、教学、科研、基建、出版、财会、设备、外事共 9 大类及资料、实物、声像载体档案共 5.1 万余卷/14 万余件。哈尔滨医科大学档案馆馆藏包括建校以来至 1993 年的文书档案和科技档案，1994 年以后各大类档案和其他资料、实物、声像载体档案等。

2008 年伊始作为黑龙江大学档案专业指定实习协作单位，已协作完成近 60 名档案专业学生的实习培训任务。

四、档案机构主要职能

哈尔滨医科大学档案馆的职责是：贯彻执行国家有关档案工作的法律法规和方针政策，综合规划学校档案工作；拟定学校档案工作规章制度，并负责贯彻落实；负责接收（征集）、整理、鉴定、统计、保管学校各类档案及有关资料；编制检索工具，编研、出版档案史料，开发档案信息资源；组织实施档案信息化建设；开展电子文件归档和档案数字化工作；开展档案的开放和利用工作；开展学校档案工作人员的业务培训；利用档案开展多种形式的宣传教育活动，充分发挥档案的文化教育功能；开展国内外学术研究和交流活动。辅助大庆校区和附属医院等二级单位建立综合档案科，科级建制；对二级单位档案工作进行业务指导。

五、档案工作主要业绩

一是通过多种途径丰富馆藏。近年来，哈尔滨医科大学档案馆通过社会征集、馆际合作等方式积极开展党史、校史档案征集工作，其中最重要的成果是 2016 年 3 月从哈尔滨市档案馆交换到 1945 年以前的哈尔滨医学专门学校、老哈医大时期珍贵的校史资料，填补了老哈医大校史材料的空白。

二是扎实推进脱贫攻坚档案的归集工作。启动学校派驻及帮扶的脱贫攻坚资料和照片归集工作。

三是在新形势下，积极增加服务利用方式。档案馆提供资料的主要方式有：阅览档案原件（电子件）、借出档案原件（影印件）、提供档案复制件、制发档案证明、查询学历学位信息、为归档单位自主查询提供权限端口、远程传送数字化档案等。在此基础上，开展网络申请、邮寄等方式提供延伸服务，在保障安全的前提下，满足档案利用者的需求。

四是大力推进档案信息化、数字化工作。2008 年开始使用网络版档案管理软件，现已建成全部馆藏的文件级目录数据库，数据库总条目达到 38 万余条，年度归档工作着重加强电子文件的收集工作，同时有重点地推进常用学生录取名册、学籍表、成绩单等传统载体档案的数字化扫描工作，稳步推进全文数据库建设，现共有数字档案 18 万余件。

五是大力推进馆藏档案编研和宣传工作。档案馆从 2014 年开始，在每年的"6·9 国际档案日"之际，通过挖掘馆藏校史资源举办专题档案展览，宣传档案工作，举办迁校图片展、毕业记忆图片展、校规校章图片展、建校 90 周年大事记导读图片展、改革开放 40 周年学校照片展等，通过举办宣传展览，拓宽了档案的宣传途径，有效地提升了档案工作服务校园文化建设、服务社会民生的能力。

在迎接哈尔滨医科大学 90 周年（1926—2016 年）校庆之际，档案馆编写了校史丛书《哈尔滨医科大学建校 90 周年大事记》（图文册），41 万余字，以编年体方式图文并茂地展现了哈尔滨医科大学 90 年发展历程中的重要事件、重要数据和重要时刻，现已由人民卫生出版社公开出版。

哈尔滨医科大学档案馆大力支持提高馆员能力。近年来，档案馆多次组织学习、培训，对专兼职档案员进行专业技能培训，培训内容包括新修订的档案法相关内容解读、历史档案收集整理技术、特别类型档案的专题培训等，有效地提升了专兼职档案员和档案责任者的档案意识，增强了档案馆收集档案的效率。

六、面向未来工作设想

在新时代环境下，哈尔滨医科大学档案馆将继续在中国共产党的领导下，贯彻实施《中华人民共和国档案法》等法律法规，按照档案事业发展规划要求，全面推进"四个体系"建设，将档案信息化建设纳入学校智慧校园建设，提升服务学校中心工作和服务师生员工的能力，深入挖掘红色资源，"为党管档，为校守史"，发挥档案工作存史资政育人作用。

（哈尔滨医科大学档案馆　韩依辰　金红霞）

哈尔滨医科大学正门

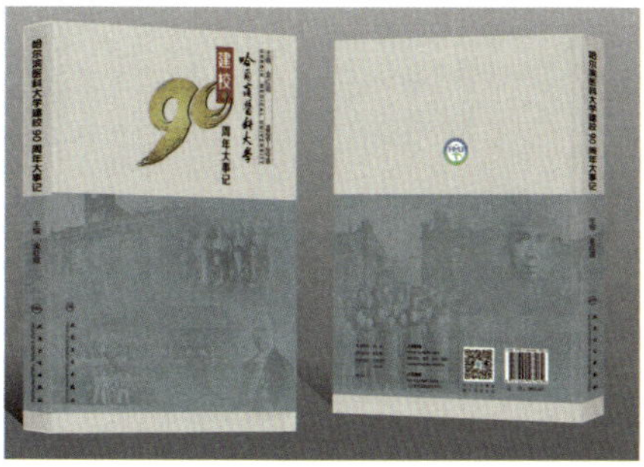

档案馆编写的《哈尔滨医科大学建校 90 周年大事记》

历年档案宣传

哈尔滨师范大学档案工作概览

一、学校概况

哈尔滨师范大学是黑龙江省教育、艺术、人文社会科学和自然科学的重要人才培养基地和科学研究基地，是黑龙江省属重点建设的高水平大学，是教育部本科教学工作水平评估优秀学校。哈尔滨师范大学是国家“中西部高校基础能力建设工程”高校，是教育部“三全育人”综合改革试点高校。哈尔滨师范大学成立于1951年，其前身是1946年我党在东北解放区建立的松江省立行知师范学校，经历了哈尔滨师范专科学校（1951—1956年）、哈尔滨师范学院（1956—1980年）时期，1980年更名为哈尔滨师范大学。2000年呼兰师范专科学校、黑龙江农垦师范专科学校并入，2002年黑龙江省物资学校（黑龙江省物资职工大学）并入，组建成新的哈尔滨师范大学。哈尔滨师范大学分为江南、江北两个校区，占地面积154.7万m^2。哈尔滨师范大学设有25个学院，80个本科招生专业，有博士学位授权一级学科10个，硕士学位授权一级学科21个，专业硕士学位授权类别12个，博士后科研流动站5个，马克思主义理论、教育学、美术学和中国语言文学4个一级学科入选省“双一流”建设学科，马克思主义学院是全国重点学院。

二、档案机构发展沿革

哈尔滨师范大学档案工作起步于建校之初，与学校事业同步发展至今，形成了队伍稳定、制度完善、业务精湛的良好局面。哈尔滨师范大学档案工作机构原有党办文书档案室、校办科技档案室、组织部人事档案室，1993年文书档案室与科技档案室合并，成立综合档案室，1999年人事档案室并入。2004年学校将综合档案室升格为副处级档案馆，2008年档案馆升级为正处级。2016年，在全省事业单位的机构改革中，学校党委参照省编办下达的指导意见，将档案馆合并到党委组织部。机构沿革见右图。

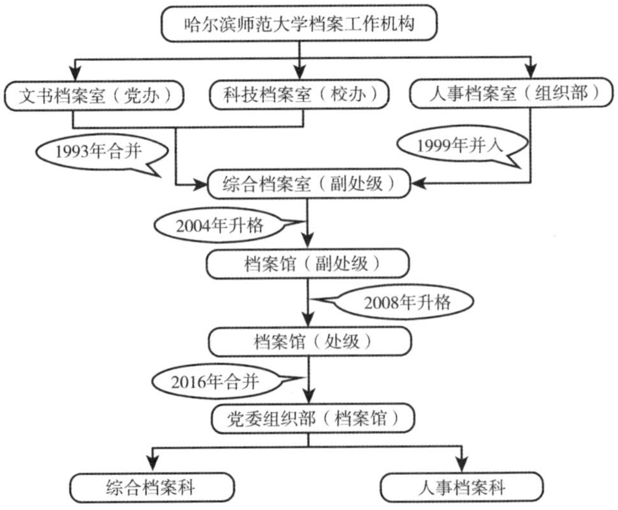

哈尔滨师范大学档案机构沿革图

三、档案机构基本情况

哈尔滨师范大学档案馆隶属于学校党委组织部，由综合档案科和人事档案科两个科室组成，编制 11 人，现有工作人员 8 名，均为中共党员，均具有副高级以上技术职称，其中，硕士研究生学历 7 人，档案学专业、计算机专业、信息处理专业人员各 1 人。

哈尔滨师范大学档案馆坐落于江北校区图书馆西侧，建筑面积 4 000 余 m^2，为地上三层地下一层独立馆舍。馆舍宽敞明亮、布局合理、现代化设施齐全。设有专业库房 6 间，面积约 800 m^2，办公室、阅览室各 2 间，会议室 1 间（各室面积约为 60 m^2），备品库 1 间（约 200 m^2），监控室 30 m^2。档案库房配备了数量充足的档案恒湿净化一体机、库房专用空气消毒机、档案消毒柜、漏水报警系统、档案除尘工作台等专业设备。档案馆现有业务系统 4 套：会博通知识管理系统、哈师大学籍档案查询服务平台（自主研发、订制开发）、《南大之星》档案管理系统、干部人事档案管理系统；辅助管理系统有，智慧档案馆一体化管理系统、视频监控系统。配备网络服务器 4 台、文档高速扫描仪 4 台、静电复印机 6 台、工控机 1 台等信息化设备。档案馆各业务系统专业高效，现代化设施齐全、设备充足、功能完善，既侧重对实体档案的保管与保护，又注重对数字档案的监管与利用，使得学校档案工作和学校综合治理能力、水平不断提升。

哈尔滨师范大学档案馆馆藏由 4 个全宗构成，馆藏总量 6.6 万余卷/4.6 万余件，总排架长度约为 2 100 m。哈尔滨师范大学馆藏档案十分宝贵，最早可以追溯到 1938 年，藏有“松江省立行知师范学校”的哈师大前史档案，还藏有松江省师专、黑龙江速成师专、黑师专、哈师专、哈师院等学校不同历史时期的珍贵档案。另外，哈尔滨师范大学档案数字化建设起步较早，数字资源比较丰富，信息检索的查全率和查准率能达到 99%以上，能够较好地满足学校党政管理和师生日常查档的利用需求，档案工作效能较高。

四、档案机构主要职能

哈尔滨师范大学档案馆集学校档案保管利用、行政管理职能于一身，既是永久保管学校档案的重要基地，也是提供档案利用服务、进行档案资源开发的重要基地，还是历史、文博、文秘等相关专业学生的实习实训基地。档案馆负责行使档案工作业务指导、发展规划、信息化建设等全部职能，同时，作为实训基地，积极参与高等教育“三全育人”的实践活动，形成了教学相长、理论与实践相结合、科研与管理相互促进的良好局面。学校设有以主管校领导为组长的档案工作领导小组，档案工作网络覆盖全校机关部处、二级学院及附属单位，共有归档部门 80 余个，除档案馆的专职档案工作人员，还设有 8 名部门档案员，80 余名兼职档案人员。

五、档案工作主要业绩

哈尔滨师范大学档案工作从星星之火、势单力薄，到积极探索、快速发展，是伴随着学校办学规模的不断壮大、学校治理能力及水平的不断提升同步成长起来的。回顾 70 余年的发展历程，总结工作中的业绩，可以用重视、实干、创新 3 个主要关键词来概括。

1.重视

早在 2001 年新校区建设之初，学校领导就在校园建设规划时预留了足够面积的档案馆舍，并按照档案用房的承重标准等要求做出了科学的规划和布局，宽敞明亮的馆舍是档案工作可持续发展的硬性指标之一，为以后档案数量的不断增长、档案功能的不断拓展预留了足够的物理空间。2016年末至今，学校档案工作在党委组织部的领导下，进一步加强了设施设备方面的投入，近3年累计投入200余万元，先后实现了各类档案装具的规范统一（更新档案密集架32列）；加强了档案安全与保护，档案消毒、净化、恒湿、监控等设备先进、数量充足；不断加强档案信息化建设，启用深知档案查询服务平台，更新电子档案管理系统、网络服务器等软、硬件设施，不断提升档案工作的治理能力和水平。

2.实干

哈尔滨师范大学馆藏年代久远、情况复杂，管理难度大，但是经过历届档案人的代际传承、接力建设，形成了制度健全、业务规范、管理科学的良好局面。尤其是近20年来，学校档案工作队伍日益稳定，工作人员的专业化程度不断提高，领导干部以上率下、抢先抓早，在档案数字化、信息化、智慧化方面开展了大量工作。档案馆从2004年开始档案数字化建设，用两年时间完成了全部馆藏档案的目录数据库建设，之后开始全文数据库建设，目前，馆藏全部数字档案约15万件，满足了日常查档90%的调阅需求。在进行纸质档案数字化转换的同时还开展了档案著录的精加工，建立了各级各类学生学籍档案姓名数据库、教职工任免专题数据库等，人名检索已经达到全部馆藏的95%以上，较好地满足了精准查询、快速响应的利用需求。在这种巨大体量的业务工作面前，哈尔滨师范大学全程没有外包公司，没有外聘人员，全部依靠本馆人员亲力亲为、埋头苦干来完成。数字化工作只是档案工作中的一项内容，查询利用、培训指导、验收进馆、宣传统计、历史档案的修复整理等，每项工作都开展得有声有色、精益求精。哈尔滨师范大学档案工作得到省档案局、省教育厅等上级部门，各届校友、师生领导及社会各界的一致好评。

3.创新

学籍档案是高校档案中查询数量大、流程步骤多、涉及用户更为广泛的一类专门档案，档案馆在认真总结多年工作经验的基础上，认真分析国内外公共服务的社会形势、网络环境、用户需求，结合档案工作的政策要求和业务流程，于2020年初推出了哈尔滨师范大学学籍档案服务利用平台。该平台以微信公众平台为客户端，以办公电脑为审批终端，成功地将传统的现场办理、面对面服务方式，转变为更为灵活、便捷、规范的网络化服务模式，凭其业务流程的规范性、查询结果的真实性、可复验性、长久时效性迅速得到师生校友、教育部、教育厅等上级单位和社会各界人士的认可与好评。这是哈尔滨师范大学党委及全体档案人员创新思维、效率意识、高执行力所结出的硕果，它让哈师大全体校友享用了数字时代信息技术为生活带来的红利，同时，平台的规范性、易操作性、业务数据的永久性也让工作人员更加热爱档案工作。

哈尔滨师范大学党委一直提倡创新、鼓励创新，并在管理过程中进行了实践。2016年，在学校机构改革中，哈尔滨师范大学党委在原有专职档案员和兼职档案员的基础上，根据学校实际情况，增加了部门档案员的岗位设置，并制定了相应的岗位职责，以竞聘上岗的方式择优聘用。部门档案员不同于兼职档案员的地方在于，部门档案员由学校党委任命，工作履职以档案工作为主，同时完成领导交办的其他事务性工作，其队伍更加稳定，具有更强的业务能力。部门档案员的岗位安排在归档数量较大，专业性质突出，对学校档案工作支撑力、影响力较强的机关部处,如校长办公室、教务处、财务处、基建处等。这一创新举措,成功实现了档案管理环节的前置,达到了档案业务早干预、发现问题早解决的目标,不但加强了档案的收集,提高了立卷的质量,还有效缓解了二级部门归档压力大和人力不足之间的矛盾。部门档案员的设置是高校档案管理体制方面的创新举措,对稳定档案工作队伍、加强业务建设、缓解归档质量和人力不足之间的矛盾,具有重要的实践意义。

六、面向未来工作设想

为了贯彻落实习近平总书记对档案工作的重要指示批示精神,更好地迎接新形势下高等教育发展的新挑战,哈尔滨师范大学将牢牢树立“大档案”的观念,继续发扬求真务实、守正创新的实干精神,谋划好学校档案工作的未来发展。

首先,树立大格局,深耕档案资源。档案工作无处不在、无时不有,学校将切实制定有力举措,全面提高档案的归档率,建立覆盖范围更广、形式更加多样的档案信息资源,实现建档立档不留死角、不留空白。其次,放宽大视野,加强资源开发。从档案中可以看见历史、感受情怀,档案中蕴藏着独特的文化因素,学校将加强专业力量,围绕国家大事、学校要闻和重要时间节点,推出特色展览、讲述红色历史故事、传播师大行知精神。最后,持续大投入,加快数字转型。传统档案馆向云端档案馆、智慧档案馆的转型是时代发展的结果,是信息社会的必然。哈尔滨师范大学将在现有档案数字化、信息化成果的基础上,持续加大资金、人力、物力的投入,依托大数据、物联网、云计算、5G 等信息技术,进一步加快档案馆数字转型的步伐,以实现更加高效便捷、立体多元、智慧精准的管理目标;将围绕新形态下档案存凭、留史、资政、育人的功能,建立档案业务全流程网上办理、全要素数据治理、全方位智能服务、全领域智慧支撑的档案管理运行新模式。

站在“两个一百年”奋斗目标的历史交汇点上,哈尔滨师范大学将以习近平新时代中国特色社会主义思想为指引,以实现档案跨越历史、连接过去、赋能未来为目标,致广大而尽精微,踔厉奋发,笃行不怠,努力将档案转化为文化生产力、科研生产力、教育生产力,开启新篇章,一起向未来!

(哈尔滨师范大学党委组织部　徐丽娜　刘可心)

哈尔滨师范大学行知楼外景

档案馆全体工作人员合影

哈尔滨理工大学档案工作概览

一、学校概况

哈尔滨理工大学由原机械工业部所属的哈尔滨科学技术大学、哈尔滨电工学院和哈尔滨工业高等专科学校于 1995 年合并组建而成，1998 年划转黑龙江省属，实行中央与地方共建、以地方为主的管理体制。哈尔滨理工大学于 2003 年被教育部授予“本科教学工作水平评估优秀学校”；2008 年，在黑龙江省高等教育强省建设规划中被确定为重点建设的 10 所高水平大学之一；同年，获批教育部“国家大学生创新性实验计划”实施高校；2011 年，入选首批“中西部高校基础能力建设工程”高校；同年，被教育部授予“全国毕业生就业典型经验高校”荣誉称号，获批教育部“卓越工程师教育培养计划高校”；2015 年，成为黑龙江省人民政府与国家国防科技工业局共建高校；2018 年，入选黑龙江省国内“双一流”建设高校，“工程学”学科首次进入 ESI 全球前 1%学科排行榜；2020 年，入选黑龙江省首批高等学校课程思政建设示范高校，“材料科学”学科进入 ESI 全球前 1%学科排行榜；2021 年，“化学”学科进入 ESI 全球前 1%学科排行榜。

二、档案机构发展沿革

哈尔滨理工大学档案馆成立于 1996 年 10 月，1999 年 12 月被认定为“科技事业单位档案管理国家一级”。设有综合办公室、收集整理指导室、保管利用室、干部人事档案室、信息技术室共 5 个科室，现有专职工作人员 12 名。统一管理、利用全校各类档案，指导、监督全校 47 个归档单位的档案业务工作，所建立的档案工作网遍布全校各职能部门学院和直属单位，共有部门档案员 51 人。

三、档案机构基本情况

哈尔滨理工大学档案馆位于图书馆一楼，总面积 1 500 m^2，其中库房面积 500 m^2。档案馆集中统一管理原哈尔滨科技大学、哈尔滨电工学院、哈尔滨工业高等专科学校、哈尔滨化学工业学校、黑龙江省教育建筑设计院和哈尔滨理工大学，6 个全宗的全部档案，共计 20 万卷(件)，年均利用 4 000 人次，9 000 余卷(件)次。各类档案专用库房 9 个，实现了库房、阅档室、办公室“三分开”，配备了安全监控和温湿度控制设施，符合档案“十防”管理要求。配齐了现代化档案管理设备，采用了先进的世纪科怡 5.0 档案网络管理软件，建立了馆内局域网和档案馆网站，以及馆藏档案目录数据库、全文数据库和多媒体数据库，采用电子模糊查询与手工目录查询相结合的档案查询模式，为学校各部门及师生个人提供高效快捷的查询利用服务，在学校发展建设中发挥着强有力的服务作用。

目前，哈尔滨理工大学档案馆全体工作人员正积极致力于档案管理的信息化建设，不断提升服务水平和服务质量，最大限度地满足广大师生及社会利用的各种需求，向着管理、服务、科研、育人等多功能于一体的现代化、智能化、开放性档案馆的建设目标踏实奋进。

四、档案机构主要职能

哈尔滨理工大学档案机构主要职能见下表。

哈尔滨理工大学档案机构主要职能

部门	职能分工
综合办公室	1.负责馆内日常行政事务，贯彻、落实馆务会议决议，督促、检查、协调各室的工作 2.负责档案馆人事、财务、后勤、文秘等工作 3.负责内外联络及来信来访的接待工作 4.负责起草规章制度、工作计划、规划、总结报告和上报材料 5.负责办公用品、仪器设备、档案装具的购置和管理工作 6.负责公文材料呈送、传阅和管理工作及报纸杂志的订阅工作 7.负责会议通知、会议及学习的记录、馆内自身文件材料的立卷归档工作 8.负责档案馆年报统计工作 9.负责安排馆内卫生、值班及档案馆安全、保密工作 10.负责组织馆内各项文体活动 11.负责档案法制宣传教育工作 12.负责相应库房的安全、卫生工作 13.完成学校布置的其他工作
收集整理指导室	1.对全校各立档部门的档案法律法规执行情况进行监督与检查，做好宣传教育，全面推进依法治档 2.负责全校各部门各类载体档案(包括实物、纸质电子档案和相关数据)的收集、征集、接收、分类、整理、编目、统计、审核等工作，坚持部门立卷原则，做好立卷部门档案员的业务指导和培训工作 3.完成每年新进档案实体的加工整理与移交入库等工作，会同信息技术室做好与各职能部门系统数据对接，以及新进部分档案的数字化加工 4.协助馆领导完成全校档案员和立卷部门档案工作的年度考核 5.积极参与、配合馆内的各项活动，完成馆领导交给的其他各项工作 6.加强馆外的调查和指导工作，积极推行进馆档案的标准化，保证归档和进馆档案的齐全完整 7.负责相应库房的安全、卫生工作
保管利用室	1.礼貌热情、积极主动地做好接待工作 2.接待利用：全面、及时、准确、有效地为档案用户服务，严格按业务流程做好档案的查阅、借用、复印、出具证明、认证、远程咨询服务、代办邮寄等 3.档案实体管理：档案入库排架、统计、密级档案专室管理、档案销毁鉴定等 4.档案库房管理：整理排架、柜体摆放、库房示意图标示、温湿度监控记录、库房“十防”工作、定期打扫库房等 5.积极配合并参与数字档案馆建设相关工作 6.积极配合并参与馆内其他各项工作与活动

续表

部门	职能分工
干部人事档案室	1.人事档案规章制度建设、人事档案利用制度、查(借)阅登记制度、进出库房登记制度 2.人事档案接收、整理、分类、排序、装订工作 3.人事档案实体管理工作、档案编号、入库排架等 4.人事档案安全、保密、保护工作 5.人事档案借阅、查阅等利用工作 6.人事档案转递工作 7.负责相应库房的安全、卫生工作
信息技术室	1.档案馆信息化建设及信息技术工作 2.声像载体档案(照片、录像带、光盘等)的整理、立卷、编目、扫描、保管与利用等 3.档案馆网站及各类档案数据的建立与维护 4.档案馆内有关设备的维护,电子文件网上归档的管理以及保护和利用 5.负责相应库房的安全、卫生工作

五、档案工作主要业绩

哈尔滨理工大学档案馆开展了调档预约服务,电话查档咨询服务,微信信函服务,接待查、借、阅服务,学历学位认证服务,学籍材料补充服务,毕业证、学位证、成绩单翻译件核实服务,共计利用 2 704 人次,利用档案 6 705 卷(件)次,复制 26 294 页,快递发送档案材料 352 人(份)。

(1)档案馆在网上及馆门提示栏公布了办公人员个人微信服务账号,主动开展了远程电子材料网上传递和纸质材料快递发送服务,提供线上电子件传送 217 份,发送快递 149 份,委托领取 45 份。

(2)档案馆配合研究生部、教务处和成人继续教育学院完成教育部学历、学位信息大清查工作,提供 1998 年以来的录取名册、入学登记卡、成绩单、毕业资格审查表等纸质材料 1 700 余卷(件),电子文件 90 卷,拍摄材料照片2 800余张。

(3)为教育部和各省教育认证机构提供远程认证服务 621 人次,为全国各地国家机关、企事业单位提供干部人事档案清查佐证材料 11 份。

(4)干部人事档案专项审核,完成了学校副处级干部和正、副科级干部的档案核查工作。对 105 名副处级干部和 250 名正、副科级干部档案进行了逐一审核,针对干部年龄、工龄、党龄、学历、工作经历、干部身份、奖惩情况、家庭主要成员及重要社会关系等信息进行了重点审核,为 105 名副处级干部填写了全省干部人事档案专项审核"回头看"工作专用"干部任免审批表",对所需补充材料进行了相应完善。

六、面向未来工作设想

贯彻执行新修订的档案法及《中华人民共和国档案实施办法》《高等学校档案管理办法》等相关法规,依法治档,加强对各部门、学院档案工作的指导、监督、检查,提高全员档案意识,努力形成全校上下齐抓共管,档案关系人人、人人关心档案的"大档案"建设局面。进一步规范各立档部门立卷归档工作模式，加强重点、重要档案资料的形成、控制、收集和归档工作，对重大项目要直接介入，做好前端控制，重要档案资料收集齐全完整。

充分调动全体档案人员的积极性、主动性和创造性，不断创新服务方式，完善服务手段，以周到、热情、细致、严谨的服务质量，为学校和社会提供优质、高效的服务。

加强档案的宣传和普法教育工作。利用“6·9 国际档案日”对全校档案工作者进行档案普法宣传和业务知识培训，增强档案工作队伍的法律意识，提高依法治档、依法管档、依法用档的能力。

（哈尔滨理工大学档案馆　刘玉红　邓　琦　刘　珊）

教学档案查询利用

干部人事档案审核工作

哈尔滨商业大学档案工作概览

一、学校概况

哈尔滨商业大学始建于1952年,为新中国成立后第一所多科性商业大学,1958年经教育部批准开始本科教育,1982年开始研究生教育,是黑龙江省重点建设的十所大学之一。学校定位为教学研究型大学。2006年在教育部普通高等学校本科教学工作水平评估中获得"优秀",2012年入选国家"中西部高校基础能力建设工程"建设院校,2013年成为中俄经济类大学联盟成员,2014年被授予第四届"全国文明单位"称号,2017年荣获"全国五一劳动奖状",2018年工商管理学科进入黑龙江省国内一流学科建设行列,应用经济学学科进入黑龙江省哲学社会科学学科体系创新工程学科项目建设名单,2020年被评为黑龙江省"深化创新创业教育改革示范校"。

哈尔滨商业大学占地总面积116.55万m^2,校舍总面积66.18万m^2。学校师资力量雄厚,有教职员工1 540人。如今拥有全日制在校本科生、硕士研究生、博士研究生,以及留学生和各类高等学历继续教育学生3万多人次。

近5年,学校承担了国家自然科学基金项目、国家哲学社会科学基金项目、国家科技支撑计划项目、教育部项目等纵向项目900余项,各类横向项目300余项,申请发明专利和实用新型专利500余件,授权180项。科研成果先后获得省部级以上奖励200余项,出版著作300余部,发表论文5 000余篇。

哈尔滨商业大学拥有涵盖经、管、工、法、文、理、医学、艺术共8个学科门类的本科专业68个;4个一级学科博士学位授权点、20个可设置二级学科博士学位授权点,13个一级学科硕士学位授权点、70个可设置二级学科硕士学位授权点,1个独立二级学科硕士学位授权点,16个专业类别硕士学位授权点;4个省级一级重点学科和1个省级重点学科群(第三产业发展与创新);在全国第四轮学科评估中,工商管理专业评为B类,应用经济学、食品科学与工程评为B^-类。拥有3个博士后科研流动站和2个博士后科研工作站;荣获国家级教学成果二等奖3项,拥有国家级特色专业6个、国家级一流本科专业建设点11个、国家级专业综合改革试点项目3个、国家级精品课程4门、国家级一流课程4门、国家级虚拟仿真实验教学中心1个、国家级实验教学示范中心1个、国家级规划教材28部;拥有教育部全国重点建设职教师资培养培训基地1个、省级人才培养模式试验区1个、省级对俄经贸人才培养基地1个、省级重点专业15个、省级一流本科专业建设点9个、省级特色应用型本科示范专业集群1个、省级专业综合改革试点项目3个、省级精品(一流)课程49门、省级教学团队5个、省级实验教学示范中心5个。

二、档案机构发展沿革

1983 年成立黑龙江商学院档案室;1992 年成立黑龙江商学院综合档案科;2003 年 3 月成立哈尔滨商业大学综合档案科;2008 年 7 月成立哈尔滨商业大学档案馆。2016 年因机构改革,档案馆改为档案综合科,隶属于学校办公室。现档案科设有科长 1 名,专职档案员 3 人,兼职档案员 72 人。

哈尔滨商业大学档案馆集中统一管理全校的党群、行政、教学、科研、财会、基建、声像等 12 大类档案。馆藏由原黑龙江商学院、原黑龙江财政专科学校、黄金中学和哈尔滨商业大学 4 个全宗构成。档案馆现在馆藏档案 4.9 万卷/8.7 万件。其中党群档案、行政档案电子文件上传 44 244 件,教学档案数字化文件上传 1 355 054 页/19 132 件,科研档案 11 641 卷,财务档案 8 407 卷,设备档案 8 881 卷,声像档案电子图片 73 905 张等。

三、档案机构基本情况

档案馆建筑面积 2 145 m^2,库房、阅览室和办公室各自独立;配有服务器 1 台,高速扫描仪 2 台,配有 120 组密集架、5 组保密柜、103 组五节柜、38 组两门柜、5 组地图柜、12 台计算机(其中 4 台带刻录机)、6 台打印机、1 台复印机、1 部数码照相机、1 台传真机、1 台碎纸机、1 台吸尘器、1 台臭氧消毒机。

四、档案机构主要职能

为进一步做好学校档案工作,提高档案管理的科学化、法治化、制度化水平,档案馆先后制定了《哈尔滨商业大学档案管理办法》《哈尔滨商业大学部门立卷归档办法》《哈尔滨商业大学关于各单位建立"大事记"制度的规定》等 17 项档案综合管理制度和《哈尔滨商业大学开放档案管理办法》《哈尔滨商业大学档案借阅制度》《哈尔滨商业大学工作人员岗位职责》《哈尔滨商业大学档案库房管理制度》《哈尔滨商业大学电子文档管理办法》等 14 项档案管理制度。在日常工作中严格执行,认真落实,实现了档案管理有法可依、有章可循,全面提升了学校档案工作管理水平。

(1)深入学习贯彻《中华人民共和国档案法》,认真执行、落实省有关档案管理工作的方针、政策、法规,不断提高学校档案工作的规范化、制度化水平。

(2)制定学校档案工作规章制度,制订年度计划等,并认真组织实施。积极推进学校档案的利用、指导、监督、检查等日常管理工作。

(3)负责实施学校档案工作目标管理,规范档案的收集、整理、立卷、保管、鉴定、统计、利用等工作。负责学校各部门档案的接收、整理、装订、登记、分类、编号、检索、上架、入库保管、鉴定、销毁、统计、借阅等工作。

(4)负责学校档案的安全保密工作。严格遵守国家、省、学校的保密规定,严防档案丢失、泄密事件的发生。

(5)定期做好学校档案移交工作,按照档案保管期限和档案移交的有关规定,适时做好档案移交工作。

(6)建立系统的学校档案借阅制度,切实有效地办理档案的借出、阅览和利用。

(7)编制学校档案检索工具,促进档案资源的开发与应用。指导、协助学校各部门兼职档案人员完成立卷归档工作。负责组织业务培训,提高兼职档案人员的业务素质和管理水平。积极开展档案法规宣传教育活动,提升学校教职工的档案意识。

(8)负责学校档案馆库房设备购置计划的制订工作。全面提高档案库房的科学化管理水平,使档案资料的存放更加科学化、条理化、系统化。

五、档案工作主要业绩

1.工作业绩

2007年、2008年、2011年等6次在省档案局与省高等学校档案联合行政执法检查中,学校档案馆被评为档案工作业绩"优秀"。2004年档案馆被评为省(中)直机关档案工作先进集体。2008年档案馆被评为省(中)直机关档案工作先进工作者。2010年档案馆被评为省(中)直机关档案工作先进个人。2012年档案馆被评为省(中)直机关档案工作先进集体。2013年档案科科长田思获得黑龙江省高校档案工作先进个人称号。2016年、2020年连续两届被聘为黑龙江省高等院校档案学会常务理事单位。2021年在黑龙江省高等院校档案学会组织的"建党100周年·档案的故事"征集活动中,档案馆创作的《聆听档案故事,追忆商大往事》获得一等奖。

2.学校档案信息化建设

积极配合学校做好信息化建设工作,档案馆制订了《哈尔滨商业大学数字档案馆建设发展规划》,描绘了学校数字化档案馆建设的"三步走"蓝图,力争早日建成学校数字化档案馆。

3.档案的服务利用工作

档案馆是学校重要的档案资料信息中心,为学校教学、科研、管理等工作提供了真实可靠的第一手资料。立足学校中心工作,档案馆为学校的教学专业评估、校区基建项目、财务审计、省委巡视组、黑龙江省审计组、教育部的教学审核评估工作组等,提供了大量的档案查询服务工作。

档案馆积极利用信息化手段,全面推进档案查询现代化建设。引入云平台,实现了查档人员与档案之间的数据交互。目前关注受众已达4 000人,服务受众逾3 000人次。

在立足本职工作的同时,档案馆积极协助教育部学位认证中心、黑龙江就业指导中心完成电子学位及学历的认证与核实工作,年均服务上千人次。

4.档案的保管与安全防护工作

哈尔滨商业大学档案馆按照《国家档案库房建设规范》进行设计建筑,格局、通风均达到了专业要求。档案库房无窗户、无暖气、无给排水管道。档案办公区窗户均安装了铁护栏。每间库房与外界连接处都设计了隔离间,既方便办公又能起到防尘、防有害气体的作用。设立了档案借阅室、微机录入室、会议室等场所,实现了库房、办公室、阅览室"三分开"。馆舍内都放置了温湿度仪、灭鼠药、防虫药。做到库房整洁,防护设施齐备,符合档案保管防护要求。学校保卫处聘请消防部队教官定期到学校进行安全防火知识讲座和消防演练,提高了档案馆工作人员及各部门兼职档案人员的安全防范意识,强化了专兼职档案人员对档案的安全保护意识。

六、面向未来工作设想

以习近平总书记对档案工作的重要指示批示精神为引领，贯彻执行《中华人民共和国档案法》《中华人民共和国档案实施办法》及《高等学校档案管理办法》等相关规定，调动学校全体档案工作者的积极性、主动性和创造性，不断增强服务意识，提高服务质量。同时加强档案基础知识的宣传与普法教育工作，为党管档、为校守史，为全校广大师生及社会校友提供真诚的服务。

（哈尔滨商业大学档案馆　田　思）

全校档案业务培训、业务交流

档案管理制度章程

佳木斯大学档案工作概览

一、学校概况

佳木斯大学始建于1947年,系1995年经原国家教委批准,由佳木斯医学院、佳木斯工学院、佳木斯师范专科学校和原佳木斯大学(市属)合并组成;2000年后,佳木斯市粮食职工中等专业学校、富锦师范学校、黑龙江省理工学校相继并入。佳木斯大学是黑龙江省重点建设的省属高水平大学,是黑龙江省唯一一所真正意义上的综合性大学(开展医学教育70余年且有医学博士点),是"十三五"期间"国家百所中西部高校基础能力建设工程支持高校"。

佳木斯大学学科专业设置涵盖文学、理学、工学、医学、经济学、教育学、法学、历史学、管理学、农学、艺术学共11个学科门类;现有2个博士学位授权一级学科、14个硕士学位授权一级学科、1个硕士学位授权二级学科、9个硕士专业学位授权类别、2个博士后科研流动站和3个博士后科研工作站;现有3个国家级一流本科专业建设点、3个国家级特色专业、24个省级一流本科专业建设点和1个特色应用型本科示范建设专业集群,设有1个教育部工程研究中心、5个省级重点实验室、3个省高校重点实验室、2个省高校校企共建研发中心。

佳木斯大学现有3 800余名教职工(含3个附属医院),其中1 500余人具有高级职称,2人入选教育部高等教育教学指导委员会委员,有11名省级教学名师、3个省级领军人才梯队、2个省级优秀研究生导师团队、10个省高校科技创新团队;拥有"两院"院士和龙江学者等一批高水平人才。现有全日制本科生25 000余名,博士、硕士研究生2 800余名,留学生100余名,继续教育学生15 600余名。

二、档案机构发展沿革

佳木斯大学档案馆成立于2002年12月19日,由校办综合档案科、人事处人事档案科、学工部(处)学生档案科共同组建而成,为直属事业单位,副处级建制,下设综合档案室、人事档案室、学生档案室、技术室4个业务科室。2006年档案馆撤销综合档案室、技术室,新设科技档案室、文书档案室,另设财务档案分室和继续教育学院档案分室。2015年学校机构调整,档案馆划归校长办公室管理,设科长1名、副科长1名,下设科技档案室、文书档案室、人事档案室、学生档案室4个业务专室。

三、档案机构基本情况

佳木斯大学档案工作实行集中统一的管理体制,成立了档案管理委员会领导学校档案工作,由校长任组长,主管副校长任副组长,委员会下设办公室。学校将档案工作纳入整体发展规划，档案管理委员会定期研究档案工作，每年固定投入经费保证档案工作的有序开展。

佳木斯大学档案馆目前编制 12 人，其中具有高级职称 9 人，中级职称 2 人，具有研究生学历 5 人，2 人具有档案学专业背景，2 人具有计算机专业背景。档案馆岗位实行专业技术职务聘任制，享受学校教学、科研和管理人员同等待遇。同时，学校还建立了覆盖全校各个部门（学院）的档案工作网络，各部门（学院）设 1 名主管领导主抓档案工作，多名兼职档案员具体负责档案业务工作，保证了全校档案工作的有序开展。学校重视档案工作发展，下大力气强化基础业务工作，并先后多次投入资金购置密集架、《南大之星》档案管理系统、扫描仪等，推动了档案管理的规范化和数字化，实现了管理水平的不断提高。

四、档案机构主要职能

佳木斯大学档案馆既是学校档案工作的职能管理部门，又是永久保存和提供利用本校各类档案的机构，负责落实学校档案工作的发展规划，实施档案工作的规范化、现代化建设。档案馆建有 4 个业务档案库，馆藏档案起始于 1947 年，包括原佳木斯医学院、佳木斯工学院、佳木斯师范学院、原佳木斯大学、黑龙江省理工学校、富锦师范学校以及佳木斯大学 7 个全宗，藏有建校以来的不同载体的档案总计 8 万余卷，全面记录了佳木斯大学的办学历程和办学成果。

五、档案工作主要业绩

1.健全管理制度，构建适应学校发展的档案管理体系

佳木斯大学档案工作在档案管理委员会的领导下，始终坚持依法治档，不断健全档案管理制度，2021 年修订了《佳木斯大学档案管理办法》《佳木斯大学干部人事档案材料收集管理和使用暂行规定》，同时进一步完善了立卷、利用等工作制度，促进了档案工作各环节的有序推进。同时坚持将档案工作纳入学校整体发展规划之中，并适应学校改革发展要求大力加强资源优化整合，加强专兼职档案工作队伍建设，构建了覆盖全校各部门（学院）的档案工作网络，保证了学校科技、文书、学生和干部人事档案的规范化管理，形成了适合学校发展且具有特色的管理格局，为档案工作的顺利开展奠定了基础。

2.注重内涵发展，不断加强档案资源建设

多年来佳木斯大学一直注重加强档案收集工作，与各立卷归档部门形成有效沟通，坚持预立卷制度，同时以“佳木斯大学立卷归档范围和保管期限表”为指导，加强对各单位归档工作的指导和监督，保证各类档案收集齐全、完整，进一步提升馆藏数量与质量。进一步强化基础工作，及时做好整理、归档、鉴定、分类、编目、排架，加大合校前档案的整理力度，做到管理规范、检索科学、利用方便，形成了规范化的管理局面。

3.依托档案工作网络，高效开展学生档案工作

佳木斯大学坚持加强对机关部门、学院档案工作的监督、指导，健全基层档案工作领导体制，强化兼职档案员岗位职责，不断完善档案工作网络建设，形成基层立卷归档良好局面。以档案工作网络为基础，科学部署、积极协调，加大学生档案宣传力度，确保学院对学生档案的重视，及时、科学推进新生档案接收和各类材料的收集工作，实现在校生档案的完整、高效归档和科学整理，为提供利用奠定了基础。严肃毕业生档案工作纪律，严格实行三审制度，以学院学生档案工作网络为基础，确保了每年毕业生档案的高效、准确邮寄，圆满完成了毕业生档案工作任务。

4.落实干部人事档案制度，实施干部人事档案规范化管理

注重加强干部人事档案管理知识的培训学习，提高基础业务能力，促进干部人事档案管理水平的不断提升。进一步严肃工作纪律，强化干部人事各类档案材料的接收审核工作，发现问题及时处理，保证干部人事档案的完整、准确。坚持及时开展各类档案材料的立卷、分类和归档工作，有序开展调出人员档案的转出工作，把严要求、严把关、严落实执行到位，坚持到底，促进了学校干部人事信息的准确化。

5.推进档案数字化建设，提高现代化管理水平

对档案立卷归档工作全面应用和录入《南大之星》档案管理系统，强化数字化建设，以对合校前档案规范整理为契机，加强了数字化录入工作，针对合校以来的文书和科技档案，进一步完善了数据库，同时对各类档案有计划地开展数字扫描工作，开展数字化利用服务，进一步提高了档案利用效率，满足了不断提高的现代化利用需求。

6.积极开展档案宣传，切实增强学校师生档案意识

坚持通过各种途径宣传档案法律法规及档案知识，连续多年以“6・9国际档案日”为契机，举办档案宣传活动，创造机会与师生形成互动。把档案法律法规和档案常识作为重点宣传内容，创造条件让全校师生对新修订的档案法、档案事业、档案工作“知其然，更知其所以然”，促进了全校师生档案意识的提高。开展实践实习基地建设，为学生提供实践实习平台，培养学生档案意识，同时也为业务开展营造了良好氛围。在加强对各立卷单位兼职档案员的指导和监督的同时，切实进行业务知识宣传，促进了基层单位归档意识的不断增强，推动了立卷部门档案工作的有序开展。

六、面向未来工作设想

佳木斯大学档案工作立足管理和服务两个重点，经过多年发展，立卷归档范围不断扩大，档案资源日益丰富，档案工作整体水平得到了较大提升，2002年9月晋升为科技单位档案工作目标管理国家二级，并先后荣获全省档案工作先进集体、全省档案工作先进个人等荣誉称号。佳木斯大学将坚持贯彻依法治档，力求规范管理，坚持特色均衡发展，做好创新谋划工作，把档案馆建设成为学校信息资源中心和学生实践实习基地，坚持基础建设与优化馆藏相结合，坚持加强档案基础工作与健全制度相结合，坚持加强档案工作网络建设与提高工作人员素质相结合，坚持规范管理与高效服务相结合，坚持信息中心建设与档案管理现代化相结合。力争围绕学校中心工作，以“存史为今”为己任，明确发展目标，汲取发展经验，推动学校档案工作再上一个新台阶。

（佳木斯大学档案馆　刘昆鹏）

2021 年佳木斯大学档案馆荣获全省档案工作先进集体称号

2021 年 6 月佳木斯大学承展由省教育厅主办、省委办公厅（省档案局）协办、哈尔滨工程大学档案馆承办的庆祝中国共产党成立 100 周年图片展

黑龙江中医药大学档案工作概览

一、学校概况

黑龙江中医药大学始建于1954年,现已成为具有较高教学、科研、医疗水平,在国内外有一定影响的高等中医药院校。学校于2004年全国首批获得教育部本科教学工作水平评估优秀结论,2007年全国首家通过教育部本科中医学专业认证单位,2008年被确定为国家中医临床研究基地建设单位,2015年晋升为全国文明单位,2016年获批成为全国中医药文化宣传教育基地,2018年获批成为黑龙江省"高水平大学和优势特色学科建设高校",2021年成为黑龙江省人民政府与国家中医药管理局共建高校。

二、档案机构发展沿革

建校初期,学校的文书档案由党委办公室兼管。1984年黑龙江中医学院(1996年5月3日更名为黑龙江中医药大学)批准成立综合档案室,为正科级单位,隶属学校办公室,编制2人。2004年10月10日,学校批准成立了档案馆,隶属学校办公室,行政、专业技术双重管理,编制3人。2010年5月4日,档案馆独立行使职能,为正处级单位。2016年档案馆隶属图书馆。

三、档案机构基本情况

档案馆现有员工6名,其中副高级专业技术职称3人、中级职称3人,硕士研究生学历4人、本科学历2人。档案馆现有档案接收管理与利用室、干部人事档案室及校史馆(高仲山纪念馆)。档案接收管理与利用室负责学校档案收集、接收与整理,档案安全管理与利用,档案编研,档案展览,指导培训专兼职档案员,数据库服务器维护,档案数据备份,纸质档案数字化等工作。干部人事档案室负责学校管理干部、专业技术人员、工勤人员、离退休人员的档案接收、整理、保管与利用工作。校史馆(高仲山纪念馆)负责开展校史校情教育与宣传工作。档案馆管理学校14个门类实体档案,共有档案30 983万卷,声像档案1 596盘。档案馆总建筑面积1 100 m^2,库房建筑面积542 m^2,库房配备了智能安防系统。档案密集架71列、服务器2台、计算机12台、复印机2台、打印机5台、传真机1台、笔记本1台、照相机1台、扫描仪5台、空气净化器2台、全文识别软件和修图软件共6套。

四、档案机构主要职能

学校党委高度重视档案工作,成立了黑龙江中医药大学档案工作委员会,党委书记/校长担任主任，分管副校长担任副主任。学校档案管理网络涵盖了所有单位和部门，学校档案由档案机构（含分室）集中统一管理。学校共有专职档案员 14 人，兼职档案员 47 人。学校下设 5 个档案分室：附属第一医院、附属第二医院、附属第三医院、附属第四医院及佳木斯学院。建立了专兼职档案员工作群。档案馆制定并下发了《黑龙江中医药大学档案实体分类与工作规范》等规章制度。档案实体分类为党群类、行政类、教学类、科研类、产品生产与科技开发类、基本建设类、仪器设备类、出版类、外事类、财会类、实物类、声像类、业务类、名人类。黑龙江中医药大学档案工作实行部门立卷工作制，兼职档案员负责本部门档案收集、整理、著录、移交工作。档案馆设专人担任安全工作联络员，设专人负责涉密档案接收、保管与利用工作。涉密档案专柜保管，严格执行涉密档案管理制度和借阅规定。档案库房及办公室全部安装了“四防安全责任人”铭牌，档案库房设专人负责档案安全及防火工作。档案库房安装了红外线报警器、红外监控摄像头及温湿度测量设备。档案馆负责校史馆（高仲山纪念馆）管理与开馆工作，校史馆（高仲山纪念馆）已成为黑龙江中医药大学校史校情宣传教育基地和爱国主义教育宣传基地，年均接待参观者 4 000 余人次。档案馆为人文与管理学院开设了“档案学实务”选修课。在档案馆教师的悉心讲授下，学生们掌握了档案管理相关基础知识。学生们在档案馆实训室学习档案整理到加工的全过程，实现了理论与实践相结合，提高了动手能力，为就业增加了一项工作技能。

五、档案工作主要业绩

档案馆秉承“科学管理，优质服务”的理念开展工作。1998 年 12 月 14 日，档案馆达到了省级档案管理标准，1999 年 4 月 21 日，档案馆晋升为国家二级档案管理标准，2002 年 5 月 23 日，档案馆晋升为国家一级档案管理标准。档案馆先后 8 次被评为“黑龙江省（中）直机关档案工作先进集体”，1 次获得“黑龙江省高校档案工作先进集体”光荣称号。3 名同志 4 次获得黑龙江省档案工作先进工作者。1 名同志被黑龙江省档案局评为“最美龙江档案人”。1 名同志被评为黑龙江教育系统档案工作先进个人。1 名同志担任黑龙江省高等院校档案学会秘书长。1 名同志担任中国高等教育学会档案工作分会监事、中国高等教育学会档案工作分会理事、黑龙江省高等院校档案学会常务副理事长、黑龙江省档案法治工作专家、黑龙江省档案信息化建设领域省级档案专家、哈尔滨市档案中级职称评审委员会专家。1 名同志担任黑龙江省档案科技项目评审专家。

档案馆每两年进行一次全校档案目标管理考评。考评组由分管档案工作的校领导和部分专兼职档案员组成，根据档案工作考评量表对基层单位的档案工作进行现场评分。档案馆年接待查档人员 6 000 余人，查阅档案 8 600 余卷。2004 年，档案馆引进了《南大之星》档案管理系统软件，建立了档案目录数据库。2019 年 10 月 29 日，纸质档案数字化工作正式启动，实现了部分纸质档案电子副本全文提取、上传、挂接、查询及传递。档案馆完成了《黑龙江年鉴》《哈尔滨年鉴》《中国中医药年鉴》《黑龙江中医药大学校史》《黑龙江中医药大学大事记》《黑龙江医药发展简史》编研工作。档案馆参与了黑龙江中医药博物馆建设工作。档案馆承担并完成了黑龙江中医药博物馆建设调研报告、黑龙江医药史展区设计方案、黑龙江医药史展区和校史展区展板文字及黑龙江中医药博物馆展品收集工作。为庆祝中国共产党成立 100 周年，档案馆承办的学校历次党代会（党员大会）主题展于 2021 年 6 月 7 日在学校主楼展出。主题展被中共黑龙江中医药大学第五次代表大会专题网站历次党代会纵览栏目采用。

六、面向未来工作设想

加强档案信息资源建设，推进纸质档案电子副本工作，实现档案“双套制”。档案信息管理数据库与部门业务数据库对接，实现档案“增量数字化，存量数据化”。完善档案馆网站和微信公众号内容，利用网络实现立卷归档、档案利用、档案编研与宣传工作。开展校史校情讲座、申请档案选修课，建立档案实训基地。围绕学校中心工作和满足教职员工所需开展便捷、高效、优质档案信息服务工作。

（黑龙江中医药大学档案馆　翟　煜）

档案馆领导与员工合影

科技事业单位档案管理国家一级奖牌

齐齐哈尔大学档案工作概览

一、学校概况

齐齐哈尔大学始建于1952年，是黑龙江省西部地区唯一一所省属综合性普通高等学校。齐齐哈尔大学坐落于黑龙江省齐齐哈尔市劳动湖畔，占地面积139万m^2，建筑面积85万m^2，享有“环湖大学”的美誉。齐齐哈尔大学是黑龙江省属3所综合性大学之一，是全国文明单位、教育部本科教学工作水平评估优秀学校和黑龙江省高教强省(一期)重点建设高校。

齐齐哈尔大学现有23个学院(部)，7个教辅单位。招生专业77个，涵盖11个学科门类。现已通过新增博士学位授予单位立项，拥有硕士学位授权一级学科19个、二级学科70个，硕士专业学位授权类别12个。现有专任教师1 583人，其中高级职称教师799人、具有博士学位教师338人，拥有俄罗斯科学院外籍院士1人、教育部新世纪优秀人才1人、龙江学者5人、省“六个一批”人才1人、龙江科技英才1人、享受国务院政府特殊津贴及省政府特殊津贴专家12人。

齐齐哈尔大学几代人保持和弘扬了“艰苦奋斗、奉献边疆”的办学传统，为党和国家培养了21万多名各类高素质人才。他们扎根龙江，遍布祖国各地，以安于基层、吃苦耐劳、踏实敬业、会学善用的美誉在工作岗位上广泛受到好评。齐齐哈尔大学秉承“养正毓德、精存自生”的校训，正在面向未来，抓住机遇，求真务实，开拓进取，努力建设有特色高水平应用型综合大学。

二、档案机构发展沿革

齐齐哈尔大学档案馆成立于2001年，前身为1998年3月由齐齐哈尔轻工学院和齐齐哈尔师范学院两所院校合并后组建的综合档案室(正科级)，2001年独立设置为副处级单位，2010年独立设置为正处级单位。2015年9月，按照学校机构设置调整安排，档案馆并入学校办公室，为档案(校史)馆，正科级。

三、档案机构基本情况

齐齐哈尔大学档案馆负责全校档案的接收(征集)、整理、鉴定、立卷、归档、统计、查询、利用及编研等工作。同时，承担齐齐哈尔大学校史馆的建设、维护、更新及日常参观接待、讲解等工作。馆藏档案包括齐齐哈尔大学、齐齐哈尔师范学院、齐齐哈尔轻工学院、克山师范专科学校、黑龙江省商业贸易学校、黑龙江省化学工业学校、黑龙江省齐齐哈尔林业学校7

个全宗，共分为党群、行政、教学、科研、基建、出版、外事、设备、会计、声像、实物、校史资料及专题档案共 13 大类。截至 2022 年 3 月，馆藏量共计 14.8 万卷（件），现有工作人员 9 人，在读博士 1 人，硕士 4 人，本科 1 人，专科 4 人；副研究馆员 2 人，馆员 7 人，办公及库房面积 1 538.1 m^2、校史馆布展面积 1 100 m^2、档案密集架 65 列、档案防磁及防辐射柜 4 组，馆内配有种类齐全的各类现代化设备，主要包括：网络服务器 1 台（设在学校计算机网络运行中心机房）、计算机 12 台、复印机 2 台、打印机 7 台（含 1 台彩色打印机）、扫描仪 2 台、刻录机 1 台、高拍仪 1 台、碎纸机 1 台、数码相机 1 部、数码摄像机 1 部、库房消毒机 1 台、塑封机 1 台，档案基础设施完备，实现了库房、阅档室、办公室“三分开”。

四、档案机构主要职能

齐齐哈尔大学档案馆既是学校档案工作的职能管理部门，又是永久保存和提供利用本校档案的科学文化事业机构，负责学校档案、校史管理和服务工作。

（1）贯彻执行国家关于档案工作的法令、政策和规定，组织起草学校档案工作文件，档案事业发展规划、档案工作年度计划和总结等。

（2）负责制定和组织实施本校档案工作的各项规章制度，并负责监督、指导和检查执行情况。

（3）负责建立健全学校档案工作网络和对全校专（兼）职档案工作人员进行业务培训；做好学校所属机构的立卷归档指导和档案分室的业务指导工作。

（4）负责接收（征集）、整理、分类、保管、鉴定和统计全校各类档案及有关资料，指导、检查、协助各部门做好立卷归档工作。

（5）负责组织实施档案信息化、数字化建设和电子文件归档及电子档案的规范化管理，逐步实现数字化档案馆建设。

（6）负责编辑档案参考资料，编制档案检索工具，开展档案编研工作，多途径、多形式地开发档案信息资源，做好计算机、光盘辅助管理档案工作。

（7）保守档案秘密，加强库房的科学管理，确保档案实体安全，维护档案的完整、准确、系统。做好“防火、防盗、防虫、防鼠、防强光及温湿度控制”等档案实体的保护工作，最大限度地延长档案寿命。

（8）负责档案的开放、利用工作；为校内外人员利用档案提供优质服务。

（9）开展档案学理论和档案工作实践研究；积极组织开展各种档案学术研究和交流活动。

（10）举办各种形式的档案展览，积极开展档案宣传工作和利用者教育活动，不断提高全校师生员工的档案法治意识。

（11）围绕学校中心工作，完成校领导交办的其他任务。

五、档案工作主要业绩

1.统一规章制度，健全档案管理基本组织架构

齐齐哈尔大学档案工作规章健全。根据《中华人民共和国档案法》《中华人民共和国档案法实施办法》《高等学校档案管理办法》《高等学校档案工作规范》和《全国档案信息化建

设实施纲要》等法律、法规和规章，结合学校档案管理工作的实际，编制了《齐齐哈尔大学档案管理规章制度与业务指导汇编》，为学校档案管理与服务工作的法治化、信息化、科学化、规范化指引方向。

2.文档一体化管理、档案数字化工作稳步实施

文档一体化，档案数字化、信息化管理是近年来档案工作发展的趋势和方向，为了更好地体现档案馆的服务宗旨，提高服务质量，馆藏档案依托《南大之星》档案管理系统建立了目录检索。馆藏纸质档案数字化有效地提高检索和服务效率，实现学生入学、毕业、学位信息的计算机检索查询。数字化扫描合并6所学校不同时期的学生毕业照。

对学生成绩数据库进行规范化整理，自行设计编写了毕业生成绩(中文)(2005—2017年)VF管理系统，实现了毕业生成绩一键查询、打印，提高了工作效率，受到毕业生的热情赞誉。

3.为学校各种重大活动提供档案保障工作

齐齐哈尔大学档案馆承担着多项服务内容，为职称评定、教学评估、学科建设、考研、出国、编写校史校志、筹备校庆、翻修校舍等提供重要原始依据。近年来，随着查询档案的部门和个人的增多，档案馆强化信息化服务手段，提升服务主动性，提高服务效率，扩大档案影响力，增强了师生档案意识。档案馆工作人员工作细致、服务到位，多次加班查档及整理大量资料，为各相关部门提供了大量档案资料。遇到学校重大活动需要紧急查档任务时，能够及时到岗，既按工作需求全力保障服务质量，又确保档案原件在人员经手多、周转环节复杂的情况下的无丢失、无损坏，维护档案的安全与完整。为学校各项工作提供了可靠依据，发挥了档案资政的积极作用。

4.配合校庆，开展校史馆更新、校史校志编写工作

齐齐哈尔大学为迎70年校庆，全面更新校史馆展板内容，成立校史校志编写组。多项工作正在稳步推进中，档案馆为校史馆更新及校史校志编写提供档案保障工作。

六、面向未来工作设想

1.创新理念，构建“大档案”工作格局

随着学校内涵式改革的不断发展和深入，在注重硬实力蓬勃上升的同时，对于软实力的追求也逐渐迫切起来。档案作为学校历史传承及文化底蕴的有效载体，事业发展迎来了新的历史机遇。必须不断解放思想，锐意创新，更新理念，倡导“大档案”工作理念，不断创新发展思路，真正形成各部门各单位共同参与档案工作的工作格局，解决高校档案工作的孤立问题，科学整合档案资源，建立以档案馆为主体，各部门各单位协调配合的档案资源管理架构。

2.档案人才队伍建设

采取有效措施，通过培养、引进和人才流动等方式，不断提升档案工作人员的专业水平，为档案事业的可持续发展提供人才保障。把档案工作人员培训和继续教育列入学校总体人员培养和继续教育的统一规划中，为档案工作人员提升专业化水平、完善学历结构和职称结构等创造条件，稳定档案工作队伍。通过加强对兼职档案员的培训、指导和监督，确保各类档案的收集、整理、归档工作落到实处，保障档案工作的健康可持续发展。

3.加强档案信息化建设

档案信息化建设是档案管理工作发展的必然趋势。加强档案信息资源共享的顶层设计，将档案信息化建设纳入学校整体信息化建设规划中，在人员配备、条件改善和经费安排等方面给予保障和支持，充分利用互联网、云计算、大数据等现代信息技术手段，实现档案的管理与利用。严格按照档案数字化规范标准执行，推进馆藏传统载体的档案数字化，着力做好电子文件归档和电子档案管理工作，做好档案编研、展览等工作成果的数字化，在此基础上建立各种档案数字资源专题数据库，整合各种档案数字资源。

4.抓住特色，服务地方经济社会发展

齐齐哈尔大学是黑龙江省西部地区唯一一所综合性普通高等学校，以地方区域为依托和对象，与黑龙江省西部地区的经济、科技、文化发展存在一种相辅相成、相互依托的关系。学校通过发挥自己的智力优势，为行业技术进步和区域经济发展提供相应的支持，实现双赢互利，相互促进。学校档案馆应注重收集、研究本校服务地方经济社会发展和行业技术进步的相关档案，并适时转化为编研成果，充分发挥档案资源效益。

（齐齐哈尔大学办公室　李　琦）

档案馆全体工作人员合影

档案服务利用

东北石油大学档案工作概览

一、学校概况

东北石油大学(原名东北石油学院、大庆石油学院)位于黑龙江省大庆市,创建于1960年,是一所以工学为主,工、理、管、文、经、法、教育、艺术多学科协调发展的高校。1978年被确定为88所全国重点大学之一。东北石油大学是黑龙江省与中国石油天然气集团公司、中国石油化工集团公司、中国海洋石油总公司共建高校,是黑龙江省重点建设的高水平大学。

东北石油大学从1961年开始招收本科生,1981年获硕士学位授予权,1993年获博士学位授予权。学校有66个本科专业,23个高职专业。

东北石油大学占地169.12万 m^2,其中秦皇岛校区占地33.28万 m^2。现有全日制在校生27 048人,其中本科生18 950人、专科生3 941人、硕士研究生3 650人、博士研究生507人。

东北石油大学档案馆现有2个学校全宗,大庆艺术学校并入后,已经接受其文书、教学档案和财会档案。截至2022年年底,综合档案室馆藏各类档案64 776卷/24 151件,照片3 874张,实物351件,荣誉档案1 457件,人物档案17人678件。

东北石油大学档案馆1986年开始建立全引目录(检索目录),并以案卷目录作为主要检索工具。目前,学校正在实施档案管理信息化,3万多条档案信息已经完成录入,并且都导入《南大之星》档案管理系统数据库中,促进了检索效率的提高。目前学校正在实施档案信息管理数字化和信息化建设,已经购买档案数字化相关设备,2016年、2018年及2020年已经投入档案数字化经费,计划数年完成档案数字化,档案馆网站也日趋完善,让社会了解学校档案工作的同时,也宣传了学校的教育教学成果。在校领导的关怀、指导与档案馆全体同志的努力下,学校的档案管理正在向制度化、科学化、规范化、信息化迈进。

东北石油大学校史馆最初建于2007年,后于2010年学校50年校庆时迁至图书馆1楼,并进行了重新设计与装修,调整和充实了展出内容。新的校史馆展区按内容分3个区域:序厅、历史厅和成就展示厅,陈列了建校50余年学校发展的历史资料,充分展示了学校办学过程和不同时代学校面貌、优良传统与校园文化精粹、办学理念变革和教育教学成就。校史馆的展品属于档案馆藏品的一部分,公开展示提升了这些藏品的效用。作为学校文化建设的重要内容、实施素质教育的重要基地,校史馆每年接待参观3 000人次左右,既有本校学生参观,也包括省市级领导视察。校史馆每年从学生中选拔一批兼职讲解员,通过培训的学生讲解流畅。通过参与校史馆兼职讲解活动,大学生既很好地向外界展示了学校风采,也提高了自身的能力,增强了作为"东油人"的自豪感和使命感。

二、档案机构发展沿革

东北石油大学档案工作始于 1960 年，原名东北石油学院，1975 年，更名为大庆石油学院。1986 年建立院长办公室综合档案室。2003 年 3 月成立档案馆（副处级），挂靠学校办公室。2010 年 4 月大庆石油学院更名为东北石油大学，档案馆更名为东北石油大学档案馆，下设综合档案室和校史编研室（校史馆），隶属于学校党政办公室，2017 年 7 月隶属于学校图书馆。1998 年 2 月档案管理通过石油天然气总公司国家二级标准考核。

三、档案机构基本情况

图书馆下设综合档案室和校史编研室，设置 1 名副馆长主抓档案工作和校史工作；综合档案室设置主任 1 名，科员 5 名，其中副高职 3 人，中级 3 人；男性 2 人，女性 4 人；档案学专业人员无，计算机相关专业 1 人。校史编研室设置主任 1 名，男性，中级，非档案及计算机相关专业。

四、档案机构主要职能

东北石油大学档案部门收集整理 14 大类档案，即党群、行政、教学、科研、基本建设、仪器设备、产品生产、出版物、外事、财会、人事、实物、荣誉、人物类档案，不包括在校学生档案、职工档案。

目前档案馆可以提供档案原件查阅、借阅；提供档案复制件；开展学历学位、成绩等认证工作，办理中英文成绩翻译等；出具档案证明，开展机构函复查询服务；编写校史、大事记、组织机构沿革、专题文件汇编等。

2012 年采购《南大之星》档案管理系统软件，2013 年启动档案数字化工作，现已完成现存档案目录录入工作，新归档文件采取馆内人员编号录入，未开放档案系统给兼职档案员，同时为校内职能部门收取电子文件或数据库。

五、档案工作主要业绩

档案查询采取事前预约、特事特办、快递交付原则，在满足档案查询要求前提下，制定了《关于东北石油大学关于档案查询工作的通知》，对在校教职工及学生安排现场查询；对校外校友采取邮箱预约查档、发送扫描电子档案、快递发送纸质档案、送到校门口等方式来满足校友查档要求，寒暑假全员轮流值班，基本做到 24 小时答复。

档案数字化采取 3 种方式进行，一是档案服务外包工作，现已完成归档基建图纸，以及部分早期教学和文书档案；二是自行利用购买的档案数字化设备进行档案数字化工作，完成本专科和硕博士三联单、学历学位认证材料以及部分成绩单数字化工作，进行了成人教育类档案的扫描工作，推进历年党群行政档案数字化工作；三是学生勤工俭学进行档案数字化工作。

六、面向未来工作设想

1.完成档案室搬迁工作

综合档案室已完成档案库房新址和档案服务中心搬迁准备工作，从图书馆 10 楼搬迁到

1 楼,安装了档案密集架,解决了档案长久发展库房面积不足和查档不方便问题。

2.加强线上档案利用服务工作

综合档案室继续邮箱预约查档,尝试开发微信预约查档,与快递无缝连接,加强远程档案查询服务工作。

3.加强纸质档案数字化工作

争取学校档案数字化资金支持,继续利用现有的档案数字化设备自行进行档案数字化工作,继续利用学生勤工俭学辅助数字化。

4.尝试兼职档案员使用档案管理系统录入工作

培训兼职档案员使用档案管理系统,减轻档案管理人员的工作量。

5.探索电子文件归档

研究探索电子文件归档工作可行性。

(东北石油大学图书馆综合档案室　孙连荣)

档案库房

东北石油大学图书馆(档案馆)

黑龙江八一农垦大学档案工作概览

一、学校概况

黑龙江八一农垦大学是黑龙江省属全日制普通高等学校，创建于1958年7月，首任校长由原国家副主席、时任农垦部部长王震将军担任。学校原隶属农垦部，1973年划归黑龙江省人民政府。现已成为一所具有鲜明现代化大农业特色、以农为主、多学科协调发展的农业大学。

2003年学校整体迁入大庆市，进入提速升级、跨越发展的新时期。在长期的办学实践中，学校凝练形成了“艰苦奋斗、无私奉献、务实求真、负重致远”的办学精神，并因优良校风和办学实绩赢得了社会的广泛赞誉。

黑龙江八一农垦大学现址位于大庆市高新技术产业开发区，总占地面积120.04万m^2。建有12个本科学院以及马克思主义学院、体育教研部、继续教育学院等教学机构，学科专业涉及农学、工学、管理学、理学、法学、文学、经济学7个学科门类。黑龙江八一农垦大学全日制在校本科生16 000余人，各类在校研究生近2 000人。建校以来，学校累计培养和输送毕业生13余万人，培训各类人员50余万人次。

困知勉行，积厚成器。黑龙江八一农垦大学坚持“育人为本、质量立校、崇尚学术、特色发展”的核心办学理念，以立德树人为根本任务，以服务龙江全面振兴全方位振兴、服务国家农业现代化为办学使命，以产教融合发展为导向，以质量提升为核心，着力提高学校内涵式发展水平和办学综合实力，正在向着建设特色鲜明的高水平现代农业大学目标不断迈进。

二、档案机构发展沿革

1958年8月，建校之初即建立了保密室，隶属于政治部。1960年，保密室设保密员1名。1979年起，保密室改称文书档案室，专职文书档案员也由1人增至2人，归校办公室领导。1983年增设科技档案室，配备专职科技档案员1人。

1986年1月起，校办公室分为党委办公室和校长办公室，文书档案室和科技档案室划归党委办公室领导。

1990年1月，党委正式下文成立综合档案室，正科级建制，综合档案室设主任1名，科技档案员和文书档案员各1名。

2011年12月学校成立档案馆，正处级建制，与学校办公室合署办公，办公室主任兼任档案馆馆长。档案馆下设综合管理部、文书科技档案管理部和人事档案管理部3个科室，全校教职员工人事档案纳入档案馆统一管理，学校党委书记和校长主管档案工作，一名副校长分管档案工作。2012 年 11 月,档案馆独立为学校直属正处级教辅单位,校史馆工作从宣传部划归档案馆管理,大事记、校史编研等业务纳入档案馆职责范围。

2015 年 12 月学校机构调整,档案馆不再是独立教辅机构,学校档案业务并入图书馆与信息中心,图书馆与信息中心内设档案管理部,负责全校档案工作管理。

2018 年 12 月至今,学校档案工作划归学校办公室,学校办公室下设档案科,全面负责学校文书类、科技类及其他类档案、干部人事档案管理工作。

三、档案机构基本情况

2018 年 12 月,学校机构调整,在学校办公室下设档案科,档案科负责全校档案管理工作。目前,档案科共有 4 名专职档案工作人员,全校 40 个部门均有 1 名兼职档案员,兼职档案员具体负责本单位的档案业务工作。

档案用房面积共 840.34 m^2,包括 7 间档案库房、1 间阅档室、1 间整理室和 1 间办公室。档案用房面积能够满足未来 10 年发展需要。

馆藏档案门类齐全,馆藏资源丰富,涉及党群、行政、教学、科研、财会、科研等 10 大类。2012 年以来,全校教职员干部人事档案纳入档案部门统一管理。截至 2022 年 3 月,馆藏以案卷为保管单位的纸质档案36 299卷;以件为保管单位的纸质档案 225 242 件,总排架长度1 531 m。

四、档案机构主要职能

(1)贯彻执行国家有关档案工作的法律法规和方针政策,综合规划学校档案工作。

(2)制定学校档案工作规章制度,并负责贯彻落实。

(3)负责接收(征集)、整理、鉴定、统计、统一保管学校各类综合档案及人事档案等有关资料。

(4)编制检索工具,编研档案史料,开发档案信息资源。

(5)组织实施档案信息化建设和电子文件归档工作。

(6)开展档案的开放和利用工作。

(7)开展学校档案工作人员的业务培训。

(8)利用档案开展多种形式的宣传教育活动,充分发挥档案的文化教育功能。

(9)开展档案学术研究和交流活动。

五、档案工作主要业绩

学校档案工作与学校一起共同经历了 60 余年的发展,虽然管理机构历经变迁,但学校始终把档案管理作为基础性工作来抓。多年来,在严格贯彻执行上级文件精神的基础上,在“档案惟崇、业广惟勤、服务惟先、师生惟上”的档案工作理念和“严谨自律、进取创新、协同担当、服务奉献”的工作要求下,形成了自己的一些特色亮点。表现为以下几个方面。

1.严密的档案管理体系

学校档案工作实行层层责任制,管理严密。全校档案工作网络包括 40 个立卷单位和 4 个方面的责任人。40 个立卷单位包括学校各院、部、处,各直属单位。4 个方面的档案工作责任人包括由单位、部门行政负责人组成的档案工作领导责任人；由兼职档案员组成的立卷归档责任人；由党政管理、教学、科研、学生工作、机关各科室负责人组成的材料收集责任人；由全校每一名师生员工组成的材料形成责任人。学校档案工作形成了这样一个网络体系：从材料形成人到材料收集人到归档责任人再到立档单位领导责任人，最后到档案部门和分管校领导和主管校领导。层层有负责人，步步有抓手。

2.严格的内部检查制度

学校重视档案部门工作人员的内部管理，对于各项工作的完成情况，有完整的内部监督检查制度，包含内部监督检查的详细标准和评分表。内部检查每半年一次，上半年6月底前完成，下半年11月底前完成。上半年检查的重点是文书类档案，下半年检查的重点是科技类档案、人事档案。内部档案按自查、抽查的方式，对于检查中存在的问题分别在7月中旬和12月中旬完成整改。检查工作的所有相关材料保存到档案全宗卷中，并将其作为衡量和评价部室负责人工作状态和效能的重要指标和依据，同时也作为学校工作人员年度考核等级的重要参考依据。

3.工作清单一目了然

档案是积累，档案工作则是传承。为了顺利有效地开展档案工作，帮助新从事档案工作人员尽快进入角色，把握工作内容和流程，我们为专职档案人员制定了档案工作清单。工作清单对各项具体工作的内容、完成时限、要求标准、涉及的部门等都有明确的规定，操作简单，一目了然。

4.提示督办不留死角

为进一步加大档案材料的收集力度，学校采取提示督办的方法。提示督办由专职档案员负责，包括实时提示和年度督办两个环节。

实时提示要求专职档案员通过校园网、校报、各单位总结大事记等途径，实时关注学校各项重要工作、重要会议和活动，实时提醒相关单位兼职档案员做好材料的收集、系统的录入和电子文件的上传等预归档工作，并填写“黑龙江八一农垦大学档案材料收集归档提示督办登记表”。

年度督办指的是每年年底立卷归档前，对学校全年各项重要工作、重要会议和活动、重大事件进行系统梳理，并依据“黑龙江八一农垦大学档案材料收集归档提示督办登记表”对已提示事项预归档情况进行检查核对，进一步保证档案材料的齐全完整。

5.两次审核确保质量

为进一步保证归档材料质量，学校实行档案材料立卷归档二审工作制度：专职档案员对归档材料要进行两次审核。一是在立卷归档单位完成网上预立卷工作后材料装订之前，二是在档案部门接收档案材料后入库上架之前，分别对网上著录的档案信息以及档案实体进行全面审核。档案材料经两次审核全部合格后方能入库上架，审核工作必须在每年6月底前完成。

六、面向未来工作设想

黑龙江八一农垦大学档案工作始终着眼于学校的长远发展，以服务学校中心工作为己任。我们将一如既往，开拓进取，以更高的目标追求为档案事业做出应有的贡献。在未来的工作中，一方面要加速推进档案的信息化进程，力争早日实现档案的数字化管理；另一方面，深入了解校史校情，挖掘整合档案信息资源，找到不同的切入点，通过多种方式，展示学校的建设和发展史，诠释北大荒精神，编研出高水平有价值的作品。

（黑龙江八一农垦大学办公室档案科　路红华）

库房一角

学校主楼

黑龙江科技大学档案工作概览

一、学校概况

黑龙江科技大学地处美丽的冰城夏都哈尔滨市的松花江畔，是一所理、工、管、文、经、法等学科协调发展，以工为主、以矿业为学科专业特色的多科性大学，为区域经济社会和我国煤炭工业发展做出了突出贡献，被誉为“煤炭工业的脊梁”。黑龙江科技大学是黑龙江省人民政府与国家应急管理部（国家安全生产监督管理总局）共建高校，是国家教学工作水平评估优秀院校，是黑龙江省特色应用型本科建设示范高校。

黑龙江科技大学坚持“以生为本、为生尽责”理念，紧紧围绕立德树人根本任务，遵循教育教学规律与人才成长规律，着力培养“思想道德素质高、实践能力强”的高素质应用型人才。学校现有 16 个学院，全日制在校生 24 492 人，其中本科生 22 910 人，博士、硕士研究生 1 582 人，本科毕业生就业率连续 21 年处于省内高校前列，被教育部授予“全国毕业生就业典型经验高校”“全国青年就业创业教育先进集体”。

黑龙江科技大学坚持“以师为尊、为师服务”理念，大力实施“人才强校”战略，现有教职工 1 785 人，近年来涌现出以“全国优秀教师”“省模范教师”“省优秀教师”“省级教学名师”和省级“教学团队”“教育科研团队”等为代表的一大批优秀人才与优秀团队，以及一大批“双师双能型”教师。

黑龙江科技大学建有“煤矿事故应急救援与影响控制”博士特需人才培养项目，可授予安全科学与工程一级学科博士学位，拥有安全科学与工程一级学科博士后科研流动站。具有硕士研究生推免权，有 11 个硕士一级学科学位授权点，1 个硕士二级学科学位授权点，9 个硕士专业学位授权类别。拥有 9 个省级领军人才梯队。建有省部级重点实验室 5 个（其中，省部共建实验室 1 个）、省部级工程技术研究中心 9 个、省级协同创新中心 2 个、省级重点培育智库 1 个、省高校人文社科重点研究基地 1 个。具有国内一流的工程训练与基础实验中心等一批高端科技服务平台。

黑龙江科技大学现有本科专业 61 个，其中国家一流专业建设点 6 个、省一流专业建设点 18 个。2 门国家级一流课程、16 门省级一流课程、2 门省级课程思政建设示范课程。2 个国家级大学生校外实践教育基地、1 个省级人才培养模式创新示范区、1 个国家级示范性虚拟仿真实验教学项目、3 个省级虚拟仿真实验教学中心、1 个省级示范性虚拟仿真实验教学项目、4 个省级实验教学示范中心、2 个振兴东北老工业基地人才培训中心、1 个国家煤矿安全培训基地。

“十三五”以来，黑龙江科技大学承担国家科技支撑计划、国家重点研发计划项目（课题)、国家自然科学基金项目等国家级项目 47 项、省部级项目 136 项,科技经费总额 5.08 亿元。获省部级科技奖励 64 项。现有煤矿深部开采地压控制与瓦斯治理实验室等 5 个省(部)级重点实验室,9 个省(部)级工程中心、资源城市可持续发展研究中心,1 个省级智库和 1 个“矿产资源开发利用”省级协同创新中心。服务国家安全生产技术支撑体系的“瓦斯等烃气输运管网安全基础研究”中心实验室是国内外较早进行水合物技术预防瓦斯灾害和瓦斯固化储运的研究平台。

黑龙江科技大学坚持加强对外交流合作,积极推进跨文化学习互动,拓宽国际合作领域,与俄罗斯、加拿大开展中外合作办学项目 20 余年,与 29 所国外高校建立校际合作伙伴关系。

黑龙江科技大学先后荣获“全国文明单位”“全国五一劳动奖状”“全国教育系统关心下一代工作先进集体”“全国五四红旗团委”等 20 余项国家级荣誉和省“先进基层党组织”“文明单位标兵”“师德建设十佳单位”等 80 余项省级荣誉。

二、档案机构发展沿革

1990 年 4 月,根据国家教委 6 号令,学校设立了综合档案室,隶属当时的院长办公室。1991 年,综合档案室设专职档案员 2 人,同年档案室晋升为“省机关文书档案管理一级单位”。1998 年晋升为“科技事业单位国家二级单位”。1999 年成立由主管院长直管的副处级编制综合档案室,同年年底晋升为“科技事业国家一级单位”。2000 年,人事档案归到学院综合档案室,编制 3 人。2008 年,人事档案划分人事处。2013 年,学校更名为黑龙江科技大学,综合档案室改建为档案馆,隶属学校办公室,副处级建制。2021 年档案馆调整为科级机构。

三、档案机构基本情况

档案馆现有专职档案人员 4 人,其中,具有硕士研究生学历 1 人,副高级职称 2 人,负责全校档案的接收(征集)、整理、鉴定、立卷、归档、统计、查询、利用及编研等工作。

馆藏档案资料始于 1950 年,包括党群、行政、教学、科研、基本建设、仪器设备、产品生产、出版物、外事、财会、声像、实物 12 类综合档案。现有档案 10 万余卷(件),还珍藏有大量的奖杯、奖牌等珍贵实物档案。

档案馆设有办公室、阅览室、保密室和库房,全馆面积 416 m^2,配备档案密集架 60 列。现有档案专用网络服务器、计算机、复印机、激光打印机、高速扫描仪、文件高拍仪、移动存储设备等现代化管理设备,档案数字化、信息化建设稳步推进。档案库房设有气体灭火系统,可实现库房烟感的实时监控及自动灭火,并与学校的火灾报警系统实现联动,极大地提升了库房的安全性。

四、档案机构主要职能

黑龙江科技大学档案馆既是学校档案行政管理机构,又是学校集中统一永久保存和提供利用学校档案信息资源、服务学校和社会的科学文化事业机构,担负着全校的档案行政管理工作和档案业务管理工作,具有档案管理、档案服务、档案编研、文化教育、参凭认证等职能。主要负责本校各部门档案的收集、整理、鉴定、保管和统计等工作,确保档案齐全完整;利用馆藏信息资源为学校的教学、科研与行政工作以及社会各界提供服务,提供档案借阅、查询、学历认证等服务,通过信息化建设实现数据库管理、计算机检索等网络化服务;以馆藏档案为主要依据,以满足社会和本单位利用档案的需要为目的,编辑档案史料、档案参考资料,形成档案编研成果,并在法律允许范围内公开发行使用;利用各类档案开展多种形式的宣传教育活动,充分发挥档案的文化教育功能;利用馆藏资料为决策者提供建设性意见和有价值的参考依据,为学校维护诸如土地、房屋、财产及校外合作等各方面权益提供依据;出具个人学历等方面的认证。

五、档案工作主要业绩

黑龙江科技大学档案管理工作坚持高标准、严质量、强特色,不断开创档案发展新局面。档案馆连续多年在黑龙江省档案执法检查中获得优秀。2010 年获中国煤炭工业协会档案管理先进单位荣誉称号,2010、2012 年两次获得黑龙江省档案管理先进集体荣誉称号,2013 年获得黑龙江省教育厅先进集体荣誉称号。

在纸质文件归档上,严格按照《高等学校档案管理办法》和学校《文件材料归档范围与档案保管期限表》执行,归档文件齐全,期限划分准确,并建立了双套卷。以此为基础,编制了《黑龙江科技大学年鉴(2007—2013)》、大事记、组织沿革等编研材料。编制归档文件目录,编写各类归档文件整理说明,补充档案统计台账。在档案数据库建设上,基于《南大之星》档案管理系统,全面推进档案数据库建设,馆藏档案全部实现目录数据库建设及查询,部分教学、设备、基建类档案实现全文检索。在档案利用效果上,学校规范档案查询利用流程,拓宽档案查询与利用渠道。

六、面向未来工作设想

一是大力推进档案数字化建设。学校《“十四五”发展规划》明确提出建设数字档案馆的目标,2022 年的党政工作要点和党政主要工作进程也明确了加快数字化建设的任务,下一步将深入调研,制定《黑龙江科技大学档案数字化工作实施方案》,加大资金、人员和设备投入,同时根据档案保管期限、利用情况、保管情况等,分阶段、分层次地推进档案数字化建设。

二是进一步加强档案队伍建设。学校将进一步扩充档案专职队伍数量,定期组织做好专兼职档案人员的培训和交流工作,加强档案管理人员有关法律法规、业务知识学习,提升档案队伍的整体研究水平和业务能力。

三是进一步拓宽档案利用渠道。在原始查询的基础上,逐步向数字化和微信终端查询过渡,同时充分发挥利用好档案管理系统,积极推进网上档案馆建设。

(黑龙江科技大学档案馆　荀海鑫)

黑龙江科技大学部分实物档案

档案库房

哈尔滨体育学院档案工作概览

一、学校概况

哈尔滨体育学院创办于1956年,现已建设成为冰雪特色鲜明,学科布局合理,专业协调发展,教学、科研竞赛训练和社会服务成绩卓著的高等体育学府,是我国冰雪运动人才培养的主要基地,是教育部本科教学工作水平评估优秀院校,是体育学一级学科博士学位授权单位。哈尔滨体育学院隶属于黑龙江省教育厅,各类全日制在校生6 000余人。

哈尔滨体育学院总占地面积278.10万m^2,建筑面积17.48万m^2,由哈市主校区和帽儿山第二教学区(教学训练基地和高山滑雪场)组成。哈尔滨体育学院现有教职工618人,其中具有高级职称的200人、具有博士学位的85人、具有硕士学位的289人。现有本科、硕士研究生、博士研究生一体化的人才培养体系,目前设有体育学一级学科博士点,分4个专业方向,博士生导师26人;设有体育学一级学科硕士点,分设7个专业方向,硕士生导师135人;设有12个本科专业;设有世界仅有的两所国际冰球联合会项目推广和人才培养机构之一的国际冰球联合会(哈尔滨)教育发展中心,并设有全国唯一的冰雪项目博士后科研工作站。学校已经建设成教学、科研、竞赛、训练和社会服务"五位一体"的复合型人才培养模式。

哈尔滨体育学院坚持以特色办学为引领,提升核心竞争力,着力加强运动队建设。在不断地摸索与创新中,先后为国家培养了顶尖级冰雪运动竞技人才、国内高水平教练员,成为我国冬季项目主要的人才培养基地。多年来,学校培养的冰雪项目高水平竞技人才共为国家夺得冬奥会金牌7枚(截至目前,我国共获得冬奥会金牌13枚),在筹备2022年北京冬奥会工作中提供了有力的人才支持、技术保障和智力支撑,并培养和储备了大量的专门人才。学校光荣入选首批北京2022年冬奥会和冬残奥会培训基地,是北京以外唯一的高校培训基地。截至2021年,在国际国内各类比赛中,我校运动员共获得冠军866项、亚军752项、季军708项。

曾作为第24届世界大学生冬季运动会主要赛场之一的第二教学区帽儿山高山滑雪场已成为哈尔滨体育学院雪上项目教学、科研、竞赛训练和社会服务中心,并被认定为国家单板滑雪U型场地技巧训练基地、中国大学生雪上运动训练基地,其完备的场馆设施和冰雪专业人才为黑龙江省乃至全国的冰雪运动、冰雪旅游、冰雪体育产业发展和推进冬季全民健身运动做出了巨大贡献。

2022年冬奥会、冬残奥会的表彰大会上,哈尔滨体育学院荣获"突出贡献集体"殊荣,成为在此次表彰大会中全国唯一一个受到表彰的高校集体。

二、档案机构发展沿革

哈尔滨体育学院综合档案室成立于 1986 年 6 月，当时为科级建制、隶属于院办。学院档案工作由行政院长主抓，学院及各单位都将档案工作纳入学院和部门整体发展规划，并列入领导的议事日程和岗位责任制。学院的档案工作以综合档案室为中心，建立了全院档案工作管理网络体系，各部门均有一位处级领导分管档案工作，配备了兼职档案人员负责本部门的档案工作。2020 年 11 月综合档案室归属于学院图书馆，科级单位，现有专职档案员 3 人，高级职称 2 人，中级职称 1 人。

三、档案机构基本情况

档案室于 2002 年晋升为“科技事业单位国家二级单位”，连续三年在黑龙江省档案执法检查中获得优秀，2008 年学院引入《南大之星》档案管理系统软件，对全部案卷（件）目录级管理和部分文件的分级管理，实现文件编目、统计、查询、检索的电子化，使档案的管理工作有了很大的跃升。档案工作紧密围绕学院各项工作，立足全面配合，全力参与学院评估、校史馆、校庆、校史、年鉴、大事记等编制工作，同时为党政、教学、科研等各项工作提供原始资料，为毕业生提供各类证明。

四、档案机构主要职能

哈尔滨体育学院高度重视档案工作。档案工作是重要的基础性工作之一，依据新修订的档案法及《高等学校档案管理办法》，制定《哈尔滨体育学院档案管理办法》，规范学院档案工作，提高档案管理水平。学院档案工作接受黑龙江省教育厅和黑龙江省档案局的指导、监督和检查。

综合档案室成立以来，对学院各部门和教职员工在从事教学、科研、体育竞赛、党政管理及其他各项活动中直接形成的、对学院和社会有保存价值的各种文字、图表、数据、声像等不同形式、载体的历史记录进行了集中统一管理。档案馆有党群、行政、教学、科研、财务、基建、外事、出版、设备、声像、实物共 11 类档案。

五、档案工作主要业绩

档案室本着服务师生、服务学校、服务社会、利于安全、保护隐私、方便工作的原则，积极开展档案利用服务，紧密服务于学院相关的重大事件、重大新闻、重大活动等。

（1）依据新修订的档案法和《高等学校档案管理办法》，制定各项规章制度，建立并完善档案人员岗位责任制，加强收集、鉴定、整理、分类、编目等基础性工作，并逐年提高工作质量。档案室结合学院实际情况，积极宣传档案工作的重要性，督促、配合、培养兼职档案员的工作，将综合档案室建设成为学院档案资料的永久保管基地，成为学院各部门工作资料信息中心，服务学院各项工作。

（2）档案工作中把信息开发利用作为其主要工作内容之一，围绕学院的中心工作，利用库藏档案，积极、主动地为学院发展建设服务。在学院迎接 2006 年教育部教学评估工作中，直接参与迎评中心工作，除提供各组所需的材料外，还在备检材料装订工作中发挥了重大作用，既方便专家查阅材料,又能使材料不散乱,为学院获得教学评估优秀提供基础保障性服务。

(3)在学院申办硕士学位、博士学位单位工作中,档案室提供大量档案资料,发挥了很重要的作用。在每年学院的纪检、组织、人事、招生等保密性工作中,档案室都积极配合。

(4)学院每5年一次校庆,需要编写校史和纪念册,档案室参与编撰工作,为高质量地完成每次校史和纪念册编撰工作贡献力量;档案室还积极参与"哈尔滨体育学院校史馆"和"哈尔滨体育学院冰雪文史"的建设。

(5)因学院与黑龙江省体育运动学校在一个院内,在地界划分、建房、搬迁等工作中,提供原始材料,并装订成专卷,维护学院历史的真实面貌。

(6)在学院第二校区土地确权专项工作中,档案部门多方寻找支撑材料。二校区经历了几期的开发,时间久远,加之二校区管理人员变动多,施工方也多,材料散失严重。同时,作为2009年承办世界大学生冬季运动会比赛场地,有一些是临时项目,更增加了材料收集的难度。档案室以2000年初建为节点,与历届任职人员沟通,收集所有能找到的材料,最后形成《哈体院第二教学区林地面积归档材料》套卷,装订10套提供给上级相关部门,在复杂的确权工作中发挥了不可替代的作用。

(7)2015年全院教职工档案清查,完成"三龄两历"认定工作;在全省清理毕业生学历工作中,从1998级至2018级录取名单、学籍表入手每页查询,历时4个月基本完成。后续接待各地纪检、公安查档29次,配合提供所需材料。

(8)在学籍学历档案利用工作中,工作人员兢兢业业,尽心为毕业生服务。1979~1987届毕业生中,有的学生是运动员带工资上学的,档案工作人员积极发挥档案凭证作用,为毕业生退休工龄认定提供依据。

(9)按哈体院党发〔2020〕63号文件,综合档案室划归图书馆管理,2020年11月3日进行交接。图书馆领导实地考察档案室后,以最为棘手的库房面积小为突破口,加大对档案工作的支持力度,购置并安装库房防盗门4个,购买密集架261组,扩大库房面积146 m^2。

六、面向未来工作设想

学院党委高度重视学习贯彻习近平总书记对档案工作的重要指示批示精神,第一时间组织党委成员进行学习和讨论,并开展专题研讨学习,深刻地领会"新时代档案工作怎么做"的重大问题,提高学院档案工作质量和服务水平,以学院扩大库房面积为契机,推动学院档案工作走实走深,保证档案工作与学校主体工作协调发展,现有以下设想。

(1)档案室将采取多种形式,如举办档案展览、陈列、建设档案网站等,积极开展档案宣传工作,充分发挥档案的文化育人功能;多做一些传播、创造档案文化品牌价值的工作。

(2)加大组织实施档案信息化建设和电子文件归档工作,利用好档案软件,发挥档案育人作用,让更多的毕业生回报母校,服务社会。

(3)开展学校档案工作人员的业务培训和监督工作,抓好落实,制订切实可行的适合学院档案发展的计划。

(4)开展档案学术研究和交流活动,积极参加本系统档案学会活动,提高档案管理水平与学术水平。

(哈尔滨体育学院综合档案室　王秀云)

学校校训

档案室位于崇德楼一楼

科技事业单位档案管理国家二级

牡丹江医学院档案工作概览

一、学校概况

牡丹江医学院是黑龙江省东南部地区唯一一所省属普通本科医药院校，坐落于黑龙江省东南部重要的中心城市和风景旅游城市——牡丹江市。学校历史溯源于1946年始建的牡丹江专区医院和1956年始建的黑龙江省卫生干部进修学校，1958年创建牡丹江医学院，著名历史学家郭沫若先生题写了校名。学校秉承"立德立行、唯实唯新"的校训，弘扬"执着、爱校、求实、合作、创新、奉献"的牡医精神，坚持"人本、厚德、尚能、强技"的办学理念，突出"以德为先，注重人文，强化实践，服务基层"的办学特色，注重学生实践能力的培养，学生综合素质和适应能力得到了社会的广泛认可。

牡丹江医学院1958年开始本科教育，2013年获硕士学位授予权。2006年在教育部本科教学水平评估中，专家组给予了优秀评价。2010年被列为黑龙江省特色应用型本科高校。2012年被评为全国首批卓越医生教育培训计划项目试点高校。2015年被授予"全国文明单位"称号，在教育部临床医学专业认证中获得了6年有效期，居地方医学院校领先水平。2016年在国家本科教学审核评估中获得专家组高度评价。2020年被选为黑龙江省特色应用型本科示范高校。

牡丹江医学院长期坚持"为农村办学，为基层服务"的办学方向，获得国家和社会的充分认可。"为农村培养乡土型医师的探索与实践"获国家级优秀教学成果特等奖。

牡丹江医学院占地面积71.22万m^2，建筑面积35.07万m^2，教学科研仪器设备总值2.09亿元。

牡丹江医学院现有全日制硕士研究生、本科生11 677人。学校开设临床医学、医学影像技术、制药工程、公共事业管理等21个本科专业，硕士授权二级学科29个。

牡丹江医学院现有在编教职员工2 821人（含两所直属附属医院），具有高级职称人员885人，具有硕士以上学位人员912人。专任教师751人，正高级职称237人，副高级职称244人，硕士以上学位教师占76.2%，其中博士学位教师159人。博士生、硕士生导师273人，龙江学者特聘教授3人，国务院政府特殊津贴及省政府特殊津贴获得者4人，省优秀中青年专家1人，省卫生系统有突出贡献中青年专家9人，省领军人才梯队4个。学校教师获得首届全国医学影像技术专业教师教学设计大赛特等奖、第二届全国康复相关专业青年教师课堂教学比赛二等奖等国家级奖励16项。

牡丹江医学院现有肿瘤疾病防治、脑卒中防治等4个黑龙江省重点实验室；拥有中俄医科大学联盟"慢病与药物研究中心"、省生物医药技术服务平台、省高校校企共建工程技术研发中心，以及省内唯一的省科技厅、牡丹江市政府、牡丹江医学院共建医药研发平台。

牡丹江医学院图书馆馆藏纸质图书102.37万册，电子图书75.49万种，数据库15个，拥有性能先进的电子图书系统和计算机网络服务体系。

牡丹江医学院有附属医院8所，教学医院、实习医院等实践教学基地100家。附属红旗医院是全国首批住院医师规范化培训基地，床位1 600张。

牡丹江医学院与俄罗斯太平洋国立医科大学、美国田纳西大学、菲律宾法蒂玛大学等国外院校建立了交流与合作关系。

牡丹江医学院建校以来，共培养医学、药学等专业毕业生7万余人，大部分已成为基层医疗卫生事业现代化建设与发展的重要人才资源，为黑龙江省和全国医药卫生事业发展做出了重要贡献。

二、档案机构发展沿革

牡丹江医学院档案室成立于1990年6月，隶属于办公室，成立时仅有部分党、政管理档案。其后根据原国家教委档案实体分类法与高等学校档案工作规范要求逐步得以完善。1999年11月通过省级档案目标管理验收标准。附属红旗医院、附属二院（原铁路医院）分设档案室（达标国家二级、省级标兵）。2004年黑龙江省财政学校并入牡丹江医学院，其档案一并进入牡丹江医学院成为另一个全宗。

牡丹江医学院档案室按照《中华人民共和国档案法》和《高等学校档案管理办法》的规定和要求，认真开展档案工作，履行归档、保存、提供利用高校档案职责，积极发挥档案部门的行政管理、业务指导和档案永久保存、提供利用的职能，为学校教书育人、科研管理等中心工作及师生员工服务。

三、档案机构基本情况

牡丹江医学院档案室现有专职人员2人（其中1人具有副高级职称），部门兼职档案员40余人。综合档案室位于图书馆一楼，使用面积200 m^2。档案室配备档案密集架、除湿机、防磁柜、消毒柜、扫描仪等设备。共收集、保管自1956年以来各类档案34 100余卷（件），排架650 m，图书资料200多册，年接待各类人员查阅档案近千人次。

学校领导十分重视档案工作，成立了以校长牵头的档案工作委员会，在全校各立卷部门设立档案工作负责人，配备兼职档案人员，明确职责，形成了一个以档案室为中心、覆盖全院的档案工作网络。围绕学校中心工作，紧跟时代步伐，抓住学校教育改革、建设特色应用型大学、信息化建设机遇，围绕档案“存史、资政、育人”责任，不断创新发展。

牡丹江医学院档案室于2005年在校园网上使用《南大之星》档案管理系统，采用B/S模式，具有文件自动著录和各种格式的档案全文、照片、录音、录像等多媒体档案的远程录入、上载，以及信息检索打印输出等功能，工作效率大幅提高，为实现室藏档案数字化、档案信息管理数据库化和档案信息查询网络化奠定基础。

牡丹江医学院档案工作将以习近平新时代中国特色社会主义思想和党的二十大精神为指引，牢记“依法管档、为党管档、为国守史、为民服务”的使命、责任，加强学习和交流，潜心档案基础管理研究与实践，面对新技术发展带来的挑战，抓住机遇，创新管理模式，开拓服务手段,积极争取引进档案专业技术人员,合理规划、增加库房面积,提高档案数字化水平,健全档案服务网络化。不忘初心,砥砺前行,开创学校档案工作发展新局面。

四、档案机构主要职能

档案机构是学院及社会各方面利用档案史料的中心,其基本职能是确保档案的安全、完整、准确、可利用,为社会各方面提供优质高效的档案服务。

(1)档案管理。负责档案的接收、整理、编目保管、检索统计等工作。

(2)档案利用。负责向社会各界提供档案查阅、借阅复制证明等服务,满足社会各方面对档案的需求。

(3)档案保护。负责档案的保护修复数字化等工作,确保档案的长期保存和可利用。

(4)档案宣传。负责档案的宣传展览工作,提高社会对档案的认识和重视。

(5)档案研究。负责档案的研究开发利用等工作,为社会各方面提供决策参考和历史借鉴。

(6)档案教育。负责档案人员的培训、教育管理等工作,提高档案人员的素质和业务水平。

(7)档案管理信息化。负责档案管理信息化的规划实施维护等工作,提高档案管理的效率和水平。

五、档案工作主要业绩

(1)为用户提供准确清晰有用的信息,帮助用户解决问题和获取所需信息。

(2)不断提高自己的专业知识和技能,保持对各领域的关注和了解,以便更好地回答用户的问题,在工作中保持高效和高质量及时回答用户问题,并确保档案的准确性和可靠性。

(3)积极与团队成员合作,分享知识和经验,提高团队的整体水平和能力,获得学校先进科室、省级先进个人等称号。

(4)通过不断改进和优化档案工作流程和方法,提高工作效率和质量,为用户提供更好的服务,在工作中积极与用户沟通和交流,了解用户需求和反馈,不断改进和优化档案工作,通过自己的工作为用户提供有价值的服务,得到了用户的认可和好评。

六、面向未来工作设想

(1)数字化转型。随着数字化技术的不断发展,未来档案工作将越来越数字化。

(2)智能化管理。利用机器学习技术对档案进行分类和归档,利用自然语言处理技术,对档案进行检索和查询,提高档案管理的效率和准确性。

(3)随着数字化技术的发展,档案数据的安全和隐私保护成为一个重要问题,未来档案工作需要加强数据安全和隐私保护,建立完善的数据备份和恢复机制,确保档案数据的安全和可靠。

(4)跨部门合作。与其他部门共同建立数字化档案库,实现档案的共享和利用,同时还需要加强与其他部门的沟通和协调,确保档案工作顺利进行。

(5)人才培养。未来档案工作需要加强人才培养,提高档案工作人员的专业素养和技能水平,可以通过培训和学习提高档案工作人员的数字化技术和智能化管理能力,为档案工作的发展提供人才支持。

总之,未来档案工作需要不断创新和发展,适应数字化时代的要求,提高档案管理的效率和质量,为社会和国家的发展做出重大的贡献。

(牡丹江医学院办公室　周贞荣)

档案室位于图书馆一楼

学校大门

牡丹江师范学院档案工作概览

一、学校概况

牡丹江师范学院始建于1958年，占地面积70.35万 m^2，校舍建筑面积33.34万 m^2。历经东北农学院嫩江分院（1958—1964年）、北安师范专科学校（1964—1965年）、宁安师范专科学校（1965—1970年）和牡丹江师范学院（1970年至今）4个发展阶段，是全国首批学士学位授予单位。1995年9月，学校迁入牡丹江市，结束了近40年农村办学的历史。经过60余年的发展，学校已成为黑龙江省东南部地区规模最大、综合实力最强的省属本科院校，是黑龙江省基础教育研究中心之一。2001年，学校顺利通过教育部普通高等学校本科教学工作合格评估。2006年，学校被批准为硕士学位授予单位。2009年，学校被教育部评为"高等学校本科教学工作水平评估优秀单位"。学校现具有学士、硕士两级学位授权体系。学校始终秉承60余年发展历程中形成的"艰苦奋斗、无私奉献、自强不息、励志图新"的"大荒地"精神，不忘初心，砥砺前行，奋力谱写新时代牡丹江师范学院发展新篇章！

二、档案机构发展沿革

牡丹江师范学院档案馆的前身是牡丹江师范学院文书档案室，1988年10月成立牡丹江师范学院综合档案室，隶属于学校办公室。2013年10月综合档案室更名为牡丹江师范学院档案馆，全面接收包含人事档案在内的学校各类档案。

三、档案机构基本情况

牡丹江师范学院档案馆现馆址位于综合楼一楼东侧，总体面积1 000余 m^2，与校史馆"两个牌子，一个机构"。在岗人员7人，其中6人为硕士研究生，4人具有高级职称。负责管理学校党群、行政、教学、科研、财会、基建、声像、外事、设备、出版、实物、人事12大类档案。综合档案32 964卷/80 926件。人事档案共计2 090盒。在2016年全省高校档案工作执法检查中总分排名第三。荣获黑龙江省事业单位档案规范化管理二级单位、牡丹江师范学院"三育人"先进集体。2022年国家档案局首次在全国档案系统开展国家级档案专家、全国档案工匠型人才和全国青年档案业务骨干（即"三支人才队伍"建设）选拔工作，档案馆负责人张兴同志入选"全国青年档案业务骨干"名单。毕鹏瑶同志入选"全省中青年档案业务骨干"名单。

牡丹江师范学院校史馆始建于2006年，场馆面积约400 m^2。面向全校师生校友和社会大众开放，集中展示学校建校60余年的办学历史、办学思想，独有的"大荒地"精神，人才培养、学风、校风、教风等一系列有价值的文化信息。校史馆是学校对内外宣传的重要窗口，在弘扬大学精神、传承优秀文化、新生入学教育、师生党建及社会服务活动中发挥了重要作用。

四、档案机构主要职能

近年来，档案馆主要负责收集、整理学校各部门常规类档案，建党 100 周年、党史学习教育、校园重大活动等专题档案，校史档案，馆存档案齐全、完整、系统，能够真实、客观、全面地反映学校各项工作，全面记录学校发展历程，服务学校中心工作。档案馆工作人员秉持“为党管档，为校守史，为师生服务”的职责使命，坚定职业理想信念，把握档案工作规律，不断创新档案工作理念、方法、模式，逐步完善档案资源建设、信息化建设、利用服务等工作，以最便捷的方式最大限度地满足服务对象的利用需求。

五、档案工作主要业绩

1.融入高校信息化工作，提升档案资源管理成效

随着大数据和人工智能等技术的广泛应用，高校信息化建设工作日益完善。近年来，档案馆档案信息化工作取得显著成效，逐步落实“存量数字化、增量电子化”的战略目标，并有效借助新媒体平台宣传档案服务。

（1）档案数字化建设成果丰硕。在信息化建设背景下，档案工作逐步向现代化方向发展，对高校及档案工作管理人员提出了更高的要求。学校大力支持档案馆进行信息化建设，购置安全可靠的信息化基础设施设备，确保档案信息化工作顺利开展。档案馆工作人员逐步适应时代发展趋势，提升业务素养与综合能力，使档案工作进一步向专业化方向发展。档案馆将近年来学校党政重要发文、本硕录取新生名册、毕业生成绩单、重点专题档案等进行数字化扫描，并上传至档案管理系统，极大地保护了多年前的纸质档案，提高了档案服务工作效率和水平。

（2）设立牡丹江师范学院档案馆公众号。按照《全国档案事业发展“十三五”规划纲要》中“到 2020 年初步实现以信息化为核心的档案管理现代化”的要求，2019 年创建牡丹江师范学院档案馆公众号，设立档案馆、校史馆、信息动态 3 个专栏，借助微信平台提供档案服务、校史馆服务、发布相关工作信息动态，便于各职能部门、二级学院按照要求及时归档，在校内外查档人员及时联系工作人员、沟通查询业务、节省查阅时间方面起到了积极的辅助作用。

（3）开发档案利用小程序。近几年，档案馆工作人员在广泛调研各高校档案馆档案利用模式的基础上，结合档案馆实际情况，全面梳理各类档案，研究切实可行的服务方式，开发多个档案利用小程序，解决档案预约、查阅、登记方面的问题。为提高人事档案查阅工作效率，档案馆工作人员分类录入各类人员档案存放基本信息，开发“档案馆人事档案目录查询小程序”，录入待查人员姓名即可迅速显示该人员档案存放具体位置，极大地节省了工作人员以往用纸质登记簿搜索待查人员档案存放位置的时间，提高了人事档案查阅工作效率。为方便记录、统计档案查借阅情况，档案馆工作人员开发了“档案馆档案利用登记小程序”。档案利用者登录小程序即可填写档案利用具体信息，免去了以往手写登记查借阅信息的繁杂过程。工作人员在小程序后台即可统计大量的查借阅登记信息，确保了统计查借阅信息的准确性，提高了统计工作效率。

2.积极参加校史编研工作,充分发挥校史馆爱国主义教育基地作用

2018年,学校迎来了建校60周年校庆。学校档案馆工作人员在建校60周年之际,大力配合校史编写组续写《牡丹江师范学院校史(2008—2018)》,并以这次校庆活动为契机,面向校园、社会各界人士征集能够反映学校历史沿革的档案资源,重新改造了校史馆。将宝贵的历史资料通过分类整理纳入馆藏,在进一步整合与保护档案资源的过程中,保留学校师生共同的校史文化记忆。在日常管理中,档案馆培养了一批校史讲解员,为师生员工、校友、省市前来学校参观人员提供校史讲解服务。有效借助主题教育、师生党支部建设、新生入学教育等活动之机,科学有序地组织师生员工参观校史馆,向师生员工和历届校友展示建校历史,对师生进行爱国主义、民族精神等宣传和引导,培养他们对学校的归属感和荣誉感。校史馆作为"第二课堂",补充思想政治教育资源,增强学校思想政治教育的时效性,承担立德树人的根本任务。

六、面向未来工作设想

习近平总书记对档案工作的重要指示批示精神,为档案工作者做好新时代档案工作提供了根本遵循,给予全国档案系统工作人员莫大的鞭策和鼓舞。牡丹江师范学院档案馆工作人员满怀信心,将继续在牡丹江师范学院党委的领导、关心和支持下,围绕牡丹江师范学院中心工作和发展大局,以《"十四五"全国档案事业发展规划》和新修订的档案法为引领,做好档案日常管理工作,提升档案管理水平。切实履行好"为党管档、为国守史、为民服务"的神圣职责,用档案史料讲好中国故事,传递好牡丹江师范学院声音。

(牡丹江师范学院档案馆　毕鹏瑶　张　兴)

牡丹江师范学院

档案库房

档案馆、校史馆全貌

团结进取的档案队伍

齐齐哈尔医学院档案工作概览

一、学校概况

齐齐哈尔医学院位于闻名世界的丹顶鹤故乡、风景秀丽的嫩江之畔。学院始建于1946年,是全国文明单位、黑龙江省十佳和谐校园;是教育部、卫生部首批卓越医生教育培养计划项目试点高校,黑龙江省特色应用型本科示范高校;是中国医师人文医学执业技能培训基地、黑龙江省医学教育管理中心。

校本部规划占地面积约110万m^2,建筑面积31.08万m^2;固定资产总值11.75亿元,教学科研仪器设备总值3.2亿元。现有研究生、普教生、留学生、成教生等各类在校生14 669人。现有教师及医护人员等5 805人,其中副高职以上人员1 516人。学院本部专任教师中副高职以上人员412人,占专任教师总量的56.4%;具有博士、硕士学位人员641人,占专任教师总量的87.8%。现有教育部高等学校教学指导委员会副主任委员等2人,享受国务院政府特殊津贴专家、省政府特殊津贴专家等10人,省级领军人才梯队带头人、省事业单位专业技术二级岗位专家、省级教学名师等24人,省级龙江名医、省卫生健康系统突出贡献中青年专家等59人。

二、档案机构发展沿革

齐齐哈尔医学院档案室成立于1984年10月,隶属于学院办公室,是保存和提供利用学校档案的专门机构。学院档案工作始终秉承“为党管档,为院守档”的工作理念,无私耕耘,默默付出,在平凡的岗位不断创造不平凡的成绩。1989年12月晋升省一级机关文书档案管理单位,1996年12月晋升科技事业单位省级档案管理单位,1999年12月晋升为科技事业单位国家二级档案管理单位,2003年、2006年被评为齐齐哈尔市档案工作优秀集体,2007至2015年连续被评为全市档案工作先进集体及市档案学会先进集体。2008年曾同时获全省档案工作先进集体。2016年省高等院校档案学会检查获优秀单位,具备省、市档案专业评委资质档案工作人员1人,连续受邀担任齐齐哈尔市档案专业中级评委。

三、档案机构基本情况

(1)建筑面积:1 700 m^2,现有加工整理室1间、查档室1间、阅档室1间、数字档案加工室1间、专业库房3间。

(2)人员结构:专职档案员2人,兼职40人。

(3)经费支持:学院为档案管理工作设立专项经费,并逐年递增。

(4)办公及档案数字化设备:档案管理服务器2台,办公及数字化专用计算机4台,复印机2台,打印机3台,A4幅面扫描仪2台,高拍仪1台,除湿机2台,防磁柜1个,温湿度测控仪1台,三步阅档梯、V型静音推档车等专业设备。2021年末,为适应档案发展要求,改善档案存放条件,新增智能档案密集架14列,224节,总计近24万元,进一步为数字档案室建设提供了物质保障。

(5)室藏资源:集中保管建校以来的珍贵档案史料。

按照历史阶段分期,可分为中华人民共和国成立前档案8卷和中华人民共和国成立后档案148 585卷(件)。

按照档案保存介质分,可分为纸介档案148 593卷(件)、电子档案197 GB、声像档案(照片档案30 256张、录音录像磁带2 758盘)、实物档案231件等。

四、档案机构主要职能

档案工作是高等学校重要的基础性工作,档案室始终贯彻落实国家、省、市有关档案工作的法律法规和方针政策,在学院党委和行政领导的关怀指导下,将档案工作纳入学院整体发展规划,健全完善学院档案工作规章制度。档案室负责收集、整理、保管、利用学院在招生、教学、科研、医疗、管理等活动中形成的对学生、学校和社会有保存价值的各种文字、图表、声像等不同形式载体的历史记录及有关资料,纳入集中统一管理,编制检索工具,编研、出版档案史料,开发档案信息资源;组织实施档案信息化建设和电子文件归档工作,开展档案的开放和利用业务培训,参加学术研究和交流活动等。

五、档案工作主要业绩

1.加强组织领导,建立健全制度体系,学院档案工作管理体制稳步运行

学院严格贯彻落实党和国家有关档案工作的政策方针和法律法规,以新修订的档案法和中共中央办公厅、国务院办公厅《关于加强和改进新形势下档案工作的意见》以及教育部、国家档案局《高等学校档案管理办法》等纲领性文件为指南,先后修订完善学院《档案管理办法》《齐齐哈尔医学院各类档案归档范围及保管期限表》等档案管理规章制度,为学院档案事业取得不断发展,提供强有力的制度保障和规范依据。

学院档案工作坚持集中统一管理、分级负责的管理体制,将档案工作纳入学院整体发展规划和年度工作计划,定期研究解决档案事业发展重大问题,保障落实档案建设专项经费,为学院档案工作不断取得进步提供了坚实的组织保障和经费保障。

2.强化培训指导,档案工作队伍建设不断加强

学院档案工作主动适应新时期全国高校档案事业发展形势,科学构建涵盖全部院直单位、部门的档案工作网络,打造了一支档案意识强,业务水平高,学历结构、职称结构、年龄结构较为合理的专兼职档案工作人员队伍,现有专兼职档案员42人,通过选派档案人员参加行业学术交流、赴省内兄弟院校考察学习、订阅专业期刊、集中开展业务培训、上门现场指导等方式,专兼职档案员全局视野不断开阔,业务水平不断提升,为学院档案事业发展提供了强有力的人才保障。

3.加强档案资料收集,室藏资源日渐丰富多样

学院始终将档案收集工作抓实抓牢,坚持通过网络通知、电话提醒、上门服务等方式扎实推进年度立卷归档，每个归档周期及时总结档案收集情况并按照要求填报年度《全国档案事业统计调查报表》。目前室藏档案资源分为党群、行政、教学、科研、教研、产品、设备、基建、出版、外事、财会、声像、实物等13个类别，涵盖了学院医、教、研、管、服务各个方面。在全市年度立卷归档执法检查工作中，学院已连续多年被齐齐哈尔市档案局评为"归档优秀单位"。

4.逐步推进数字化加工，档案信息化建设初见成效

在对年度归档材料完成目录级录入的基础上，充分利用数字化高速扫描仪等先进设备对当年立卷归档材料进行数字化加工，同时，对室藏档案资源按照归档年度进行倒推式数字化加工。通过内部加工与外部收集双管齐下，室藏档案数字化程度逐年提高、信息化建设初见成效，目前已实现新增档案电子化，为高质量提供档案信息服务奠定了良好基础。

5.创新服务方式，推动线上线下相结合，档案利用服务水平不断提升

（1）充分发挥档案原始凭证作用。档案工作坚持围绕学院事业发展重要布局、重点领域、重大事件积极开展档案信息资源开发。通过对室藏档案资源进行基础性编撰整理，协助校友向教育部学位认证部门和黑龙江省学历认证中心提供佐证材料，受到校友好评。收集黑龙江省第二批驰援武汉医疗队在援鄂一线形成的文字、声像、实物档案37件，展示了全体教职员工自强不息、甘于奉献的齐医精神。

（2）不断创新档案利用服务方式。学院依托档案网络版管理软件，为院直各单位、部门建立管理账号，实现了室存档案资源校内网上检索和全文阅览，为学院本部各单位、部门查档、阅档提供了极大便利。通过开通档案查询利用公务邮箱、微信工作群、QQ工作群、专属电话查档语音彩铃等服务方式，为校外档案利用者提供线上预约查档和远程利用服务，切实提升了档案利用服务质效。

六、面向未来工作设想

目前，学院文书档案和教学档案完成目录级检索和全文扫描。下一阶段，按照黑龙江省档案工作"十四五"规划部署，结合学院实际，将档案信息化建设纳入智慧校园建设总体规划，同步部署，同步落实，努力实现档案资源数字化、管理现代化、服务网络化，坚持以满足当前利用需求、保护档案原件为重点，优先对亟须利用的档案和室藏珍贵档案、高频利用档案进行保护、加工两手抓，同推进，逐步推进其他各类档案数字化加工，大幅提高室藏档案数字化比重，为建设现代化数字档案室奠定坚实基础。

（齐齐哈尔医学院档案馆　刘加威　逄　通）

二号库房智能密集架

黑龙江工程学院档案工作概览

一、学校概况

黑龙江工程学院始建于 1952 年，前身是黑龙江省交通厅所属的黑龙江交通高等专科学校和原冶金部所属的哈尔滨工程高等专科学校。2000 年 3 月，经教育部批准，合并组建更名为黑龙江工程学院，是一所以工为主、多学科协调发展的省属全日制普通本科院校。

黑龙江工程学院被列为国家国防科工局与黑龙江省人民政府共建高校，教育部“卓越工程师教育培养计划”首批实施高校，国家发展和改革委员会、教育部实施的教育现代化推进工程应用型高校建设项目百所示范校，黑龙江省特色应用型本科示范高校，黑龙江省“双一流”特色学科建设高校，全国应用技术大学（学院）联盟副理事长单位和全国地方高校卓越工程教育校企联盟副理事长单位，是全国地方普通本科高校转型发展的排头兵。

黑龙江工程学院总占地面积近 80 万 m^2。校园内，工程文化韵味浓厚，建设有现代化的教学实验楼、逸夫图书馆、大学生文体活动中心、工程文化博物馆、心理健康教育与咨询中心等设施，具有泛在的移动互联网学习环境。黑龙江工程学院图书馆藏书 110 余万册，《黑龙江工程学院学报》《测绘工程》《交通科技与经济》等刊物公开发行。学校面向全国招生，现有全日制在校本科生 13 000 余人。现有教职工 1 160 余人，其中，专任教师 740 余人。学校设有 16 个教学单位，现有资源与环境、交通运输、设计 3 个硕士专业学位授权点，动力、光学、计算机 3 个国防特色学科，寒区绿色低碳交通技术省“双一流”特色学科。学校现有 54 个本科专业，其中 21 个专业入选国家/省“双万计划”一流建设专业，7 个专业通过国家工程教育认证。

黑龙江工程学院始终坚持需求导向，深入实施“产教融合、协同育人，科教融合、协同创新，军民融合、协同发展”，打造校企合作升级版。与行业企业共建了龙建学院、龙建国际工程管理学院、智慧建筑学院、智慧城市研究院、智能交通学院、智能制造学院、中兴通讯 ICT 学院、信息与智能控制学院、新道用友创新创业学院 9 个行业学院。学校获批工业和信息化部“专精特新产业学院”建设项目，龙建路桥建设现代产业学院入选黑龙江省首批省级现代产业学院建设点。学校建有教育部—中兴通讯 ICT 产教融合创新基地、工业 4.0 智能制造教育实训中心、工业机器人创新实践中心、西门子先进自动化技术联合实训室、BIM 中心、VBSE 综合实训室、ARE 虚拟仿真实训室、商用车联网大数据监控管理中心、大数据物联网与 GIS 集成技术实验室、徕卡现代测绘技术实验室、机械创新实验室等产教融合基地。学校现有国家级实验教学示范中心 1 个、省级实验教学示范中心 2 个、国家级工程实践教育中心 4 个、国家级大学生校外实践教育基地 1 个、省级大学生校外实践教育基地 2 个、校内外实习基地 180 余个。学校有博士后科研工作站 2 个、省部级重点实验室 4 个、省级工程技术研究中心 3 个、共建省级协同创新中心 1 个、校企共建省级新型研发机构 1 个、省级非物质文化遗产研究基地 1 个、省高校工程中心 3 个。学校建有大学科技园、大学生创业园和大学生创新创业基地,大学科技园被科技部确定为“国家级众创空间”和“国家级科技企业孵化器”。

黑龙江工程学院坚持开放办学,与美国、芬兰、俄罗斯、白俄罗斯、泰国、马来西亚等国家的 10 余所高校建立了友好校际关系;与中国“台湾中原大学”结成姊妹学校;与美国西伊利诺伊大学、芬兰卡雷利亚应用科技大学开展了国际合作办学项目;与白俄罗斯国立技术大学联合开展技术研发项目。

黑龙江工程学院立足龙江,面向行业,辐射全国,培养适应经济社会发展需要的应用型、复合型、创新型人才,在社会上享有“工程师的摇篮”美誉,本科生毕业去向落实率始终位列全省本科院校前列,是教育部全国毕业生就业典型经验 50 强高校,并连续多年被评为“省级文明单位标兵”“省级文明校园标兵”、黑龙江省“十佳和谐校园”、黑龙江省“五一劳动奖章”、黑龙江省师德建设“十佳先进单位”、黑龙江省“依法治校示范学校”等。

黑龙江工程学院始终秉承“明德求真、知行合一”的校训,坚持“地方性、应用型、国际化”的办学定位,形成了“以国家需要为第一使命、以龙江需求为第一责任、以人民满意为第一目标”的目标追求,引领学校全面建设特色鲜明的高水平应用技术大学。

二、档案机构发展沿革

黑龙江工程学院档案馆成立于 2002 年(此前是综合档案室),是在原黑龙江交通高等专科学校、哈尔滨工程高等专科学校综合档案室基础上建立起来的综合档案馆,隶属于院长办公室,副处级单位。2006 年,档案馆从学校机电楼整体迁移至逸夫图书馆一楼,建筑面积从 367.5 m^2 增容至 1 259.349 m^2。2012 年 6 月,调整为直属单位。2015 年 10 月,调整为附属单位,挂靠党政办公室。2020 年 10 月,挂靠图书馆。

三、档案机构基本情况

档案馆共 6 人,均具有专业技术职称和本科以上学历,其中研究馆员 1 人,副研究馆员 2 人,馆员 3 人,研究生学历 2 人,省级档案专家 1 人、储备专家 1 人。

黑龙江工程学院档案馆现藏黑龙江交通高等专科学校、哈尔滨工程高等专科学校、黑龙江工程学院 3 个全宗 11 万余卷档案。馆藏档案始于 1952 年,根据档案形成的自然规律和特点,分为党群类档案、行政类档案、教学类档案、科研类档案、财会类档案、基建类档案、外事类档案、资产设备类档案、出版类档案、声像类档案、教职员个人业绩档案、学生档案、教职工人事档案,共 13 类,做到了全校档案的集中统一管理。

档案馆共有办公用房、微机房、档案库房 13 间,办公、阅览、库房“三分开”。2006 年,学院投入 110 万元添置了档案密集架、防磁柜、密码柜、光盘柜、复印机、传真机、计算机、打印机、扫描仪、刻录机、照相机、碎纸机、吸尘器等设备,现各项设施均达到了上级管理部门规定的标准。

四、档案机构主要职能

贯彻执行国家关于档案工作的法令、政策和规定,如《中华人民共和国档案法》《高等学校档案管理办法》《黑龙江省档案管理条例》《高等学校档案实体分类法与档案工作规范》等，规划全校档案工作；制定学校档案工作规章制度，如《黑龙江工程学院档案实体分类大纲和分类编号办法》《学校各类文件资料归档范围及保管期限表》《学院档案的借阅、保密、统计、鉴定销毁制度》《档案库房管理制度》《学院档案业务培训与指导制度》《电子文档管理办法》等，并负责对各部门的档案工作进行监督、指导和检查；负责接收、征集、整理、分类、鉴定、统计、保管全校各类档案及有关资料，内容包括：文书档案、科技档案、财会档案、声像档案、人事档案、学生档案、教职员个人业绩档案、电子档案、实物档案等；负责档案编研工作，针对平时档案利用情况编制专题文件汇编、档案馆指南等，编制《案卷目录》《卷内文件目录》《收、发文登记簿》等检索工具，便于查找利用。积极开发档案信息资源，开展档案的开放、利用和信息交流工作；负责对全校专、兼职档案员的业务培训，做好档案员队伍建设。配合人事部门的教职员工专业技术职务任职资格评审工作；辅助学校的《年鉴》《大事记》《校史》《组织史》等史料的编研工作，开展档案学术交流活动；执行保密制度，确保档案安全。

五、档案工作主要业绩

2002 年由国家档案局批准为“科技事业单位档案目标管理国家二级”单位，2013 年获得黑龙江省教育厅先进集体荣誉称号，连续多年在黑龙江省档案执法检查中获得 90 分以上的优异成绩。档案馆建立了馆内局域网，采用《南大之星》档案管理系统软件，对馆藏档案资料进行了全部案卷目录级管理和部分文件级管理，做到文件资料编目、组卷、统计、查询、检索等现代化。目前自 1952 年建校以来 HJZ、HGZ、HGC 三个全宗的档案已基本实现数字化管理。

档案馆编制了全引目录、案卷目录、卷内文件目录、归档文件目录等检索工具，充分利用馆藏档案，先后参与了学院校史馆、校友录、学校简史、画册、大事记等建设、编制工作。同时，档案馆利用馆藏的各类档案为教职工晋升职务、调整工资、专业技术职务评聘，学校基本建设施工、房屋的维修改造，毕业生补办学历证明、办理出国留学等提供可靠的原始资料；为学校参加历次教育教学水平评估工作提供了大量翔实的支撑材料；为学校党政、教学、科研等各项管理工作提供信息参考，查阅档案者每年平均在 2 000 人次以上，年平均调用各类档案 15 000 余卷(件)。

六、面向未来工作设想

以习近平新时代中国特色社会主义思想为指导，深入贯彻落实习近平总书记关于档案工作重要指示批示精神，加速数字档案馆建设。

加大档案征集力度，鼓励社会和个人向学校档案馆捐赠有保存价值的档案。推动档案馆与博物馆、校史馆等单位在档案文献资源共享方面加强合作。

以广大师生员工为中心，探索应用新媒体等服务方式，加大档案开放力度，提高共享程度，进一步提升档案利用服务水平。

（黑龙江工程学院档案馆　左丽娜　于莎莎）

黑龙江工程学院正门

档案馆

哈尔滨学院档案工作概览

一、学校概况

哈尔滨学院是2000年3月经教育部批准成立的全日制公办普通本科院校，由哈尔滨市政府领导和管理，实行省市共建、以市为主的办学体制。2007年以良好成绩通过教育部本科教学工作水平评估，2018年顺利通过教育部本科教学审核评估，是黑龙江省特色应用型本科示范建设高校、黑龙江省首批“共享型高校创新创业孵化平台”、第二批“黑龙江省深化创新创业教育改革示范高校”培育单位和硕士学位授予立项建设单位。

办学以来，哈尔滨学院遵循“坚持融合共生，建设城市大学，培养应用型人才”的办学理念，立足哈尔滨，服务哈尔滨，现已发展成为一所以应用类学科为优势、以艺术设计和教师教育为特色、多学科协调发展的应用型本科高校，先后为社会输送了6万余名高素质人才，为地方经济建设、社会进步和教育事业发展做出了积极贡献。

哈尔滨学院始终坚持落实立德树人根本任务，牢记“为党育人、为国育才”使命，发扬“崇德砺志、博学笃行”的校训精神，坚持“以师生为中心”的发展思想，坚持走提高质量、彰显特色的内涵式发展道路，正朝着建设特色鲜明的高水平应用型大学的宏伟目标阔步迈进。

二、档案机构发展沿革

2000年8月，哈尔滨大学、哈尔滨师范学校、哈尔滨师范专科学校合并成立哈尔滨学院，几所高校的档案部门也随之合并成立哈尔滨学院综合档案室。综合档案室是隶属于校长办公室的科级单位。2016年12月，根据哈尔滨市编制委批复（哈编发〔2016〕186号），同意哈尔滨学院设置教辅机构——档案馆，机构规格为处级。2017年哈尔滨学院档案室更名为哈尔滨学院档案馆，更换部门印章，档案馆隶属于党政办公室。同年，档案馆从学校行政楼2楼整体搬迁至一号教学楼1楼，档案馆建筑面积从190 m^2 增容至377 m^2。2018年，根据《关于印发哈尔滨学院岗位设置管理与聘用实施方案》的要求，哈尔滨学院档案馆岗位设置为专业技术岗。2021年7月，学校又划拨约573 m^2 作为档案馆二区库房。

三、档案机构基本情况

哈尔滨学院档案馆成立于2000年，是隶属于哈尔滨学院党政办公室的处级单位，其主要职能是保管学校综合档案并为校内外师生提供档案利用。馆藏涉及哈尔滨师范专科学校、哈尔滨大学、哈尔滨师范学校、哈尔滨市财经学校以及哈尔滨学院5个全宗。馆藏类别主要有党群、行政、教学、科研、财务、基建、设备等。学校档案馆建筑面积约950 m^2，一区约

377 m^2，二区(新区)约 573 m^2。设有借阅室、操作及办公室、财务档案库房等 11 间库房。

学校成立档案专项工作委员会，形成了以档案馆为中心、覆盖全校的档案工作网络。通过开展档案业务培训、下发归档通知、定期通报各单位归档情况等措施，学校档案归档量保持稳步增长。

档案馆在领导决策、维护学校合法权益、学校基本建设、师生科研，以及学生升学、应聘、个人档案补充等方面发挥了不可估量的作用。特别是实施档案数字化后，档案馆基本通过线上提供档案查阅利用，有效提高了档案服务效率。学校档案馆将为把学校办成特色鲜明的高水平应用型大学做出积极贡献。

四、档案机构主要职能

(1)贯彻执行国家和上级主管部门有关档案工作的法令、政策和规定等。

(2)负责监督、指导和检查全校档案工作规章制度执行情况，规划全校档案工作，制定学校档案工作的规章制度。

(3)负责接收(征集)、整理、分类、鉴定、统计、保管全校的各类档案及资料。

(4)按上级规定成立档案鉴定小组，定期审查档案保存价值和对管理期限已满的档案提出处理意见。

(5)负责学校档案信息的开放和利用工作，为教学、科研、管理等各项工作提供档案利用服务，负责编研档案史料和参考资料，编制档案检索工具。负责档案信息数字化建设和电子文件归档，积极开发档案信息资源，加强档案信息交流。

(6)负责为毕业生提供入学新生名册、成绩单、学籍卡、毕业审批的复印和利用，为毕业生开具学历、学位证明，必要时根据《关于印发〈哈尔滨学院出具学历证明管理办法〉的通知》(哈院发〔2020〕22 号)要求，由教务处或继续教育中心协助鉴定毕业情况再出具证明。为在校生提供入学新生名册利用。

(7)负责对全校兼职档案员进行业务培训。

(8)开展档案宣传工作和利用者教育活动，不断提高全校师生员工的档案意识。

(9)开展档案学术研究和交流活动。

(10)接受并完成黑龙江省档案局、黑龙江省高等院校档案学会的业务指导、培训和监督检查等工作。

(11)维护档案实体安全和信息安全。

(12)按时完成校领导交办的各项工作任务。

五、档案工作主要业绩

1.主要奖励

(1)2000 年获得黑龙江省档案局颁发的“科技事业单位档案管理省级”称号(奖牌)。

(2)2002 年获得国家档案局颁发的“科技事业单位档案管理国家二级”称号(奖牌)。

(3)2015 年获得哈尔滨市教育委员会和哈尔滨市档案局联合颁发的“哈尔滨市学校档案管理一级单位”称号(奖牌)。

(4)2015 年时任档案室科长王中秋获得哈尔滨市档案局组织评选的“哈尔滨市最美档

案人”称号。

(5)2016 年 9 月,通过黑龙江省档案局档案规范化管理省一级评估验收,获得“黑龙江省事业单位规范化管理一级单位”称号(奖牌)。

2.主要工作业绩

(1)数字化建设。校档案馆于 2008 年开始启动档案数字化工程,逐步完成从文件级目录到全文数字化,从文书档案到基建图纸数字化。虽然我校档案库存量不是全省高校最多的,但校档案馆工作人员在没有将数字化外包为学校节省资金的情况下兢兢业业,集中精力利用 4 年时间基本完成了库存档案数字化工作。哈尔滨学院成为黑龙江省首批进行档案数字化的高校之一。目前档案馆采用官方电子邮箱接收校内外师生档案利用申请,并提供档案服务。随着 OA 系统的进一步推行与完善,档案馆将进一步完善电子文件归档。

(2)提档增容。在各届校领导的大力支持下,档案馆环境得到巨大的改善。经历 2017 年、2021 年两次提档增容,档案的保管条件得到巨大改善,档案馆的建筑面积从最初的 190 m^2增容至约 950 m^2。学校还引进了智能密集架、恒温恒湿系统、烟雾防水报警系统,档案安全保障趋于智能化、科学化。

(3)积极开拓职能。档案编研工作是开发档案信息资源的手段,是满足特殊利用需求,深化和拓展档案利用服务的有效措施。档案馆人员超前主动,潜心开展档案编研工作。近年来档案馆编制了如《哈尔滨学院实物档案汇编——字画》《哈尔滨学院全宗说明》等维护和整理特殊载体档案,满足特殊利用需求的编研成果。

另外,校档案馆向社会和在校师生广泛征集有永久保存价值的档案材料、珍贵的历史资料,鼓励在职和退休教职工捐赠有历史价值的资料,并对其进行精神或物质的奖励。

六、面向未来工作设想

1.科学规划档案制度建设

贯彻《归档文件整理规则》和《数字档案室建设指南》。完善学校档案管理相关制度和各类档案利用流程,根据学校机构设置调整情况调整《哈尔滨学院归档范围和保管期限》。坚持部门立卷归档制度。

2.有效推进档案资源体系建设

落实《哈尔滨学院归档范围和保管期限》,各部门档案实现应归尽归、应收尽收,加强对项目档案的监督管理,采取灵活多样的形式对特色档案进行监管。

3.深化和拓展档案利用服务

加强档案信息资源开发,根据利用需求编纂多种类档案编研成果。配合校史馆建设,在保护实物档案的同时公开展示珍贵的实物档案。在学校基本建设、校友工作等方面提供信息支持。

4.加快档案管理信息化进程

持续推进数字档案馆建设,加快推进信息技术与档案工作深度融合。积极参与学校电子政务建设,做好电子文件接收和管理,探索电子文件单轨制。拓宽通过档案网站和移动终端开展档案服务的渠道。

5.强化档案安全保障

建立健全人防、物防、技防“三位一体”的档案安全防范体系,改善档案库房环境,实行档案库房安全日检制度，确保档案实体安全。采取外包形式对部分老旧档案进行保护性修复。开展数字档案资源异地异质备份。

6.加强档案队伍建设

引进信息技术方面人才，充实档案专职队伍。坚持部门立卷归档，稳定兼职档案员队伍，定期举行兼职档案员培训，建立评奖机制，调动兼职档案员工作积极性。

（哈尔滨学院档案馆　刘　扬）

档案馆所在的一号教学楼

档案馆正门

大庆师范学院档案工作概览

一、学校概况

大庆师范学院坐落于享有“绿色油化之都、天然百湖之城、北国温泉之乡”美誉的中国著名石油工业城市——大庆市。学校的前身是1965年创办的大庆师范学校。1980年经教育部批准升格为大庆师范专科学校。1993年改建为大庆高等专科学校。2004年5月，教育部正式批准在大庆高等专科学校基础上建立大庆师范学院。2019年12月，黑龙江省人民政府批文，将大庆师范学院由大庆石油管理局主管变更为省政府举办及管理。

经过半个多世纪的风雨历程，学校艰苦创业、开拓进取，形成了“自强不息，臻于至善”的校训，凝练了“质量立校，追求卓越”的办学理念，形成了“以大庆精神铁人精神办学育人”的办学特色。学校立足大庆、服务龙江、面向全国，坚持为基础教育、地方经济社会发展和石油石化行业服务不动摇，不断推进地方特色应用型本科高校建设。2011年和2018年，学校先后顺利通过普通高等学校本科教学工作合格评估和审核评估。2017年获批硕士学位立项建设单位。2019年，学校入选“黑龙江省特色应用型本科示范建设高校”；2020年，入选“黑龙江省深化创新创业教育改革示范高校”培育单位。学校先后被授予黑龙江省学生工作先进集体、省师德建设先进单位、省基层思想政治工作示范点、全国大学生心理健康教育工作先进集体、省高校系统文明校园等荣誉称号。

二、档案机构发展沿革

学校于1981年9月建立档案室，1990年确定档案室为科级建制，隶属于学校办公室，对学校的综合档案和人事档案实行集中统一管理。综合档案包括文书类、教学类、科研类、基建类、仪器设备类、出版类、财会类、声像类、荣誉类等多个门类，共14 658卷/38 820件。

三、档案机构基本情况

档案室位于1号办公楼1楼，建筑面积475 m^2，其中档案库房260 m^2，布局合理，实现了办公、阅档、库房“三分开”；档案室基本实现了档案的密集架存放，并配有计算机、复印机、激光打印机、刻录机、扫描仪等先进的档案管理设备；档案库房设备齐全，配备了防光窗帘、防爆灯、空调、加湿机、去湿机、臭氧消毒机、温湿度记录仪、灭火器等保护设施和摄像监控设备，通过人防、物防和技防等手段确保档案库房的安全，保障室藏案卷实体安全。

档案室现有专职工作人员2名，全部为本科以上学历，其中具有研究生学历1人，中级职称1人。历年来，学校领导十分重视档案工作，成立了以校长为组长、党政办公室主任为副组长的档案工作领导小组。明确了机关各部门和二级院(系、部)的档案工作分管领导,并配备了兼职档案工作人员,形成了校长负总责、党政办公室主任亲自抓、专职档案人员具体管、各归档单位兼职档案员协助管理的档案管理网络,对学校的档案工作实行集中统一管理。

学校自2002年使用计算机管理档案信息,2004年使用中国档案信息管理系统2.0档案管理软件,2009年软件升级为中国石油档案管理系统(网络版),2021年引入《南大之星》档案管理系统软件,档案室一直重视数字化档案室建设,学校档案室已完成对各类档案目录信息著录及文书、声像、科研、设备等档案全文数字化,并逐步实施教学档案、基建档案的数字化。

在黑龙江省教育厅、黑龙江省档案局、大庆市档案局、大庆石油管理局档案馆领导的坚强指导下,在学校领导的高度重视和大力关怀下,全体档案工作人员自觉加压,担当奉献,学校档案建设、管理工作取得了优异成绩,档案室先后被评为黑龙江省一级档案室、大庆市一级档案室、大庆石油管理局先进档案室;学校先后荣获大庆石油管理局档案工作先进单位、黑龙江省高校档案管理先进单位等荣誉称号,成为黑龙江省高等院校档案学会的理事单位;档案室有2名同志被评为"大庆石油管理局档案工作先进工作者",1名同志被评为"黑龙江省高校档案工作先进个人"。

四、档案机构主要职能

档案室具有对学校档案工作的行政管理、业务指导和对本校档案永久保存提供利用的职能。其中综合档案室主要负责综合性档案的收集、保管、利用和档案业务指导监督;人事档案室主要负责全校在职、离退休教职工的人事档案管理及查、借阅工作。

五、档案工作主要业绩

1.加强制度建设,推动档案规范管理

为实现档案业务建设的标准化和规范化,结合贯彻落实新修订的档案法和《高等学校档案管理办法》,学校成立了档案工作领导小组、档案鉴定委员会,在档案收、管、用三大环节上,结合学校实际建立健全了一整套档案管理制度,制定了《大庆师范学院档案管理办法》《大庆师范学院档案安全管理制度》《大庆师范学院档案保密制度》《大庆师范学院电子文件归档与管理暂行办法》《大庆师范学院教学档案管理办法》《大庆师范学院档案归档制度》《大庆师范学院档案保管制度》《大庆师范学院综合档案利用办法》等一系列规章制度,为档案规范管理提供了制度保障,依法治档取得较好成效。

2.加强档案文化宣传,增强师生档案意识

为进一步加强和规范全校档案管理工作,从源头切实提高档案管理水平,档案室每年组织兼职档案员集中开展业务培训,加强新修订的档案法等法律法规的学习,兼职档案员的业务能力和专业水平明显提升,为档案业务指导和管理服务奠定扎实基础。结合"6·9国际档案日"积极开展档案的文化宣传工作,通过播放档案宣传片、展板宣传、悬挂横幅、主题征文等形式,让广大师生感受到了档案文化的独特魅力,实现了档案与师生的零距离接触,提高了广大师生的档案意识。

3.服务中心工作,提高档案利用水平

认真做好日常档案的监督指导,每年平均接收2 000余卷(件)档案进室,做到卷卷有检

查，件件有核对，保证了案卷质量，为及时归档奠定了坚实基础。在档案资源的利用方面，档案室年均接待查阅档案人员 700 余人次，利用档案 1 000 余卷（件），通过电子邮件、QQ 及微信等新型网络服务手段，与传统的窗口服务、电话服务、快递服务相结合，为查档人员提供更为方便快捷的档案利用途径，充分发挥了档案的凭证与查考作用。

4.发挥室藏优势，积极开展编研工作

档案室重视编研工作，依托室存档案资料，积极开发档案信息资源，编写了一批具有较强实用性、较高质量的编研作品。其中，配合油田档案馆完成了《大庆油田档案事业回顾与展望（大庆师范学院部分）》《大庆油田辉煌足迹（大庆师范学院部分）》，组织完成了《大庆高等专科学校校史》《大庆师范学院任免职文件汇编》《大庆师范学院专业技术职务文件汇编》《大庆师范学院制度汇编》《大庆师范学院大事记要览》《大庆师范学院组织沿革》等多项编研。此外，还完成了档案专项编研项目《大庆师范学院名教师——贾立臣》《大庆师范学院名教师——宋桂霞》等。

六、面向未来工作设想

“十四五”期间，档案室将以习近平总书记关于“档案工作走向依法管理、走向开放、走向现代化”的“三个走向”为根本遵循，贯彻落实新修订的档案法，持续推进“存量档案数字化、增量档案电子化、档案利用网络化”，不断提升档案信息化工作水平、信息化服务能力。积极研究建设学生学籍远程查档系统，努力以线上提交需求、身份核验、线下寄送档案的便捷方式，积极拓宽广大校友和学校的联络渠道，提高学籍档案管理和利用水平；进一步加大投入加强数字化档案室的软硬件建设，待数字化档案室完全建成后，大量可公开的档案资料可以用于社会共享，更好地为学校发展和社会需要服务。

（大庆师范学院档案室　郑川川　袁雪梅　赵师璇）

档案库房

大庆师范学院档案室获评
大庆石油管理局先进档案室

大庆师范学院档案室获评黑龙江省
高校档案工作先进集体

大庆师范学院南门全貌

黑河学院档案工作概览

一、学校概况

黑河学院坐落于素有祖国北疆明珠之称的黑龙江省黑河市,是中俄4 300多km边境线上我国境内唯一一所普通高等本科院校。黑河学院始建于1958年,由时任黑河地区行署专员张志贤兼任校长;学校历经黑河师范学校(含黑河师范学校大专班)、黑河师范专科学校、黑河师专筹备处、齐齐哈尔师范学院黑河分校、齐齐哈尔大学黑河分校等发展阶段;其中,1986年黑河师范学校大专班从黑河师范学校分离出来,成立黑河师专筹备处,并于1989年成立齐齐哈尔师范学院黑河分校,副厅级建制;1997年12月,由齐齐哈尔师范学院黑河分校、黑河师范学校(创建于1958年)、黑河教育学院(创建于1981年)3校合并组建齐齐哈尔大学黑河分校,副厅级建制;2001年3月黑河广播电视大学(创建于1982年)并入该校;2004年5月由教育部批准晋升为本科院校,并更名为黑河学院,正厅级建制。2006年4月纳入省属院校;2008年获批为学士学位授予单位。2015年通过教育部本科教学工作合格评估,2017年获批新增硕士学位授权立项建设单位。

黑河学院先后荣获“中俄合作应用型人才培养创新实验区”“国家级语言文字规范化示范校”“《中美人才培养计划》121项目先进单位”“黑龙江省教育系统师德建设先进单位”“省级文明单位标兵”等荣誉称号。2019年,学校成功加入中俄工科大学联盟,成为盟内观察员院校;被确定为黑龙江省特色应用型本科示范高校培育单位;入选教育部“数据中国‘百校工程’”项目建设院校;2021年,学校团委被授予全省“青年大学习”网上主题团课组织工作“先进集体”,荣获2021年度全省志愿服务“五个100”优秀志愿服务贡献单位;学校成功获批工信部首批“校企协同就业创业创新示范实践基地”建设单位。

黑河学院现有国家特色专业建设点2个,省重点专业3个,省一流本科专业建设点6个,省“十二五”重点建设学科1个;省级精品课程3门,省级一流本科课程9门;省级教学团队2个;入选省级青年教学名师1人;省人才培养模式创新实验区1个,省实验教学示范中心2个,在俄罗斯建有国家级大学生校外实践教育基地1个;获省级以上教学成果奖11项。建有教育部国别和区域研究中心备案的俄罗斯研究中心、远东研究院、中俄比较教育研究所和环境艺术研究所等研究机构。

黑河学院建有国家级“中俄大学生交流基地”“俄语中心”“黑河学院-俄罗斯阿穆尔州美术家协会艺术实践教学基地”,是教育部第一批确定的“中俄联合培养本科生项目”单位,与国家留学服务中心共建我国第一个“赴俄留学培训基地”,建有国内第一个中俄高校TRIZ研究推广基地,与俄罗斯合作院校联办第一本双语学刊——《远东高教学刊》,与布拉戈维申斯克国立师范大学共建阿穆尔州第一个“孔子学院”。“携手青春,共享阳光”国际青年大会入选俄罗斯100个最佳社会实践活动方案,并被俄罗斯联邦国家杜马授予“中俄文化交流优秀活动奖”。建有苏里科夫美术学院中国青年画家研修基地;与莫斯科国立柴可夫斯基音乐学院签订合作协议;成立“黑河学院俄罗斯远东智库”,填补了我国远东区域性智库建设的空白,通过成果转化、政策咨询等形式,服务国家“一带一路”倡议和黑龙江省“中蒙俄经济走廊-龙江陆海丝绸之路经济带”建设。

黑河学院占地面积61.53万m^2,校舍建筑面积25.17万m^2,固定资产总值6.72亿元,教学、科研、仪器设备总值12 913.66万元。全日制在校生12 064人,本科毕业生2 818人,录取新生3 831人。教职工863人,正高级职称127人,副高级职称174人。其中专任教师608人,博士31人,硕士482人。设14个二级学院,开设本科专业40个。

二、档案机构发展沿革

1982年,黑河师范学校设专职文书、档案员1职,隶属于学校办公室。1986年12月,黑河师范学校及黑河师专筹备处分别成立综合档案室,隶属于学校办公室,两校分别设文书兼档案员1人。1988年10月,黑河师专筹备处综合档案室改为科级建制,设副科长1职,隶属于学校办公室。1995年7月,齐齐哈尔师范学院黑河分校综合档案室设专职档案人员1职,设科长1职,科级建制,隶属于学校办公室。1997年5月,成立齐齐哈尔师范学院黑河分校档案科,隶属于学校办公室,科级建制,设科长1职;1998年11月,成立齐齐哈尔大学黑河分校档案科,科级建制,2职,其中,科长1职(正科级),隶属于学校办公室。2004年5月,更名为黑河学院档案科,科级建制,2职,其中,科长1职(正科级),隶属于党委(校长)办公室。2006年11月,黑河学院档案科,科级建制,设副科长2职(副科级),隶属于党委(校长)办公室。2010年9月,黑河学院档案科,隶属于党委(校长)办公室,科级建制,科长1职(正科级),科员2职。2019年4月,更名为黑河学院档案信息中心,隶属于学校办公室,科级建制,科长1职(正科级),科员3职。

三、档案机构基本情况

黑河学院自1982年开始收集和进行立卷归档工作以来,档案工作的管理人员配备情况也由最初的兼职逐步过渡到设立专职档案管理人员;档案管理的种类也由最初的文书档案发展到现在的10多个种类及8个专题档案。档案管理人员对档案管理工作从不知到知,从不会到会,付出了自己的青春年华;档案装具由开始的一小节档案柜发展到现在的1 000余节档案柜;档案数量从最初的30余卷发展到现在的18 577卷/112 522件;年度归档整理工作由被动变为主动;归档类别由单一的文书档案扩展到学生类、教学类、财会类、基建类、外事类、出版类、科研类、设备类、声像类、资产管理类、实物档案、名人档案及各种专题档案,共计近20种,极大地丰富了室藏档案的种类。为更好地完成学校教学方面资料的收集、整理及留痕等工作,同时也为方便教学部门对往年教学资料的使用及借鉴,黑河学院于1995年开始教学部门按教学年度收集本部门在教育教学及学生管理工作中形成的材料,并按照档案的相关规定完成立卷归档整理工作,档案由本部门保存,并做好档案日常管理及提供利用工作。

黑河学院于1994年开始推行部门立卷归档整理工作，由于部门人员紧张，兼职档案员都是身兼多职。针对在进行立卷归档整理过程中经常出现的存否、分类、期限确定等问题，从2010年开始，依据部门工作的内容、职责及责任等因素，在档案整理工作中明确规定了一些事项：一是按照档案整理规定要求规范完成归档文件整理工作；二是介于两种期限之间的材料就高不就低；三是本部门形成的材料宁长勿短；四是可存可不存的材料选择存；五是能反映本部门发展轨迹的材料永久保存。解决了判断难的问题，提高了兼职档案员的工作效率，保证了形成材料部门应存尽存的需求。

黑河学院是由多所院校合并而成的，室藏档案数量由原来一所学校的档案增加到4所学校的档案全部统一保管，档案数量实现了质的飞跃。黑河学院的档案管理工作一步一个脚印，扎扎实实地稳步推进。黑河学院于1991、1992、1995年经黑龙江省委办公厅、黑龙江省人民政府办公厅、黑龙江省档案局批准颁发了“机关文书档案管理合格证”；1997年被黑龙江省档案局授予“机关档案工作目标管理省级优秀”荣誉称号；2005年被黑龙江省档案局授予“科技事业单位档案管理省级标兵”荣誉称号；1993年，在黑河市档案局举办的纪念《中华人民共和国档案法》颁布6周年档案法规知识答卷中获集体荣誉奖。费洪芝、伦凤梅分别获得过省档案局、省教育厅、市档案局的表彰；在1989年至2000年间，多次参与市档案局组织的全市档案工作大检查。

四、档案机构主要职能

1982年主要工作职能：这一年是黑河学院开始建档年，一是负责学校文书档案及照片档案的收集、立卷归档整理等工作；二是负责所存档案的日常管理、保管及提供利用工作。1986年12月，成立综合档案室后的主要职能：一是负责学校文书档案及照片档案的收集、立卷归档整理等工作；二是负责指导学生、教学及财会类档案的立卷归档及接收工作；三是负责室存档案的日常管理、提供利用及安全保管等工作。1995年7月，随着专职档案管理人员的增加，档案管理工作也向省内其他高校看齐，按照教育部、国家档案局1994年颁布的《高等学校档案管理办法》开始重新设置分类，将文书档案分成两类，分别为党群类和行政类；同时增设了科研类、设备类、基建类、外事类、出版类档案，主要职能也发生了相应的变化：一是负责学校党群、行政、教学、科研、设备、基建、外事、出版及财会类和声像档案立卷归档工作的安排、指导、检查及接收工作；二是负责学校室存档案的日常管理、提供利用及安全保管等工作；三是负责学校教学部门档案立卷归档工作的安排、指导及归档整理情况检查评比工作。

1997年5月，成立了档案科，主要职能是继续执行1995年建立的相关规定。

1998年11月，成立齐齐哈尔大学黑河分校档案科，在原有主要职能的基础上新增两项主要职能：一是评估及专项档案存档工作；二是负责学校档案方面相关材料及规章制度的起草和制定。

2004年5月，更名为黑河学院档案科，主要职能无变化。

2009年，新增主要职能是“名人和实物”档案的征集和收集工作。

2010年，新增主要职能：一是负责省、市年鉴本校部分材料的收集、整理及撰写、上报等工作；二是集中管理黑河学院的法人证、机构代码证、房产证、土地证、固定资产登记证、报纸及刊物许可证、车辆登记证等；三是根据教学类档案的年存档数量，恢复学生类档案；四是开始接收学生类电子档案；五是按部门编制学校制发的党、政、函文件汇编（从1998年起）；六是编制学校大事记汇编及校内部门年鉴、大事记汇编；七是全宗卷收集、整理；八是收集、整理作废印章。

2011年，新增主要职能：一是收集黑河学院校内部门年工作计划和总结电子文件；二是征集教职工、应届及往届毕业生的作品集、出版物、获奖证书原件或图片等；三是征集老教师用过的教案、讲稿、备课笔记及用过的教学设备（含电子产品）等。

2012年，新增主要职能：一是面向社会开展黑河学院老照片及黑河学院历史资料、档案的征集工作；二是增设资产管理类档案。

2019年4月，更名为黑河学院档案信息中心。

五、档案工作主要业绩

1.档案数字化

（1）高频次档案优先数字化。为方便日常档案的提供利用，切实提高工作效率，优先完成了室存常用档案的扫描工作。如：新生录取三联单、毕业生名单、党政会议记录、学生入学和毕业生登记表（常用部分）、数据信息采集表（常用部分）、协议、合同、各种证件、学校制发的红头文件及资产管理档案等。

（2）档案数字化加工建设阔步前进。完成了室存档案中78%以上以“件”为单位保管档案的数字化加工工作，此项工作在2019年由吴卫老师专门负责，年扫描量达22 000余件，有效提高了档案查阅速度及工作效率，同时对档案原件起到了很好的保护作用。

（3）即收即扫。当年接收的档案基本上都是随收随扫，完成扫描后再进库，基本上做到保持档案原貌。

（4）真正实现了档案存以致用。20世纪60至70年代的学生类档案中，新生录取名册和毕业生名单上的字迹褪色快，其中年代较久远的档案字迹模糊不清，纸张又薄又脆，辨认难度大，经过数字化加工后，方便了查阅和辨认工作，同时对档案起到了很好的保护作用。开展档案数字化加工工作以来，真正发挥了档案的价值，实现了档案存以致用的重要作用。

（5）档案管理软件及网页制作。1998年，档案管理员伦凤梅与王忠军编制了《卷内文件目录录入与打印》《案卷目录接收与打印》《档案管理1.0》软件单机版，其中，《档案管理1.0》集卷内文件目录录入与案卷目录转换于一体，方便了案卷目录的整理与打印，实现了案卷目录及卷内文件目录的规范整理，方便查找，提高了工作效率。

2002年，根据新推出的归档文件整理规则，伦凤梅与王忠军又编制了《归档文件目录录入、排序及打印》软件单机版。2003年，编制了《档案管理V1.1》软件汇总版和部门版。此软件集归档文件目录录入，归档文件目录项目录入完整性检查及漏填项目定位，归档文件按年代、类别、保管期限统一排序，归档文件检索功能。其中，归档文件目录项目录入完整性检查及漏填项目定位功能受到全校专兼职档案员的一致好评；此功能即在档案人员录完目录保存时，如出现目录中必填项目没填全，对话框按检查的顺序直接定位到相关位置，直到必填项目全部填完才能保存成功；减少了档案人员逐条检查目录的麻烦，同时也提高了工作效率，解决了归档文件目录填写不完整事宜。检索项目包含了题名、责任者、文号、日期，形成了检索全覆盖，避免了漏检的现象，使档案检索工作更高效、便捷。文件排序真正做到了档案员只需按照自己排列好的序号录入目录，各部门档案目录接收后导入《档案管理》软件中，一键操作，统一排好文件的件号，档案员直接按目录中的件号填入归档章即可，不会出现重号、漏号的情况，省时省力。

2002年，伦凤梅编制了《齐齐哈尔大学黑河分校档案科》《齐齐哈尔大学黑河分校文秘科》网页，用于宣传、发布档案方面的相关政策、法律法规及通知等，同时也方便了档案工作中所需各种模板的下载。此网页当时是黑河市唯一一个发布并使用的档案网页。

2005年，开始建立QQ群，并且利用QQ群指导全校各部门的立卷归档工作。

2.编制检索工具

（1）电子人名检索目录。在2015年之前，由于敏老师完成了建校以来所有“新生录取名单、毕业生名单电子人名检索目录”的编制工作，此目录在提供新生录取三联单、学历证明及学历核查等方面发挥了非常重要的作用，最大限度地提高了日常工作效率及档案的查阅速度、查准率和查全率；在使用过程中由自用变成了共用，得到二级学院辅导员及老师们的好评。

（2）作废公章的便捷查找。对接收的作废公章编制了所见即所得的检索目录，就是每条目录后面附上了印模照片。另外，由于印章的特殊性，查找起来费时费力，所以我们对所有印章做了便捷查找处理。首先，在每枚印章手持位置通过垫高、加固等方式，将印模固定在印章手持的位置，达到一目了然的效果；其次，保管印章方面，在盒面印上了此盒内所装印章的印模，无目录的情况下也能做到快速准确地定位目标。

3.档案提供、利用

（1）证明防伪。因社会上出现虚假毕业证的现象，且逐渐增多，为配合省学历认证中心及各地的相关部门做好我校毕业生毕业证的认证工作，我校首先将新生录取及毕业名单等纸质档案全部扫描成电子数据存储，实现计算机检索；其次，在提供利用这部分电子档案时在电子文件中加注了防伪标识底纹等；再次，制作双色防伪专用章；最后，提高了证明的可靠性，有效地保护了提供证明的真实性，为认证、鉴定、提职、录用等工作发挥了一定的保障作用。

（2）利用财会档案做佐证材料。由于一些特殊原因，有些委培、借读、办学点等毕业生在我校学习的过程无迹可寻，遇到这种情况时，通过查阅相关年代财会档案中的缴费收据作为佐证材料，以此来证明该学生与我校有过交集，如报名费、录取费、学费、书费及住宿费等。一些个人档案在工作调动后，由于某种原因，在黑河学院工作过的材料不连贯，需要补证，其中，报销托儿费收据和捐款名单等可以作为佐证材料，起着纽带和枢纽的作用。

（3）学生类档案的重要价值。黑河学院从建立档案以来，除文书档案外，最先收集到的是学生类档案，因为档案在形成之前受年代、纸张、字迹等诸多因素限制，字迹非常难辨认。由于类似的情况很多，为了解决问题及进一步做好档案的保护工作，也使黑河学院的档案工作能更好地服务师生，档案科于2005年开启了对使用频率高的档案进行数字化加工扫描工作。在2014年开始的全国个人档案清查工作中，学生类档案发挥出了它真正的价值。

（4）档案作用。黑河学院的档案在校庆、校史编纂、各种史料提供、教学评估、学位授予权评估、职称评审、干部提职及入职审核等工作中发挥了非常重要的证据作用。

六、面向未来工作设想

黑河学院档案信息中心将在新形势下，跟上时代步伐，掌握现代化先进技术和精湛的业务技能，进一步凝聚共识、凝聚力量，集学校各类档案于一体，在新办公地址建立一个集档案收集、整理、接收、查阅及提供利用于一体的一站式服务大厅；建立局域网站，将电子数据分类存储，分类管理，方便检索和利用，全心全意做好为人民服务工作，全面推进档案事业的健康、持续、快速发展。

（黑河学院档案信息中心　伦凤梅）

2014年举办专兼职档案员
培训班部分人员合影

黑河学院全景图

绥化学院档案工作概览

一、学校概况

绥化学院是黑龙江省属公立综合性普通本科高等学校，坐落在中国寒地黑土绿色物产之乡绥化市。1953 年，经黑龙江省教育厅批准，绥化县创办了绥化师范学校；1971 年，绥化地区在原绥化师范学校的基础上组建绥化地区师范学校；1978 年，经国务院批准，成立绥化师范专科学校；2004 年，经教育部批准成立绥化学院。2013 年，通过教育部本科教学工作合格评估；2017 年，获批硕士学位授权立项建设单位；2018 年，通过教育部本科教学工作审核评估。现设有 12 个学院，开设 44 个本科专业，涵盖教育学、文学、理学、工学、农学、经济学、管理学、艺术学等 8 个学科门类。现有全日制在校生 12 858 人。现有教职工 816 人，其中专任教师 539 人（含辅导员 52 人）。博士、硕士学位人员 584 人（其中博士 35 人），外籍教师 7 人，享受政府特殊津贴专家 4 人。学校有 5 个省级一流本科专业、5 门省级一流本科课程、2 门省级精品在线开放课程、2 门省级课程思政建设示范课程、2 个省级教学团队、2 个省级实验教学示范中心、1 个省级重点实验室、1 个省级人才培养创新试验区，获批省寒地黑土经济与文化学术交流基地、省特殊教育学术交流基地、省深化创新创业教育改革示范高校培育单位、省共享型高校创新创业孵化平台。与省教育厅、省残联合作共建特殊教育学院，建有黑龙江省唯一的特殊教育本科专业，建有残疾人高等教育基础实验室和医教结合康复中心，开设了特殊教育研究专刊，学校是省特殊教育师资培训基地、省特殊教育艺术人才培养基地、省特殊教育专业委员会理事长单位。学校以“建设内涵充实、特色鲜明的应用型大学”为目标，以“厚德载物、经世致用”为校训，以“地方性、应用型、开放式、国际化”为办学定位，实施“两育两业”（即教师教育、特殊教育和玉米产业、艺体文化产业）特色发展战略，着力建设内涵充实、特色鲜明的应用型大学。

二、档案机构发展沿革

绥化学院综合档案室成立于 1986 年 1 月，隶属于学校办公室，科级单位。它既是负责学校档案保管、提供利用的业务职能部门，又是学校档案工作的行政管理部门。目前有专职人员 4 人，其中高级职称 1 人，中级职称 3 人。各部门兼职档案员 34 人。硕士研究生 1 人，本科生 3 人。平均年龄 46.75 岁。室藏档案始于 1971 年，共有一个全宗。学校档案门类包括党群、行政、教学、科研、基建、仪器设备、出版、外事、财会、人事、声像、实物档案共 12 大类。共设 3 个档案分室，分别是声像档案分室（党委宣传统战部）、财务档案分室（财务处）和基建档案分室（后勤管理处）。校内各单位自存档案 19 589 卷（大部分是学生类档案）。

三、档案机构基本情况

综合档案室建筑面积 730 余 m^2，设有办公室、阅文室、库房，实现“三分开”。为适应档案信息化建设的需要，学校为档案室提供了专项经费，购置《南大之星》档案管理系统软件及服务器，配备了打印复印一体机、高速扫描仪、数码相机、防磁柜、除湿机等设备。档案库房实现了档案的密集架存，目前正在推进智能化管理。

四、档案机构主要职能

档案作为学校的一种重要信息和文化资源，为学校发展提供了大量信息凭证。因此，历年来学校领导对档案工作高度重视，学校成立以校党委书记牵头的学校档案工作领导小组，加强了对档案工作的宏观管理和具体指导。综合档案室作为中枢机构，全面落实完成学校的档案管理工作。同时，为把档案工作任务落到实处，把档案工作目标责任制下达到基层，提高部门领导和兼职档案员的工作责任感，学校制定了《绥化学院兼职档案员管理制度》，从而形成了从收集、整理、保管、预立卷、移交归档等严格完整的工作体系，确保了档案及时安全归档。

五、档案工作主要业绩

为使学校档案管理工作逐步走向制度化、规范化、科学化，我们根据国家档案局第 8 号令修订了《绥化学院档案归档范围和保管期限》，各部门也上报了本部门文件材料归档范围。根据教育部第 27 号令修订《绥化学院档案管理办法》，并把学生类档案管理列入各院系的档案管理工作中。为实现档案制度建设的标准化和规范化，档案室修订、完善了《绥化学院档案借阅利用管理办法》《绥化学院电子文件归档管理办法》《绥化学院兼职档案员管理制度》以及《档案安全保密制度》《档案鉴定销毁制度》《档案库房管理制度》等 21 项规章制度，明确规定学校实行部门立卷归档制度。编制《绥化学院档案管理规章制度汇编》下发到各个部门，依法依规开展档案管理工作。

在档案信息化建设方面，学校每年投入专项经费进行存量数字化、增量电子化工作，室藏档案数字化达 94.5%。档案管理系统采用《南大之星》网络版，基本实现了网上业务指导及室藏档案有关内容的查询和浏览服务。室藏手工检索案卷目录 18 册，手工检索全引目录 144 册，手工检索归档文件目录 44 册，专业技术职务索引 6 册，干部任免索引 6 册。

综合档案室每年接待查阅档案人员近千人，利用档案百余卷、千余件。日常为教学、科研、基建、财会等工作提供利用服务的同时，我们在大力开发、利用档案信息资源的基础上编写《绥化学院干部任免索引》《绥化学院教职工职称索引》，参与编写《绥化师范专科学校校史》《绥化学院史》《绥化学院规章制度汇编》等编研成果。

综合档案室目前为黑龙江省科技事业单位档案管理省级单位，学校的档案工作连续 5 年被绥化市档案局评为“市档案工作先进集体”，2013 年被省教育厅授予“黑龙江省高校档案工作先进集体”，2015 年被省档案局授予“2012—2015 年全省档案工作先进集体”的荣誉称号。

档案是学校文化建设基地，是学校改革发展的思想库。基于这一认识，多年来践行以“管用结合，以用为主”的工作理念，深挖丰富的档案资源，发挥档案资政育人功能成为档案室工作的一个重要方面。

（1）我们通过对校史、学校的老照片、校友资料、毕业生学籍表、成绩单和历年来学校所得的荣誉等档案资料的整理编研，制作出动漫、闯关游戏、点点学等寓教于乐的短视频，通过官微推送等方式，让学校师生身临其境地感受到我在学校中，学校在我心中，增强了广大师生员工的荣誉感和自豪感。让比较神秘的“档案”，走进每个人的生活。

（2）利用档案室现有资源，把我校经济管理学院、农业与水利工程学院部分教师的课堂搬进档案室理论联系实际，把他们的课堂活跃起来，使我们的学生在还没有走向社会时，就有机会接触到工作实质以及档案管理工作，为他们日后的就业打下坚实的基础。

（3）高校档案是高校在其发展过程中形成的关于招生、教学、科研、管理等各项工作的真实历史记录，有着十分丰富的档案材料，我们将室藏档案进行编研统计建立干部任免、教职工职称、启用印章、机构设立撤销等数据库，为学校各部门更高效地开展工作提供及时、快捷的服务。

六、面向未来工作设想

档案之所以需要保存，是因为它具备特有的作用和价值。怎样更好地发挥它的作用和价值一直是我们应该深思的问题。近年来，全国各高校档案馆与时俱进，利用档案产出了不少编研成果，但有些成果有广度缺乏深度，这就需要我们提高编研质量，加大编研力度，推出能服务大众、服务社会的精品。让档案为学校乃至社会的发展做出应有的贡献。

（绥化学院综合档案室　李玉环　关　萍）

2012—2015 年全省档案工作先进集体

科技事业单位档案管理省级

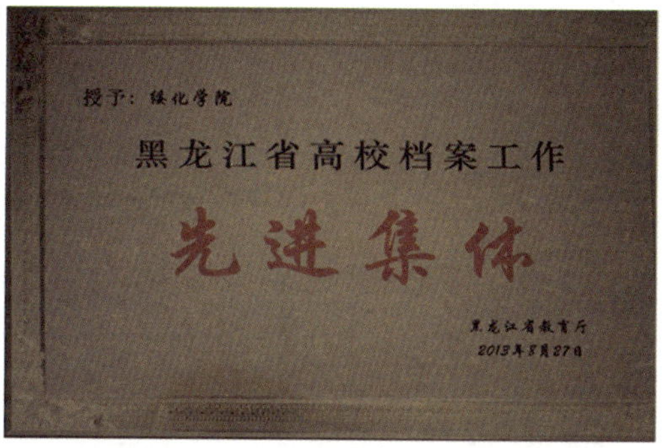

黑龙江省高校档案工作先进集体

哈尔滨金融学院档案工作概览

一、学校概况

哈尔滨金融学院坐落于冰城哈尔滨，始建于1950年，历经东北银行黑龙江省分行干部培训班、中国人民银行齐齐哈尔干部学校、黑龙江银行学校、哈尔滨金融专科学校、哈尔滨金融高等专科学校等几个历史时期，是经国务院批准组建的我国第一所金融类高等专科学校。原隶属于中国人民银行总行，2000年全国高等学校管理体制改革后，改为中央和地方共建，以地方管理为主。2010年4月，经教育部批准，升格为哈尔滨金融学院。

哈尔滨金融学院现占地面积65.89万 m^2，校舍建筑面积30.2万 m^2。电子资源395万余册，已初步形成文献种类齐全、金融特色突出的馆藏资源体系。建有141个多媒体教室、48个各类实验室、7个语音室、83个校外实习基地，实践教学条件达国内同类院校一流水平。校园网万兆骨干，出口带宽2 GB，IPv6带宽500 MB，信息点7 640个，应用服务210多项。校舍、文体活动场所以及生活配套服务设施齐全，充分满足师生需要。

哈尔滨金融学院拥有一支学历、职称、年龄结构合理，教学、科研和社会服务能力较强的师资队伍。现有教职员工691人，其中，专任教师423人，专任教师中博士学位教师28人、硕士学位教师375人、在读博士35人；专任教师中正高职教师71人，副高职教师108人，省级优秀教师2人，省级教学名师6人。

哈尔滨金融学院现有在校生万余人，设有11个教学单位，拥有涵盖经、管、文、法、工5个学科门类的23个本科专业。2022年学院会计学专业被认定为2021年度国家级一流专业建设点。拥有信用管理、会计学、金融学、财务管理、金融工程和保险学等6个省级一流专业建设点。拥有金融工程、保险学、审计学、知识产权和财务管理5个院级重点专业，2020年获批省内首个金融科技专业。学院拥有省级人才培养模式创新实验区1个，省级一流本科课程7门，省级精品在线开放课程2门，学院自主建设在线开放课程14门，省级优秀教学团队2个。先后被授予“教育部教改重点课题研究与管理先进集体”“教育部职教教改重点课题研究与管理先进集体”“黑龙江高校课型课题研究与管理先进集体”等称号。2022年，学院顺利通过教育部本科教学工作合格评估。

哈尔滨金融学院重视并致力于提高科研学术水平。近5年累计公开发表学术论文878篇，省级以上科研项目立项180项，出版专著72部，公开出版教材231部，获省级及以上科研成果奖励16项。学院的《金融理论与教学》，是全国创刊较早的金融期刊之一，国内外公开发行，在社会上享有较高的声誉。设有“黑龙江自贸区研究中心”“会计与公司治理研究中心”“普惠金融研究中心”等13个科研机构，先后成立学院社会科学界联合会、黑龙江省投资理论研究会、省级学术平台黑龙江省金融理论与创新研究学术交流基地。2021 年获批全国首批工信部“校企协同就业创业创新示范实践基地”。

哈尔滨金融学院面向全国 29 个省(区、市)招生,已为国家培养 6 万余名毕业生,大多数毕业生就职于银行、保险、证券等金融行业,毕业生综合评价称职率在 95%以上,就业率稳定在 80%以上。为黑龙江省乃至全国金融行业输送了大批高素质的应用型金融类专门人才,被誉为“金融家的摇篮”、东北地区金融人才的“黄埔军校”。

哈尔滨金融学院积极开展国际合作与交流,与英国、美国开展联合办学,与澳大利亚、马来西亚等国家的高校、科研机构和学术团体都有广泛的联系与合作。

近年来,学院获得了全国工人先锋号、全国模范职工之家、省工人先锋号、全省首批“绿色学校”、第二十届省级文明校园、省文明单位标兵、省“五一劳动奖状”、省新农村建设帮建工作先进单位、全国大中专学生志愿者暑期“三下乡”社会实践优秀团队、省“三育人”先进集体、省教育系统师德建设十佳单位、省教育系统依法治校示范学校、省特色应用型本科示范高校等荣誉称号。

学院扎根龙江大地办大学,坚持“育人为本,质量为要,突出特色,服务社会”的办学理念,遵循高等教育办学和教学规律,坚持“以本为本”,推进“四个回归”。紧密围绕地方经济社会特别是金融业发展,明确办学定位,落实发展规划,坚持教学中心地位,深化综合改革,全力加强应用型本科高校建设,努力实现建设特色鲜明的地方高水平应用型财经大学的奋斗目标,为推动经济社会发展和满足人民需要做出新的更大的贡献。

二、档案机构发展沿革

哈尔滨金融学院档案科成立于 1991 年,负责学校的档案工作,集中统一保管学校 11 类档案。

三、档案机构基本情况

档案科现有人员 2 人,其中一人为档案专业,研究生学历,副研究馆员(档案)具有专业技术职称和本科以上学历。

学院档案科集中统一管理学校党群档案、行政档案、教学档案、财会档案、外事档案、基建档案、科研档案、出版档案、仪器设备档案、声像类等 11 类档案。

档案科位于教学办公楼一楼,面积 700 多 m^2,分为办公室、查档室、库房、微机室。配备了消防设备、监控设备、库房所需设备。配备了档案密集架、计算机、复印件、防磁柜、刻录机、光盘柜、传真机、扫描仪、打印机、照相机、吸尘器等设备。

四、档案机构主要职能

档案科主要职能:贯彻执行《中华人民共和国档案法》《高等学校档案管理办法》等,制定了《哈尔滨金融学院档案管理办法》《哈尔滨金融学院文件材料归档范围及保管期限表》《档案借阅制度》《档案归档制度》《档案保密制度》《档案统计制度》《档案鉴定销毁制度》《档案利用制度》《档案库房管理制度》《电子文档管理办法》等。对室藏档案进行案卷目录、文件级目录管理,编写各种档案检索目录。坚持部门立卷,并负责对各部门的档案工作进行监督、指导和检查。

五、档案工作主要业绩

档案科 2006 年采用《南大之星》档案管理系统软件，进行案卷目录、文件级目录管理，编写各种档案检索目录。档案科服务于校内师生，也服务于社会，提供学籍认证和咨询、出国留学等服务，为学校教育教学水平评估工作提供了大量的档案材料；多次黑龙江省档案检查获得优秀单位；多次被评为省级先进个人。档案科编制了案卷目录、全引目录、卷内文件目录、归档文件目录等检索工具，通过远程服务、资料汇编等开发档案信息资源创新服务方式。每年查阅档案 4 000 多人，调阅档案 12 000 余卷(件)。

六、面向未来工作设想

一是进一步做好档案编目和检索工作，提高档案工作的效率。

二是重视档案的开发和利用工作，发挥档案在教学、科研上的服务功能。

三是推进档案工作规范化、标准化和信息化，促进档案管理水平的提档升级，加快现代化建设步伐。

(哈尔滨金融学院档案室　王淑云)

教学楼

档案培训

档案库房

档案利用

哈尔滨音乐学院档案工作概览

一、学校概况

哈尔滨音乐学院是黑龙江省唯一独立设置的公办艺术类高等院校，是全国独立设置的11所专业音乐学院之一，是黑龙江省国内一流学科建设高校之一。2016年3月，教育部正式发文批准建立哈尔滨音乐学院。

哈尔滨音乐学院坐落在黑龙江省省会、被联合国誉为“音乐之城”的冰城哈尔滨，占地面积21.9万m^2、建筑面积6.8万m^2。校园内文化氛围浓厚、生态环境优良，主体建筑具有鲜明的俄罗斯建筑艺术风格。办学条件精良，硬件建设投入达到全国音乐院校生均先进水平，是国内首个全施坦威钢琴音乐学院。

哈尔滨音乐学院师资力量雄厚，拥有一支德艺双馨、结构优化的高水平师资队伍。现有教师121人，其中，俄籍教师9人。专任教师中，副高级以上职称教师占专任教师总数的46%，硕士以上学位教师占专任教师总数的95%。

哈尔滨音乐学院学科专业齐备，设有艺术学一级学科博士学位授权点，音乐专业博士学位授权点，2个一级学科均获批黑龙江省国内一流建设学科，并入选黑龙江省哲学社会科学学科体系创新工程学科项目，学科梯队获批省级领军人才梯队。学院设置音乐表演、音乐学、作曲与作曲技术理论、艺术管理、舞蹈表演5个本科专业，涵盖美声唱法、民族声乐、西洋管弦、民族管弦、钢琴、音乐学理论、作曲、合唱指挥、艺术管理、舞蹈表演10个专业方向，依托8个教学系开展人才培养。

哈尔滨音乐学院坚持国际化办学特色，以圣彼得堡音乐学院为合作主体，确定推进建立中俄联合人才培养方案、联合实施教学计划等教学合作机制，实施有深度、宽领域的中俄合作。

哈尔滨音乐学院办学理念明晰，按照国际化和高水平的办学定位，明确精英式人才培养模式，确立“高位起步、精英培养、尖端打造、特色发展”的办学理念，凝练“致乐崇德”的院训，培养“品德优良、专业优秀、气质优雅”的高水平音乐人才，打造国内一流、国际知名的高等音乐学府。

哈尔滨音乐学院自觉承担服务地方音乐文化事业职责，平均每年举办高雅艺术进校园等公益性慰问演出近30场，举办“哈音周末”“哈音时间”等系列专场音乐会百余场，与哈尔滨市政府共同主办“哈尔滨音乐比赛”“勋菲尔德弦乐比赛”等大型赛事，为哈尔滨国际“音乐之城”建设和龙江文化大发展大繁荣贡献力量。

二、档案机构发展沿革

2016年建院伊始，学院开始组织筹建综合档案室，隶属于图书馆，位于图书馆三楼，档案库房面积138 m^2，阅览室面积36.6 m^2。2018年调整档案工作职能至党政办公室。2023年9月，因楼体承重问题，对档案室进行重新选址，并进行工程改造及相关设施的配备。目前，新档案室的工程部分已经完工，新档案库房面积102.59 m^2，新阅览室面积51.3 m^2。

三、档案机构基本情况

哈尔滨音乐学院现无独立的档案机构，由党政办公室承担档案工作职责。学院现有兼职档案员24人，暂无专职档案员。目前，文书档案由党政办公室管理，人事档案由人事处管理，学生档案由学生处管理，研究生招生及学位档案由研究生部管理，财会档案由财务处管理，基建档案由后勤资产管理处管理，声像档案由现代教育技术中心管理。

四、档案机构主要职能

（1）负责学院档案工作，收集并集中管理学院各类档案。

（2）负责监督、指导各单位（部门）文件材料的形成、积累、立卷、归档工作，指导各单位（部门）内部档案建设与管理，参与建设项目的档案验收工作。

（3）负责制定并执行学校档案工作规章制度和技术规范。

（4）负责组织实施档案信息化建设，推进档案工作现代化。

（5）负责档案信息开放，提供档案利用和档案转递服务。

（6）负责全校专、兼职档案和校史工作人员的业务培训，开展档案宣传教育、档案学术研究与交流活动。

五、档案工作主要业绩

即将启动学院档案资料的收集整理及数字化工作，学院通过政府采购招标第三方机构，对学院筹建时期以及建院以来形成的档案资料进行整理及数字化。

六、面向未来工作设想

未来，哈尔滨音乐学院将持续推进档案立卷工作，对学院具有永久保存价值的党群、行政、教学、科研、基建、设备、外事、财会、声像、实物等重要档案进行收集、整理、管理、研究和提供利用。将立足学院改革发展大局，创新档案管理模式，为学院的发展和建设各项工作服务，为建设高水平大学和社会化服务发挥应有的职能和作用。

（哈尔滨音乐学院党政办公室　张良妍）

哈尔滨音乐学院正门

学院演奏厅

数字化加工

黑龙江工业学院档案工作概览

一、学校概况

黑龙江工业学院是教育部批准设立的综合性全日制公办普通本科学校。学校位于中俄边境城市——鸡西。鸡西地处东北亚经济圈核心区域，是国家“一带一路”倡议向北开放的窗口和前沿，是“北大荒精神”发源地、“珍宝岛精神”弘扬地，机场、铁路、高速公路构成了通畅便捷的立体化交通网络。

黑龙江工业学院秉承“修德修能，成人成事”的校训，按照“素质培养、专业培养、多元培养”人才培养思路，构建了“1333”多元应用型人才培养体系，校企共建多个二级学院，实现了教学内容与企业需求深度融合，为振兴东北老工业基地和国家经济社会发展培养输送了一大批“能就业、敢创业、可创新”的应用型、技术技能型人才，先后荣获全国精神文明创建工作先进单位、校园文化建设优秀成果院校、巾帼建功先进集体、教育支援西部地区先进单位等，是全国首批毕业生就业典型经验高校、全省首家人才培养工作水平评估优秀院校。

黑龙江工业学院教育教学用地 58 万 m^2，教学行政用房 15 万 m^2，教学设施齐备，实验实训条件优越，校内实验实训基地 119 个，校外实践教学基地 87 个。教学科研仪器设备总值 1.14 亿元，图书馆藏书 100.01 万册。开设 22 个本科专业（工学 12 个，管理学 2 个，文学 4 个，经济学、法学、教育学、艺术学各 1 个）。全日制在校生 9 852 人，其中本科生8 681人。有教职工 649 人，其中二级教授 2 人，教授、副教授 152 人，具有博士、硕士学位人员 385 人，国务院政府特殊津贴专家、省政府特殊津贴专家、省级名师、教学新秀、市级学科带头人、专业技术拔尖人才 30 人，省级教学团队 3 个，从国内外重点大学和科研机构聘任院士、首席教授、终身教授和客座教授为兼职教授 12 人，从行业企业聘请兼职教师 128 人。

学校科研围绕地方转，项目围绕应用转，建有 1 个博士后科研工作站，2 个省级重点实验室，1 个省级技术研发中心。牵头制定了两项省级标准。“十三五”以来，承担各级各类教科研项目 615 项，获各级各类奖励 372 项，发表论文 885 篇，其中被 SCI、EI、CSSCI、CPCI、CSCD 等收录 95 篇，编著教材 135 部，授权专利 551 项，其中，3 项发明专利填补全省空白，连续 3 年获得中国知识产权远程教育平台优秀分站称号。放电等离子体石墨提纯协同创新科研基地建设项目获省专项资金 400 万元。在石墨提纯、生物制药、生物质液化，光电信息技术、新材料开发、新能源环保、水稻自动控制、科技计划管理系统开发等领域为域内企业提供技术咨询、技术服务。成立了学校科学技术协会，获批国家自然科学基金依托单位。

二、档案机构发展沿革

黑龙江工业学院综合档案室成立于 1990 年，2020 年 4 月更名为黑龙江工业学院档案馆，隶属于学校办公室，正科级建制。

三、档案机构基本情况

黑龙江工业学院档案馆现有专兼职人员 27 人，管理党政、教学、科研、基建等 13 大类档案，馆藏声像、实物等档案 13 928 卷(件)。兼设人事档案管理室。目前，档案馆占地 800 多 m^2，办公服务管理所需的计算机、高速扫描仪、复印机、档案密集架、铁质专用柜等设备配置达到“十防”要求，消防安全做到了“八不准”。先后荣获“事业单位档案工作目标管理省级先进单位”和“黑龙江省教育厅档案工作先进单位”称号。

四、档案机构主要职能

黑龙江工业学院档案馆是学校档案工作的职能管理部门，是保存和提供利用学校档案的业务部门，致力于为广大师生、社会提供档案信息。根据学校档案归档范围，指导和协助各部门、各学院做好各类档案的收集、征集和立卷工作；接收各部门、各学院立卷完毕的档案，并进行科学管理、利用；组织实施档案信息化建设和电子档案的规范化管理；保守档案秘密，确保档案实体和信息安全，维护档案的完整、准确和系统。

五、档案工作主要业绩

1.始终坚持档案工作姓党

黑龙江工业学院档案馆深刻领悟“两个确立”的决定性意义，持续增强“四个意识”、坚定“四个自信”、做到“两个维护”，认真贯彻落实《中华人民共和国档案法》，及时更新完善《黑龙江工业学院综合档案管理与借阅制度》等。认真组织开展能力作风建设“工作落实年”活动，持续增强履行“为党管档、为国守史、为民服务”职责的使命感、责任感。

2.治理体系不断完善

黑龙江工业学院成立了档案工作领导小组，构建了党委书记、校长任组长，常务副书记、常务副校长任副组长，各部门、学院行政负责人为档案工作第一责任人的档案管理责任体系。为确保档案管理规范高效，校党委将“三纳入”“四参加”“四同步”制度建设纳入校领导议事日程和职能部门年度重点工作安排，推行档案工作目标管理考核。学校始终重视档案管理使用工作，档案馆严格按照标准化、规范化、制度化的“三化”管理要求组织开展工作。新形势下，校党委审时度势、助推跨越，整合校史馆、博物馆等现有资源，推进档案馆建设“三馆合一”。新馆建成后，将进一步有效保存、传承学校发展历史文化，凸显黑龙江省东部地区高校档案馆服务主体地位，充分发挥档案安全保管基地、档案利用服务中心、电子文件管理中心“三位一体”功能。

3.信息化建设持续推进

近年来，学校将档案信息化建设纳入校园信息化建设规划，在办公自动化平台(OA 系统)中开辟“档案管理”专栏，下设档案检索、案卷管理、分发查询、档案分类统计等 15 个子栏目，将历年纸质档案进行整理分类，建立电子档案目录，重点通过将档案中的单纯文字信息电子化和档案中的协议书、合同书扫描转化成电子图片等方式，推动纸质档案数字化、电子化、信息化建设，力争实现记录清楚、管理有序、一键查询、一目了然。

4.“集体记忆”深入人心

黑龙江工业学院积极开发馆藏档案资源,不断加深和扩展档案工作内涵,档案工作从幕后走向台前,档案服务功能进一步凸显。为人才培养工作水平评估、重大科研项目和重要工程立项审查以及省高评委专家入校升本考察评议等重大活动,提供了大量档案史料;在每年迎新月、毕业季、安全日、国际档案日等重要时间节点,举办了各类展览活动,传承了历史文化根脉。

六、面向未来工作设想

下一步学校将进一步推进文档一体化、档案数字化及信息化管理,探索构建“智慧档案馆”,推动以档案目录电子化和档案数字化为特征的档案信息化 1.0 工程向“智慧档案馆” 1.0迈进。为实现学校“智慧档案馆”建设,下一步将依托学校“十四五”规划,制订发展规划、进行架构设计、制定标准规范、建立评价体系等。在实施智慧档案的工作中,统一建设信息基础设施、数据资源、基础支撑、标准规范和管理保障,使工作模式实现“大网络、大平台、大资源、大智慧”,为学校实现一流应用技术大学建设目标贡献档案力量。

(黑龙江工业学院办公室　罗英云)

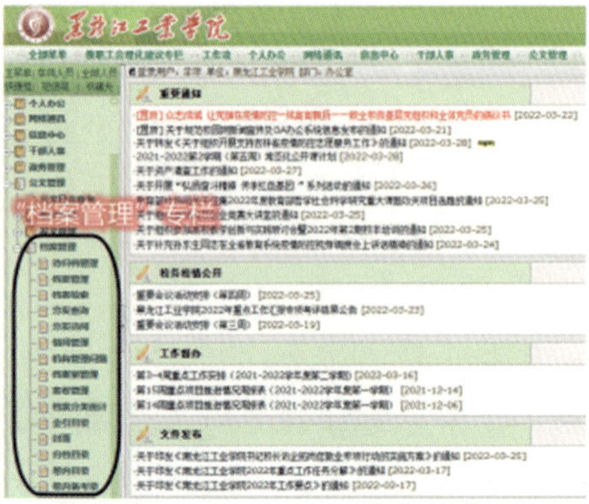

档案在OA系统中的开发与利用

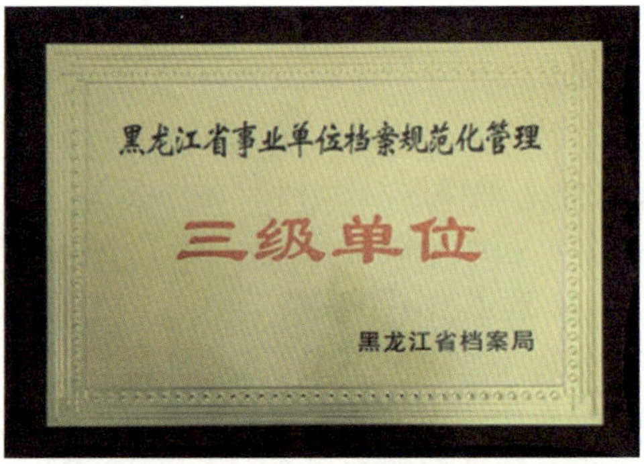

荣获黑龙江省事业单位档案规范化管理三级单位称号

库房一角

档案整理与加工

黑龙江教师发展学院档案工作概览

一、学校概况

黑龙江教师发展学院原名黑龙江省教育学院，始建于 1959 年，2018 年更名为黑龙江教师发展学院，是黑龙江省人民政府主办、黑龙江省教育厅主管的成人高等本科师范学院。学院具有全省基础教育和中等职业教育教学研究、中小学教师培训、教育科研、教育评估、教育国际交流、语言文字应用研究与普通话水平测试、现代教育技术应用研究与推广、教育史志与年鉴的组织编撰以及高等学历继续教育等职能，承担黑龙江省教育评估院、黑龙江省教育国际交流中心、黑龙江省电化教育馆、黑龙江省教育科学规划领导小组办公室、黑龙江省中小学教师培训指导中心、黑龙江省基础教育行政干部培训中心、黑龙江省教师资格认定指导中心、黑龙江省中小学德育工作办公室、黑龙江省“国培计划”项目执行办公室、黑龙江省中小学生研学实践教育教学指导委员会等机构职责，是省内唯一一所服务龙江教育发展，为教育决策提供智库服务的高校。

学院位于哈尔滨市南岗区和兴路 133 号。学院现有教职工 419 人，副高级以上专业技术职务 163 人，硕士以上学位 178 人，拥有教育部“国培计划”专家组专家、“国培计划”专家库专家、基础教育课程教材审定评审专家、教育评估专家、大中小思政课一体化建设指导委员会专家、国家语委语言文字应用督导专家，省委新型智库高端人才库专家、省高层次人才；国务院政府特殊津贴、省政府特殊津贴获得者；黑龙江省劳模，全省教育系统先进工作者、优秀教育工作者，全省优秀教师、模范教师等一大批优秀人才。

奋进新征程，建功新时代。学院党委高举习近平新时代中国特色社会主义思想伟大旗帜，不断增强“四个意识”、坚定“四个自信”、做到“两个维护”，全面贯彻党的教育方针，落实立德树人根本任务，推动学院高质量发展，努力把学院建设成为新时代特色鲜明的高水平教育服务智库，为龙江全面振兴全方位振兴做出新的贡献。

二、档案机构发展沿革

1985 年设档案室，隶属于原黑龙江省教育学院院长办公室。1991 年设综合档案室，隶属于原黑龙江省教育学院院长办公室。2019 年设综合档案室，隶属于黑龙江教师发展学院党政办公室，为正科级建制。

三、档案机构基本情况

黑龙江教师发展学院综合档案室设专职档案人员 3 人。其中具有硕士学位 1 人、本科 2

人，中级职称 3 人。档案室库房面积 500 m^2，库藏档案包括建院以来党群、行政、教学、科研、基建、设备、出版、财会、声像、实物等 10 个门类，各类档案 2.2 万余卷(件)，照片(电子)3 万余张，录音、录像、影片、磁带、磁盘等声像档案 563 盘，实物档案 146 件。

四、档案机构主要职能

(1)贯彻执行国家关于档案管理的法律法规和方针政策，综合规划学院档案工作。

(2)制定学院档案工作规章制度，并负责监督、指导和检查执行情况。

(3)负责接收(征集)、整理、分类、鉴定、保管、统计学院的各类档案及有关资料。

(4)负责编制检索工具，积极开发档案信息资源。

(5)做好档案信息化建设，推动数字综合档案室建设与发展。

(6)开展档案的开放和利用工作。

(7)负责对全校专(兼)职档案人员进行业务培训。

(8)开展档案宣传工作和利用者教育活动。

(9)开展档案学术研究和交流活动。

五、档案工作主要业绩

1.档案设施设备建设

学院在保障档案管理工作正常经费的基础上，不断加大经费投入，进一步加强档案设施设备建设，加强档案安全管理；学院设立了与档案保管要求相适应的档案库房，设有单独的阅文室、办公室，实现了档案库房、阅文室、办公室“三分开”。配有《南大之星》档案管理系统软件、计算机、打印机、复印机、扫描机、空调等设施设备，使档案安全管理水平大幅度提高，为档案工作开展提供了有效保障。

2.档案制度建设

为深入贯彻执行《高等学校档案管理办法》，进一步规范档案管理工作，建立健全了各项规章制度。先后制定修订了《黑龙江教师发展学院档案管理办法》《黑龙江教师发展学院档案实体分类实施细则》《黑龙江教师发展学院文件材料归档范围和文书档案保管期限表》《学院档案借、查阅利用制度》《学院文件资料立卷归档制度》《学院档案库房管理制度》《学院档案安全保密制度》《学院档案统计制度》等。在《黑龙江教师发展学院档案管理办法》中进一步明确了档案管理工作在学院科学发展中的地位和作用，确立了“学院综合档案室是出具档案证明的唯一机构”的权威性地位。

通过一系列规章制度的建立与落实，进一步规范了档案工作管理，实现了学院档案工作有法可依，有规可据，部门立卷有章可循，促进了档案工作的健康、有序发展。

3.档案业务建设

学院为加强档案管理工作，专门成立了由学院院长任主任、分管院长任副主任、各归档部门的主要领导任委员的档案工作委员会。建立健全了学院档案工作三级管理网络，由档案工作委员会、综合档案室及 25 个立卷部门组成。在学院重大活动中，专兼职档案员都积极参与，保证所形成的档案资料规范、完整、准确。

在学院机构改革期间，综合档案室主动作为，精心准备，扎实做好各项工作。一是早谋划、早部署。会同相关部门组织精干力量，成立了档案管理工作小组，明确机构改革中档案工作的职责任务、处置意见和工作要求，确保机构改革过程中档案不散、管理不乱、工作不停。二是摸底细、保精准。深入到有关涉改单位调研，摸清档案收集整理和归档保管等情况，共同探讨解决机构改革后档案归属与流向。同时，结合各部门的工作需求和学院的实际情况，制定各涉改单位的档案管理和处置工作方案，明确职责、到岗到人、精准管理。三是勤对接、抓落实。根据机构改革方案和档案处置方案，组织档案业务骨干深入涉改部门，勤上门、勤对接、勤服务，有针对性地开展"一对一"档案业务监督指导工作，确保机构改革单位档案妥善处置，安全移交接收，档案管理工作真正落实到位。同时，开展档案法治教育和宣传，依法开展档案执法检查，不断增强档案意识和提升档案工作水平。

4.档案数字化建设

为顺应信息化时代的大趋势，加快档案信息化进程，提高档案查询利用效率，实现更快更便捷地服务于学院和社会的目标，制定了《档案信息化建设方案》和《档案数字化管理实施细则》。并按照《黑龙江省档案馆接收纸质档案数字化数据技术标准》要求，对库藏文书档案进行规范化、系统化扫描。扫描过程中，为每件档案逐页手写页码，确保不丢页，不漏页；为保证档案安全，对档案采取勤取勤扫、少取快扫的方式，避免遗失；档案拆分重订轻拆慢拆，避免损坏。同时，严格按照档案相关保密要求，对涉密文件一律不进行扫描，已完成扫描的 PDF 格式的档案传输备份都使用内部专用移动硬盘，避免信息泄露。对生成的 PDF 文件，以档案管理软件中档案目录数据库为依据，将每一份 PDF 文件的文件名与档案目录数据库中该份文件的案卷号，建立起一一对应的关系，实现一致性和唯一性。

5.档案利用服务

综合档案室始终秉持以"人民群众为中心"的思想理念，以提升"人民群众满意度"为目标，以践行"最多跑一次"为服务宗旨，不断优化服务方式，拓宽服务渠道，简化办事流程，努力打造高质量档案服务窗口。实行网上申办、线下寄递的不见面式服务，省却了毕业学员异地奔波之苦。面对毕业学员的急切需求，综合档案室坚持 1 个工作日内快速办结。寒暑假期间，档案室积极做好假期值守，确保服务不断"档"，两日内办结率达 100%，得到了广大毕业学员的高度称赞，切实发挥了档案惠民利民的巨大作用。

六、面向未来工作设想

一是进一步加快综合档案室数字化建设的步伐。

二是更新档案管理的设施设备，完善档案各类管理台账。

（黑龙江教师发展学院党政办公室/综合档案室　李　明　李小昕）

档案库房一角

党政办公室全体工作人员合影

黑龙江开放大学档案工作概览

一、学校概况

黑龙江开放大学(原黑龙江广播电视大学)于1979年成立,是一所由省政府举办、省教育厅主管、国家开放大学业务指导,以现代信息技术为支撑,办学网络覆盖城乡,面向全体社会成员开展以学历与非学历继续教育为主的新型高等学校。黑龙江开放大学目前有三个校区,其中,主校区位于哈尔滨市南岗区和兴路92号,分校区位于南岗区和兴三道街83号和香坊区成高子镇,总占地面积11.16万 m^2。黑龙江开放大学系统现有16所市(地)级电大、87所县(市)级电大分校,办学43年开办138个本科、大专、中专专业,培养学历教育毕业生57.3万余人,开展非学历教育培训790万余人次,学分银行存储学习成果158万余条。近3年来,黑龙江开放大学年均学历教育在籍生超过12万余人、干部在线教育培训12万余人次、指导全省社区机构培训130万余人次。在黑龙江省委、省政府支持下,黑龙江省干部教育网络学校、黑龙江省社区教育指导中心、黑龙江老年开放大学、黑龙江学分银行依托黑龙江开放大学建设和管理。

黑龙江开放大学以习近平新时代中国特色社会主义思想为指引,全面加强党的领导,坚定社会主义办学方向,深入贯彻落实党的二十大精神,落实立德树人根本任务。黑龙江开放大学是全省终身教育的主要平台、在线教育的主要平台和灵活教育的平台、对外合作的平台,是服务全省全民终身学习的重要力量和建设技能社会的有力支撑。

二、档案机构发展沿革

1979年7月至1981年5月,黑龙江广播电视大学(省函授广播学校)办公室。

1981年5月至2007年8月,黑龙江广播电视大学办公室档案室。

2007年8月至2013年3月,黑龙江广播电视大学办公室文档科。

2013年3月至2020年8月,黑龙江广播电视大学办公室文档科,设科长1人,工作人员2人。

2020年8月至今,黑龙江开放大学办公室档案科,设科长1人,工作人员1人。专职档案人员2人,其中具有本科学历2人,中级职称1人。

三、档案机构基本情况

目前档案科办公和库房面积约220 m^2,设有办公室、阅览室和5间档案装具齐全的综合档案库房,其中包括人事档案室、财务档案室和防磁档案室。学校为档案员配置了计算机、复印机、扫描仪、刻录机、臭氧消毒器等办公设备，建立了《南大之星》档案管理系统服务器，并使用此系统管理和统计档案，馆藏档案包括党群、行政、教学、科研、基建、外事、财会、出版、设备9大类档案及资料，馆藏总卷1 001卷，累计文件总数27 537件。档案科共有专职档案工作人员2人，隶属于学校办公室领导，同时负责学校15个部门兼职档案员的业务培训和工作指导。

四、档案机构主要职能

（1）根据新修订的档案法和《黑龙江省档案管理条例》《高等学校档案实体分类法》《归档文件整理规则》的要求，完成全校档案日常保管、收集、借阅等管理服务工作。

（2）做好年度文件归档工作，负责按各类档案的收集、整理、鉴定、检索、著录、标引、分类、登记保护等程序对档案进行归档。

（3）负责及时修补破损档案，注意收集涉及电大发展类档案。

（4）负责档案库房的清理与管理，切实做到防火、防水、防潮、防光、防盗、防鼠、防破坏、防污染。

（5）负责组建全校各部门兼职档案员队伍，保持密切联系，做到及时培训、及时指导、及时检查。

（6）负责大事记的收集、整理、归档，上报省档案局；负责定期收集档案，注意搜集全校重要活动信息并及时记录整理。

（7）负责与上级有关档案主管部门取得业务联系指导档案工作开展。

（8）负责建立健全本校档案工作的各项规章制度，对档案建设工作提出合理化建议，积极开展档案建设宣传工作。

（9）负责依据本校实际，编撰修订调整《黑龙江开放大学年度档案归档范围及保管期限》工作。

（10）负责学校档案信息化建设工作，负责利用档案管理系统进行档案管理，建立健全档案数据库；包括文书、兼职档案员归档文件目录及电子稿的录入，档案室全部档案文件目录的输入与管理，健全文件电子稿（扫描图片）等。

（11）负责完成省档案局年度档案统计年报工作。

（12）按照省档案局《关于开展年度省（中）直机关档案工作执法检查的通知》要求，对照《年度省直机关档案工作执法检查标准》，认真准备，积极进行自检自查，完成档案迎检任务。

（13）负责检查、提取按档案保管期限要求到期的档案并进行处理。

（14）负责对查档人员进行登记，以及介绍信、证明信的收取工作，并开具相关证明。

（15）完成学校领导交办的其他任务。

五、档案工作主要业绩

1.档案制度建设

为进一步规范档案管理工作，深入贯彻执行《高等学校档案管理办法》，建立健全各项规章制度，先后制定了《黑龙江开放大学档案管理办法》《黑龙江开放大学档案实体分类实施细则》《黑龙江开放大学文件材料归档范围和文书档案保管期限表》《学校档案借、查阅利用制度》《学校文件资料立卷归档制度》《学校档案库房管理制度》《学校档案安全保密制度》《学校档案统计制度》等。进一步明确了档案管理工作的地位和作用，确立了档案科是出具档案证明的唯一机构，促进了档案工作有法可依，有章可循，有序发展。

2.档案设施设备建设

黑龙江开放大学十分重视档案管理工作，不断加大经费投入，设有独立的档案库房、阅览室、办公室，实现了“三分开”；配有《南大之星》档案管理系统软件、计算机、打印机、复印机、空调等设施设备，提高了档案安全管理水平，为档案工作有序开展提供了保障。

3.档案业务建设

黑龙江开放大学为加强档案管理工作，专门成立了由分管校长任主任、办公室主任任副主任，各归档部门的主要领导任委员的档案工作委员会。建立健全了学校档案工作三级管理网络，由档案工作委员会、档案科及 15 个立卷部门组成。在学校各项重大活动中，充分调动专兼职档案员的积极性，确保档案资料井然有序，高效准确。

4.档案利用服务

档案科作为学校的“窗口服务”部门，在黑龙江开放大学开展的“四零”服务承诺创建活动和党史学习教育中，牢牢树立“以人为本”的宗旨，以提高“人民满意度”为目标，全心全意为毕业生提供档案利用服务。与时俱进，转变服务方式，为保障服务工作效率和质量，通过线上办理学历查询业务千余人次。2021 年以来，受理咨询电话 500 余人次，接待档案利用者 300 余人次，调阅档案资料 1 500 余卷（件），出具学历证明1 000余份，通过邮寄的方式将材料送到本人手中，提高了档案服务利用的工作效率。

六、面向未来工作设想

围绕省档案局、省教育厅档案工作计划大局，立足本职，积极完成各项档案业务工作；加大档案工作宣传力度，自主创造工作舞台，结合全省档案事业发展“十四五”规划，认真对学校档案工作的建设和发展进行长远规划，引进档案工作人才，完善档案管理工作技术手段和模式；推进学校档案工作数字化、法治化、规范化；充实完善各项管理规章制度，服务学校，服务毕业生。

（黑龙江开放大学档案室　何　莉　高文峰）

学校概貌

“6·9国际档案日”宣传活动

黑龙江东方学院档案工作概览

一、学校概况

黑龙江东方学院是由孟新、尚鹤翔、周长源、刘式勤等老一辈教育工作者发起创办的一所普通本科高等学校，始建于1992年，是改革开放后黑龙江省第一所民办高校。

黑龙江东方学院坐落于国家级新区——哈尔滨新区哈南工业新城，校园占地面积59.24万 m^2，建筑面积34.2万 m^2，净资产达16.2亿元，教学科研仪器设备总值8 897.76万元。学校运动场面积5.2万 m^2，体育馆面积1.46万 m^2。图书馆总面积30 750 m^2，现有纸质图书129万册、电子图书193万册。

黑龙江东方学院1993年开始招收全日制专科生；2000年开始招收本科生；2003年经教育部批准升格为民办普通本科高校；2007年获得学士学位授予权；2010年被黑龙江省政府确定为“特色应用型本科试点建设院校”；2011年经国务院学位办批准，成为全国首批5所具有硕士专业学位研究生培养资格的民办院校之一；2012年通过教育部本科教学工作合格评估；2015年通过黑龙江省特色应用型本科高校建设验收；2018年通过教育部普通高等学校本科教学工作审核评估；2019年通过黑龙江省民办本科院校综合办学质量评估；2020年获批黑龙江省特色应用型本科示范建设高校。

黑龙江东方学院现有全日制在校生12 829人，其中本科生12 782人，硕士专业学位研究生39人，外国留学生8人。黑龙江东方学院设有9个学院和3个教学研究部，拥有生物与医药、国际商务2个硕士专业学位授权点，建有43个本科专业，涉及理、工、文、经、管、法、艺7个学科门类，形成了以工为主、经管文艺协调发展的7个专业群。学校拥有1个省级重点建设学科、3个省级一流本科专业建设点、9个校级特色专业、1门省级精品课、1门省级在线精品课及培育课程、1门省级课程思政建设示范课、53门校级核心课程，获得黑龙江省教育教学成果奖一等奖1项、二等奖4项。

黑龙江东方学院始终坚持社会主义办学方向，走公益性办学道路，作为公有民办高校，学校全部资产为集体所有，创办者们不谋私利，不图回报，十几亿资产个人不占丝毫股份，学校办学的每一分收入全部用于学生的教育培养。

新时代的黑龙江东方学院，秉承“蒙以养正，学以致用”的校训精神，坚持“尊师厚德、包容奉献、创新求真、自强不息”的校风，传承“立校为公、厚德树人”的东方精神，全面贯彻党的教育方针，坚持公益性、非营利办学方向，全面深化教学改革，扎实推进依法治校进程，不断提高学校的内涵发展水平和综合办学实力，为建设特色鲜明的高水平应用技术大学而努力奋斗。

二、档案机构发展沿革

黑龙江东方学院档案工作始于1993年建校，隶属校长办公室管理。1999年成立综合档案室，由院长办公室主任兼任综合档案室主任。2008年成立档案馆，依然隶属院长办公室管理。2016年学校根据档案馆实际发展需要单独建制管理。

三、档案机构基本情况

黑龙江东方学院档案馆馆舍面积399 m^2，实现了库房、办公、阅览“三分开”，其中库房237 m^2，办公室、阅览室以及现代化技术室127 m^2，整理室35 m^2。馆内配备档案装具柜152组。现有档案210 000余件。

四、档案机构主要职能

（1）贯彻执行国家有关档案工作的法律法规和方针政策，综合规划学校档案工作。

（2）制定学校档案工作规章制度，并负责贯彻落实。

（3）负责制定学校各部门资料的归档范围，并组织实施。

（4）负责学校各部门文书、电子及实物等各类档案的接收（征集）、整理、鉴定（销毁）、归档、统计、保管、使用工作。

（5）组织实施档案信息化建设，实现馆藏档案数字化，为学校教学、科研及管理工作和师生服务。

（6）负责对各部门的档案立卷工作进行指导；负责开展学校档案工作人员业务培训，开展档案学术研究和交流活动。

（7）利用档案开展多种形式的宣传教育活动，充分发挥档案的文化教育功能。

五、档案工作主要业绩

黑龙江东方学院档案事业经过30余年的发展，经过了学校档案工作从无到有、从有到优、从传统到现代的历程，档案馆内涵建设以及其他学校基础性建设工作为学校百年发展目标实现奠定了基础。同时，东方学院档案事业发展建设史也是改革开放后我国民办普通高等学校档案建设发展史的一个缩影。

六、面向未来工作设想

（1）拓展档案资源收集范围。

（2）完善档案制度和标准规范。

（3）加强重点档案建设。

（4）加强档案资源质量管控。

（5）优化馆藏档案结构。

（6）加快档案资源数字转型。

(7)加强档案馆库房建设与管理。

(8)强化档案安全保护工作。

(黑龙江东方学院档案馆/校史馆　晁永刚　曲菁菁)

学校概貌

黑龙江工程学院昆仑旅游学院档案工作概览

一、学校概况

黑龙江工程学院昆仑旅游学院坐落于北国冰城黑龙江省省会哈尔滨市、素有“哈尔滨东花园”之称的国家AAAA级旅游胜地——二龙山风景名胜区。学校于2002年5月17日经黑龙江省人民政府批准建立,2004年2月16日教育部备案为全日制普通本科院校(教育部代码13304)。学校是全国三所独立设置的旅游本科院校之一,是黑龙江省内以旅游和酒店管理为特色的独立学院。其前身是1997年成立的哈尔滨旅游学院(助学)。

学校全面贯彻党的教育方针,坚持社会主义办学方向,以立德树人为根本任务,坚持“育人为本、德育为先、能力为重、全面发展”的育人导向,秉承“办精致学府,走特色道路”的办学理念,弘扬“忠诚、敬畏、担当、有为”的大学文化,继承“品端、学粹、行雅、业精”的校训精神。

学校占地约56.08万m^2,建筑面积约25.83万m^2,馆藏纸质图书69万册,电子图书403万册。现已建成“VBSE虚拟商业社会环境实现中心”“沉浸式虚拟仿真中心”及艺术设计实验室、财经类专业沙盘、环境设计工作室、文创产品实验室、影视教学实验室、冰雪艺术实验室等;建有数字存储中心、可视化网络运维监控中心和万兆核心交换光纤主干校园网。

学校面向全国招生,在校生人数8 484人,设有6个系(部),15个本科专业,涵盖管理学、文学、艺术学、工学等学科门类,学校拥有一支学识渊博、结构合理、适应性强的专、兼职教师队伍,广大教师积极投身教学改革,教学科研能力、专业水平不断提高,近年来,共主持国家和省级科研项目24项,出版专著、教材26部,获专利17项。

学校紧紧围绕旅游办专业、围绕旅游育人才、围绕旅游搞科研、围绕旅游强服务,积极探索育人模式,为龙江地区乃至全国的文化产业、旅游产业、物流业及相关产业培养具有良好的思想品德、扎实的理论基础、实践和创新能力强的专门人才。

坚持“入学即入行,毕业成行家”的办学传统,走“依托产业,产教融合”的特色发展道路,实施“一个目标、两类证书、三种能力、四个模块”培养模式,致力于培养有社会责任、爱岗敬业、博爱胸怀的应用型人才。

以名师办大学、开拓创新为举措,着力打造旅游教育的“中国品牌”和“中国服务”人才培养的摇篮。近些年来,在教育部和黑龙江省教育厅组织的20余项评估检查和比赛中屡获佳绩。

学校大力推行“洛桑式办学模式”,加大面向社会、面向市场的课程改革,加大学生参加社会实践的培养,使学生在学好理论的同时,有较强的社会适应能力和实践操作能力,加大了与社会的对接力度，使学生较快地适应经济社会发展对人才的需求，毕业生就业率稳步提升。

建校20多年来，学校牢固树立为龙江教育和地方经济社会发展服务的思想，坚持依法治校、质量立校、人才强校、科研兴校，致力于培养综合素质高、理论基础扎实、专业技能过硬、具有创新精神和实践能力、特色突出的优秀专业人才，为东北振兴、教育强省、黑龙江省社会经济发展培养了大批专业人才，为国家民办教育事业发展做出了突出贡献。

二、档案机构发展沿革

档案馆成立于2013年3月，隶属于党政办公室，对学校的综合档案和人事档案实行集中统一管理。

三、档案机构基本情况

档案馆由党政办公室主管，配备专职档案馆长，现有专、兼职人员8人，主要职责是贯彻执行国家和上级主管部门关于档案工作的规章制度，负责接收、整理、分类、鉴定、统计、保管各类档案及资料，依据《高等学校档案实体分类法》及学校档案实际情况和发展水平，实现高等学校档案实体分类、编号、排架、检索的标准化和规范化，加强高等学校档案和档案工作的科学管理，促进整体业务建设的深化，充分发挥高校档案的作用。

四、档案机构主要职能

在学校党委和行政领导的关怀指导下，将档案工作纳入学校整体发展规划，健全完善档案工作规章制度。随着档案室的发展，其职能和业务范围也在逐渐明确，对各部门的归档工作进行指导、督查，做好档案的查阅和利用工作，制定并完善档案室工作制度、部门立卷归档制度、档案借阅制度、安全保密制度等规范档案管理、约束档案使用的制度等。

五、档案工作主要业绩

黑龙江工程学院昆仑旅游学院制定了《档案保密制度》《档案检查考核制度》《档案统计制度》《档案安全防护制度》《档案归档、使用(借用)、销毁、保管制度》等相关制度。档案馆建设是整个机关建设的重要组成部分，学校将更加努力地按照党和国家对档案工作的要求，《中华人民共和国档案法》《高等学校档案实体分类法》的规定，不断完善基础设施和档案业务建设，加强高等学校档案和档案工作的科学管理，促进整体业务建设的深化，充分发挥高校档案的作用，力争创建高校一流的档案馆。

六、面向未来工作设想

一是深入贯彻落实习近平总书记对档案工作的重要指示批示精神，推进档案工作规范化、标准化和信息化，促进档案管理水平的提档升级，加快现代化建设步伐。

二是进一步做好档案编目和检索工作，提高档案工作的效率。

三是重视档案的开发和利用工作，发挥档案在教学、科研上的服务功能。

未来将立足学校改革发展大局，创新档案管理模式，为学校的发展和建设等各项工作服务,为建设高水平大学和社会化服务发挥应有的职能和作用。

（黑龙江工程学院昆仑旅游学院党政办公室　隋佳宁）

档案库房

校史馆

黑龙江工商学院档案工作概览

一、学校概况

黑龙江工商学院是教育部批准的全日制普通本科高校，成立于2002年，前身为东北农业大学成栋学院，2015年5月转设更名为黑龙江工商学院。学校现有教职员工815人，其中专任教师560人，教师中具有副高级以上职称的235人，具有研究生以上学历的292人，其中博士45人。学校秉承“求知原本、崇德尚用”校训和“问学正知、探究正理、践行正道、习练正用”校风，坚持“立德树人，培养高素质应用型人才；服务社会，办好人民满意的大学”办学宗旨，坚持“育人为本，质量立校；学企融合，创新发展”的办学理念，着力培养具有家国情怀、服务奉献精神和创新创业意识的高素质应用型人才，努力建设成为适应社会需求，服务区域经济社会发展，特色鲜明的高水平应用型民办大学。

二、档案机构发展沿革

黑龙江工商学院档案室成立于2002年，隶属于校党政办公室。2022年学校根据档案室实际发展需要，决定将档案管理职能划转到学校图书馆，由学校副校长分管，隶属学校图书馆，负责各学院和各职能部门的档案管理工作。

三、档案机构基本情况

学校档案室现位于学校图书馆三楼，隶属于学校图书馆。当前，综合档案室正积极致力于档案管理的信息化建设，不断提升服务水平和服务质量，最大限度地满足广大师生及社会利用的各种需求。档案室负责管理学校党群、行政、人事、教学、科研、基本建设、校企合作、招生就业、安保、后勤、图书、声像、实物等各项工作中形成具有保存价值的文件材料，各种载体（如照片、光盘、磁盘、电子文件等）文件材料。具体而生动地反映了学校发展的历史轨迹，是学校各项工作的最为直接、最为真实的历史记录，是学校宝贵的信息资源和文化财富。

近年来学校调整了档案工作，配备专职档案员2名，明确了专职档案员的工作职责，形成了一个职责明确的档案网络管理体制，为档案安全管理提供了组织保障。学校档案室在依法治档、严格管理的同时，本着“服务学校中心工作”的理念，不断开发资源，拓展服务功能，以更好地提高档案管理工作。

四、档案机构主要职能

学校档案室是学校档案工作的职能管理部门，与校图书馆合署办公，是收集和永久保存并按规定向校内外提供利用学校档案资源的机构。

(1)贯彻执行上级关于档案管理工作的方针和政策,严格按照《中华人民共和国档案法》和《高校实体分类法》管理学校档案,根据学校档案管理的各项规章制度,制定学校档案工作的规则、制度,并组织实施。

(2)加强学校档案管理信息化工作,掌握档案室各类档案储藏情况,做到准确、迅速地提供档案服务。

(3)对接收入库的档案进行分类、整理,编制多种检索工具,有计划、有步骤地进行档案史料汇编,做好档案信息资源的开发工作,为学校各项工作及社会利用档案史料服务。

(4)按不同类别的归档范围,指导、督促、检查各部门做好各类档案文件材料的收集、整理、鉴定工作,并按要求及时归档。

(5)准确及时地做好各类档案的鉴定、销毁、统计工作。

(6)贯彻执行党和国家关于保守党和国家机密的规定,维护涉密档案的安全。

(7)做好“八防工作”,确保档案材料完整安全。

(8)加强业务学习,不断总结经验,提高服务质量。

(9)完成学校领导交办的其他工作。

五、档案工作主要业绩

自2002年成立以来档案室在各级领导的关心支持下,扎实工作,开拓创新,档案工作制度化、规范化、现代化建设得到不断加强和提高,档案室事业得到不断发展。按照相关文件要求,做好学校各部门档案的接收、归档、保管、检索、利用等工作。进一步整理完善了档案室规章制度。在档案管理工作当中,不断提高档案信息化水平,加强档案信息化人才队伍的建设,改变传统档案管理模式单一、服务效率低下的局面,显著提高服务效率和档案查阅的精准度。随着档案信息化工作的推进,为便于档案整理工作和数字类档案的存储,档案室增添软硬件设备。学校自行开发档案软件管理系统,并补充完善了缺失和不规范的卷内文件电子目录。在档案的安全性方面,档案室的工作人员,始终严格遵守安全规定,采取必要的措施保护学校档案资料的安全。

六、面向未来工作设想

随着互联网技术的发展,黑龙江工商学院档案室在今后的工作中将会更加智能化、数字化和服务化。首先,我们要数字化转型,随着科技的不断发展,今后档案室工作将更偏向数字化与信息化。档案管理系统将成为标配,所有文档将以电子形式存储并进行分类、检索和备份,我们将进一步推进档案管理系统的完善和利用,使学校的档案管理系统逐步成熟。其次,档案室的工作人员需要具备档案信息化管理相应的专业知识和技能,不断学习和适应新的工作要求。加强对档案管理人员的学习交流和业务培训,逐步推进全校统一的档案信息平台的建立和校内档案资源各部门共享的进程,提高档案管理水平和查询利用水平。另外,我们要有安全防护意识,今后档案室将面临更多的信息安全和风险管理挑战。随着数据泄露和信息安全事件的增多,档案室的工作人员需要具备信息安全意识,掌握信息安全技术和风险管理知识,确保档案资料的安全性和完整性。通过规范化管理和信息化管理水平的不断提高,为实现学校档案管理数字化打下坚实的基础。

(黑龙江工商学院档案室　张元梅)

档案库房

黑龙江工商学院

黑龙江财经学院档案工作概览

一、学校概况

黑龙江财经学院是2008年9月经教育部批准独立设置的民办全日制普通本科院校，以经管学科为主，经、管、工、文、法、艺多学科协调发展，定位于地方性应用型本科院校。

黑龙江财经学院是《黑龙江省高等教育强省建设规划》“1115工程”重点建设民办高校、中国民办教育协会高等教育专业委员会副理事长单位、省民办教育协会常务副会长单位、省现代大学制度建设试点单位、省高等学校思想政治教育研究会理事单位。在多年办学实践中，荣获“中国民办高等教育优秀院校”“全国关心下一代工作先进集体”“黑龙江省特色应用型本科示范高校”“黑龙江省民办高校党建示范高校”“黑龙江省文明校园标兵”“黑龙江省高校师德先进集体”等30多项荣誉称号，经济学院党总支入选“全国党建工作标杆院系”，财经信息工程学院教工党支部入选“全国党建工作样板支部”。

黑龙江财经学院坚持以社会主义核心价值观为引领，加强以“崇德尚学，图强至善”的校训、“忠诚、敬业、合作、卓越”的龙财精神和“乐观、宽容、理智、激情”的文化理念为标志的大学精神文化建设。学校拥有省级重点建设学科1个，省级一流本科专业建设点4个，省级教育教学成果奖一等奖2项、二等奖8项，省级虚拟教研室1个，省级一流课程5门，省级课程思政示范课程7门，省级重点专业1个，校级特色专业6个，获得国家艺术基金项目1项，教育部产教融合协同育人项目19项，获批省级非物质文化遗产教育和研究基地等。已建有电商产业、金融产业等5个产业学院等，成立钱币研究中心、中小企业与区域经济研究中心等8个校级研究中心等。构建由校史馆、货币文化博物馆(全省民办高校首家博物馆)、红色财经之路博物馆、钱币经济研究中心组成的“三馆一中心”文化育人体系，将红色财商文化融入人才培养全过程。学校依托文化创意产业学院，建立了漆画、黑陶等13个工作室和1个艺术展厅。学校教育事业发展取得显著成绩。

二、档案机构发展沿革

黑龙江财经学院自创立以来，一直将档案工作视为学校发展的重要支撑。随着学校的快速发展和规模扩大，档案管理的重要性日益凸显。在2010年成立了专门的档案工作领导小组，负责全面规划和推进档案工作。同年，为更好地适应学校规模并满足日益增长的档案管理需求，学校建立独立的档案管理机构——综合档案室。该机构自成立起，就承担起对全校过去20余年档案材料的全面清理与归档工作，为学校档案管理打下了坚实基础。

三、档案机构基本情况

黑龙江财经学院档案工作实行集中领导与分散管理相结合的模式。在这一体系下，学校校长亲自挂帅，主管档案工作，确保各项档案工作的顺利推进。同时，党政办公室主任担任档案工作负责人，具体指导档案的立卷、归档、整理以及保管等各个环节，形成了一套高效、有序的工作流程。

在人员配置方面，学校打造了一支专兼职结合的档案工作队伍。目前，这支队伍共有专兼职档案人员 33 人，其中包括 2 名专职档案工作人员和 19 名拥有中级以上职称的专业人员。所有专职档案工作人员都经过严格的专业培训，具备扎实的档案基础知识和出色的工作能力。此外，学校还鼓励并支持他们积极参加各种业务培训，不断提升自身专业素养，确保档案管理工作的高效与精准。

在档案资源方面，黑龙江财经学院档案管理网络已全面覆盖所有的单位和部门。学校档案门类齐全，涵盖了党群、行政、学生、教学、科研、仪器设备、外事、财会、人事、声像等领域。这一丰富的档案资源为学校的教学、科研以及管理工作提供了有力支持。

在设施建设上，综合档案室严格按照档案法的相关规定进行规划和建设。目前，档案室已经实现库房、办公室、阅档室的“三分开”布局，总建筑面积达到 313.53 m^2。其中，库房面积 137.94 m^2，实物档案库房 41.94 m^2，制作室和查阅室则分别为 63.65 m^2 和 70 m^2。库房面积不仅能够满足学院未来 10 年的档案存储需求，而且符合档案保管和防护的各项要求。此外，档案室内还配备了充足的档案装具以及先进的保护设备，如档案专用密集架、除湿机等。同时，工作人员会定期记录库房内的温湿度数据，确保每一份档案实体材料都能得到妥善的保存和保护。

四、档案机构主要职能

作为黑龙江财经学院的重要机构之一，综合档案室承担着多项关键职能。首先，负责对全校各类档案进行全面的收集与整理工作。通过这一环节，档案室能够确保每一份档案的完整性和系统性，从而为学校的教学、科研以及管理工作提供准确、可靠的数据支持。

其次，档案室还肩负着档案的保管与保护重任。为确保档案的安全与完整，档案室不仅提供了充足的档案装具和保护设备，还定期记录库房的温湿度数据，及时发现并解决潜在的安全隐患。这些措施共同构成完善的档案保护体系，为学校的档案资源提供坚实保障。

此外，综合档案室还致力于档案制度的建设与完善工作。通过建立健全各项档案工作管理制度和规章制度汇编等措施，档案室不仅明确了学校各类档案的归档范围和保管期限等关键信息，还为学校档案事业的发展提供了坚实的制度保障和明确的指导方向。

最后，档案室还积极拓展档案的开发利用工作。通过高标准地加强档案资源的开发利用以及提高档案管理水平等措施，档案室努力将静态的档案转化为动态的信息，为学校的教学、科研以及社会服务提供更加便捷、高效的信息支持。同时，档案室还紧密结合民办高校档案工作的特点与需求进行创新与发展，以更好地服务于学校的整体发展战略和师生需求。

五、档案工作主要业绩

综合档案室按照学校对档案工作的总体要求和《档案管理办法》开展年度档案工作。修订了《黑龙江财经学院档案制度汇编》,并依据《档案实体分类大纲》接收各单位工作活动中形成的党群、行政、教学、科研、基建、设备、声像等各个门类和各种载体的档案。学校综合档案室能够及时进行各种门类和载体归档文件材料的立卷归档工作,尤其重视各种凭证性文件材料以及重大事件、大型会议形成的照片、录音录像等特殊载体材料的收集和整理,所有材料均为原件和有效的复制件。各门类档案材料均由档案形成单位或课题组立卷,材料整理规范,均建立了归档文件目录,并能够实现案卷(件)级检索和部分电子文件的接收、保管,可供全校师生员工利用。

学校全面落实"高校档案机构是学校出具档案证明的唯一机构"的规定,建立了《借阅档案登记簿》,能够根据档案材料所反映的内容出具相应的证明材料,为师生员工提供服务。

学校明确要求各单位按照"三纳入""四同步"原则,将档案工作纳入各单位的工作计划和发展规划,纳入管理制度,纳入有关人员的职责范围。在布置、检查、总结、验收各项工作的同时,布置、检查、总结、验收档案工作。自 2008 年起开始编印《年鉴》和《大事记》,同时,为学校货币文化博物馆、校史馆、红色财经之路博物馆建设提供历史依据及宝贵档案资料,还将进一步开展档案编研、信息资源开发等工作。

六、面向未来工作设想

学校着力加强档案信息服务与建设工作,进一步加大业务指导力度,普及档案业务知识,争取在"十四五"期间实现室藏档案的全文检索与利用,实现档案的数字化建设。

1.以建立学科馆员制度为目标,加强队伍建设

通过适当的方式改善学校档案工作人员学历结构、知识结构、年龄结构、职称结构,加强对专业人员的培养、培训,逐步为建立学科馆员制度创造条件。大力加强人才梯队建设,促使干部队伍进一步向专业化、年轻化方向发展。开展对全校档案专兼职工作人员职业道德、信息素养、业务能力等方面的教育,进一步在馆内确立服务第一的思想,营造积极向上、业务研讨、学术研究的良好氛围,充分发挥全体工作人员的积极性和创造性。

2.加快档案信息化建设进程,服务教学科研

以智慧校园的建设和应用为契机,进一步加快档案信息化建设的进程,提高为师生服务的能力和层次。完善档案管理软件系统的功能和应用。加强数据库系统建设,开发档案资源利用,构建黑龙江财经学院网络开放共享数据库,提高为师生服务的层次和质量。

3.营造氛围浓厚史馆文化环境,构筑书香校园

综合档案室将以学校货币文化博物馆、校史馆、红色财经之路博物馆建设为抓手,进一步规划设计空间功能,实现功能区域划分合理的空间文化环境。加强实物档案利用,开展参观、布展、讲解、培训、讲座等宣传活动,并以新生入学教育为契机,广泛宣传货币文化、校史文化和红色财经文化,为学校财经文化和校史文化的形成和建设贡献力量,发挥文化育人基地的教育功能和作用。

(黑龙江财经学院图书馆/党政办公室　王春玲　徐　雷　谷曜楠)

综合档案室展架

黑龙江财经学院校史馆

红色财经之路博物馆

黑龙江外国语学院档案工作概览

一、学校概况

黑龙江外国语学院坐落于哈尔滨市松北新区，是省内唯一一所语言类高校。属非营利性民办学校，是中国非营利性大学联盟发起单位之一。学校前身是1993年成立的（中英合作）哈尔滨恒星外国语学院，2003年更名为哈尔滨师范大学恒星学院，属于本科独立学院，2011年改设为黑龙江外国语学院。2018年学校通过教育部本科教学工作合格评估，2019年入选黑龙江省特色应用型本科示范高校，2020年被评为省级文明校园，2021年被省教育厅评选为大学生就业工作示范性高校重点培育单位、全省对俄全方位合作紧缺人才培养培训基地依托院校。

黑龙江外国语学院校园占地面积约55万 m^2，校舍建筑面积23.31万 m^2。建有2.6万 m^2 的实践教学中心，中心有97个校内实训基地，还建有近4 000 m^2 的创业园区，为学生自主创业提供条件，吸引企业进入学校合作。设有校外实训实践基地近200个。教学基础条件优良，完全能够满足教育教学需要。

黑龙江外国语学院现有全日制本科生1万余人。学校拥有一支素质高、能力强的国际化教师队伍。学校共有专任教师562人，外籍专家教师60余人，全省首批引进的A类外国高层次人才1人，具有1年以上海外学习或工作经历的教师占自有专任教师总数的46%。副高级及以上专业技术职务教师占47%，双师双能型教师104人，享受国务院政府特殊津贴专家3人，国家二级教授4人，获得省级以上教学名师、全省高校师德先进个人等荣誉的教师40余人。

黑龙江外国语学院经过多年的办学实践，各项事业取得可喜的进步，赢得了良好的社会声誉。被授予“中国民办高等教育优秀院校”“黑龙江省民办高校示范单位”“全省先进社会组织”等光荣称号；学校是《黑龙江省高等教育强省建设规划》“1115工程”重点建设高校，是省中职教师培训基地、省教育厅中小学英语教师培训基地和省侨联慈善基金会乡村英语教师培训基地；黑龙江省中小学教师资格考试面试考点学校。获得包括央视网、中国新闻网、人民日报海外版、东北网、黑龙江电视台等媒体广泛报道。

二、档案机构发展沿革

黑龙江外国语学院档案室成立于2006年，初始为科级建制，隶属学院办公室，2021年独立设置为副处级单位，由学校副校长分管，办公地点设在图书馆楼一楼。

三、档案机构基本情况

档案室设专职档案员2名,各单位配有档案工作负责人和兼职档案员,建立了全校的档案管理体系,实现了档案室对全校各院系处(部)职能档案工作的监督指导职权。

黑龙江外国语学院始终注重档案室的基础建设,每年学校工作计划都将档案工作列入其中。档案室使用面积200余m^2,实现了办公室、阅文室、库房“三分开”;有充足的预留空间,库房面积可满足未来10年的工作需要。配备密集架30节、计算机5台、服务器1台、打印机2台、复印机1台、刻录机1台、防磁柜1台、扫描仪2台;使用《南大之星》档案管理系统软件,为学校档案工作迈向信息化创造了良好条件。

为保证档案的安全,档案室安装了防盗门,窗户安装了金属护栏和监控摄像装置;档案室内还安装了遮光窗帘,定期投放防虫药,配备灭火装置和吸尘器等档案保护和安全防护设施、设备;定期做好安全防护的检查工作和工作记录。

在档案收集整理方面,严格按照相关规定接收各单位工作活动中形成的党群、行政、教学、科研、基建、设备仪器、出版、外事、会计、声像、实物等各个门类和各种载体的档案。

四、档案机构主要职能

目前,黑龙江外国语学院档案室有两个档案全宗,即哈尔滨师范大学恒星学院和黑龙江外国语学院全宗。校档案室管理11个门类的档案,室藏52 700卷(件)。

收集和保管档案资料是为了发挥档案在学校事业发展中的重要作用,为教学、科研和各项工作提供全面、及时、有效的服务。在学校公开网站设立了档案信息网页,为教职工利用档案信息提供了平台。重视发挥档案的服务功能,落实“高校档案机构是学校出具档案证明的唯一机构”的规定要求,为学校教学评估、各项工作检查、维修工程、评比先进、学生学历电子注册、毕业生学位学历和学习成绩证明等提供相关档案资料。严格按照档案管理使用制度开展档案利用工作,认真填写档案借阅登记簿、档案利用效果登记表。

五、档案工作主要业绩

近年来,黑龙江外国语学院档案室加快了信息化建设步伐。档案室在建立初期就购买了《南大之星》档案管理系统软件,按照相关文件要求,做好电子文件的接收、保管、提供利用、移交及电子文件异地保存工作。学校把档案管理的现代化建设纳入“数字化校园”建设总体规划之中,依托“智慧校园”大数据建设的背景,进一步加大档案信息化建设力度,做到档案资源共享,提高档案资源的利用效率。

在实施校园封闭式管理期间,档案室能够利用“智慧校园”远程申请、线上审批,采用扫描拍照发送电子邮件或快递邮寄等无接触方式提供服务。

档案室积极配合学校发展需要,突出学校外语立校的办学特色,利用国际化办学资源优势,保存好学校在开展国际文化交流、留学访学、境外实习就业、教师境外培训、教科研合作项目等外事档案资源,发挥国际化开放式办学资源优势,不断加强校园文化建设。

六、面向未来工作设想

档案工作得到学校领导重视和师生员工的支持,取得了一些成绩,但仍存在一些不足,需要改进和提高。

(1)加强学习交流。一是加强与上级管理业务领导机关的联系和交流,争取工作指导和支持;二是通过互联网及时了解全国一些特色高校档案馆工作开展情况,并准备在条件允许的情况下对部分高校进行实地调查调研。通过学习交流,开阔眼界和思路,了解掌握档案工作的新信息和新动态,为档案室长远发展打下基础。

(2)努力建设一支专兼职档案员队伍。由于学校体制上的原因,专兼职档案人员变动较为频繁,给档案的收集、整理工作带来诸多不便。为此,档案室计划定期组织开展专兼职档案员培训,提高业务能力和理论水平,明确工作新思路。

在今后的档案工作管理中,档案室工作人员将通过统一思想、勤奋工作、不断学习来全面提高自身素质,履职尽责,尽快建成管理高效、信息化程度高的档案室,为学校的建设和发展做出贡献。

(黑龙江外国语学院档案室　夏玲玲)

黑龙江外国语学院正门

黑龙江外国语学院主楼

档案室在此楼一楼办公

齐齐哈尔工程学院档案工作概览

一、学校概况

齐齐哈尔工程学院始建于1991年,经历了齐齐哈尔第一机床厂职工机电学院、黑龙江东亚大学(自考助学)、齐齐哈尔职业学院等发展阶段。2011年,经教育部批准升格为普通本科高校,定名为齐齐哈尔工程学院,成为齐齐哈尔市第一所市属大学。

齐齐哈尔工程学院始终坚持社会主义办学方向,全面贯彻党的教育方针,坚持公益性非营利办学,坚持应用型人才培养,创造了影响中国民办教育发展的两个案例——"混合所有制办学"和"院校委托管理",后者被写入《国家中长期教育改革和发展规划纲要(2010—2020年)》,探索出了"政校企合作、产学研融合"的办学模式,凸显了办学优势和办学特色,促进了学校各项事业快速健康发展。目前,齐齐哈尔工程学院已发展成为一所以工学为主,管理学、医学、文学、艺术学、农学等学科适度发展的全日制民办本科院校。

二、档案机构发展沿革

齐齐哈尔工程学院档案室成立于2000年3月,隶属于学校办公室。经过20余年的发展,已经建设成为机构合理、制度健全、存量具有一定规模的档案管理部门。

三、档案机构基本情况

齐齐哈尔工程学院自1991年创校起,积累了大量的创业资料、教学资料、学生管理资料等,随着档案资料的增多,自2000年3月起,学校设立了单独的档案室,专职馆员2名,管理全校档案。

自1999年筹建齐齐哈尔职业学院到2001年齐齐哈尔职业学院成立,期间产生了大量可自成体系的档案材料,档案室依据原国家教委办公厅发布的《高等学校档案实体分类法与高等学校档案工作规范》(1994年)要求,对当时已有档案材料进行整体归档。后根据国家档案局令第8号《机关文件材料归档范围和文书档案保管期限规定》(2006年发布)、国家档案局发布的《中华人民共和国档案行业标准DA/T 22—2015》(2015年发布)、黑龙江省《归档文件整理规则》实施细则(2017年发布)等文件要求,统一了档案实体分类、编号、排架、检索的标准和规范,规定了档案编制目的、编制原则、类目设置和档号编制,将学校档案分为党群、行政、学生、教学、科学研究、财会、仪器设备、基本建设、出版、声像、名人、人事、外事工作、班级档案。并且根据学生档案管理的需要,于2013年建立了学生档案分室,由专职档案员集中管理学生的全部档案,使全校档案的收集、整理和档案移交等工作规范化、制度化。

伴随着制度规范的不断完善，档案室库房也全面升级。建立了5间专属档案库房（综合档案、人档、财档、实物、班级档案库房），档案室下设办公室、阅档室、荣誉室、校史展览馆。

档案管理模式更加规范，探索出适应学校发展的“学校—部门—班级”三级管理模式，组建了专兼职相结合的档案管理队伍，学做合一的班级档案管理，激励奖惩相融的考核评价体系；档案数量也从一开始的“一尺卷”到现在的“五万件”，档案室目前累计库存各类档案4.5万卷（件），其中文书类档案2.6万卷（件）、财务类档案9 767卷（件）、科研类档案858卷（件）、班级档案4 560件、设备类档案55台（份）、基建类档案1 602卷（件）、名人类档案367件、人事档案489卷、声像类照片1.4万余张及实物档案（奖旗、奖状、奖杯等）。学校各部门档案室存量7 000余件，归档文件全部为原件或有效的复制件，做到了纸质档案与电子档案同步归档。

四、档案机构主要职能

随着档案室的发展，其职能和业务范围也在逐渐明确。档案室主要负责收集并整理反映关于党政工作和学校各项工作的重要信息，编印《学校年鉴》；负责做好上级机关、兄弟单位等来文来函以及信函、公文及学校各种党政公文的归档工作；归类管理全校所有档案材料和实物，对各部门的归档工作进行指导、督查，做好档案的查阅和利用工作；制定并完善档案室工作制度、部门立卷归档制度、档案借阅制度、安全保密制度等规范档案管理、约束档案使用的制度。

五、档案工作主要业绩

齐齐哈尔工程学院档案室在建设过程中，逐步摸索出适应学校实际、具备学校特色的管理体系及班级档案管理方法。

首先，建立适应学校发展实际的“学校—部门—班级”三级档案管理制度，与学校提倡的“三级管理”办学体系相呼应。由学校档案室统筹管理全校档案，各部门设置兼职档案管理员、各班级设置档案管理学员，既维护了档案管理的整体性，又兼顾部门、班级档案管理的特殊性，从而建立了自上而下逐步细分管理，自下而上达成档案管理目标的档案管理体系（图1）。

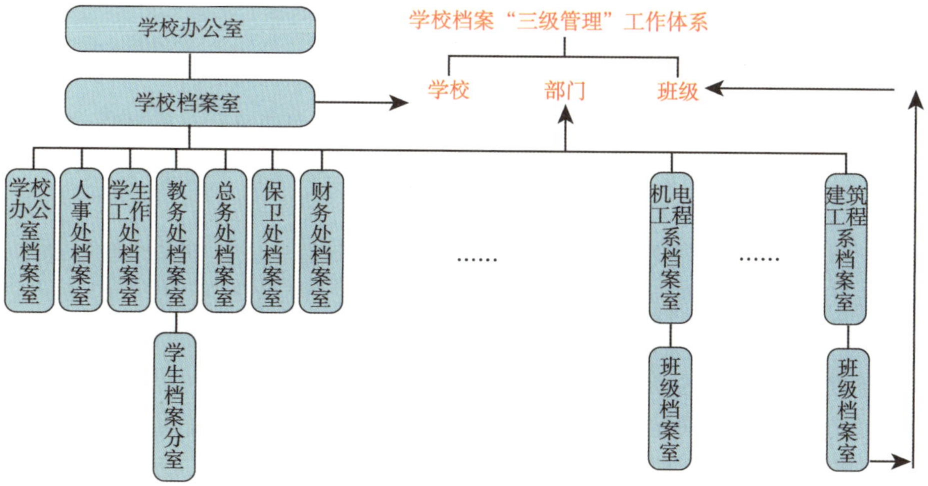

图1 三级档案管理体系

其次,创新开展"班级档案"建档工作。班级档案管理从最初建立班级档案角,到2012年由各系集中管理档案,再到2014年设立了班级档案库房,班级档案由零散存放到集中管理,安全性得到提升,库存量不断增加,管理质量实现了跨越式发展。

目前,学校档案室存有491个毕业班档案,166个在校班级参与班级档案建设。班级档案已是学校档案工作重要组成部分,通过开展班级档案建设,不仅培养了一大批学生档案管理人员(图2),同时积累了大量的高校班级档案管理资料。2015年3月12日,《中国档案报》报道了学校创新开展"班级档案"建档工作,班级档案管理曾多次得到省、市档案局领导的好评。

齐齐哈尔工程学院档案室还多次获得省市档案管理部门的赞誉。先后荣获齐齐哈尔市档案工作"精品战略"精品单位、省级科技事业档案管理单位、国家二级科技事业档案管理单位、齐齐哈尔市档案工作先进集体、黑龙江省档案工作先进集体、黑龙江省高校档案工作先进集体、全省高校档案工作检查评优第四名等荣誉。

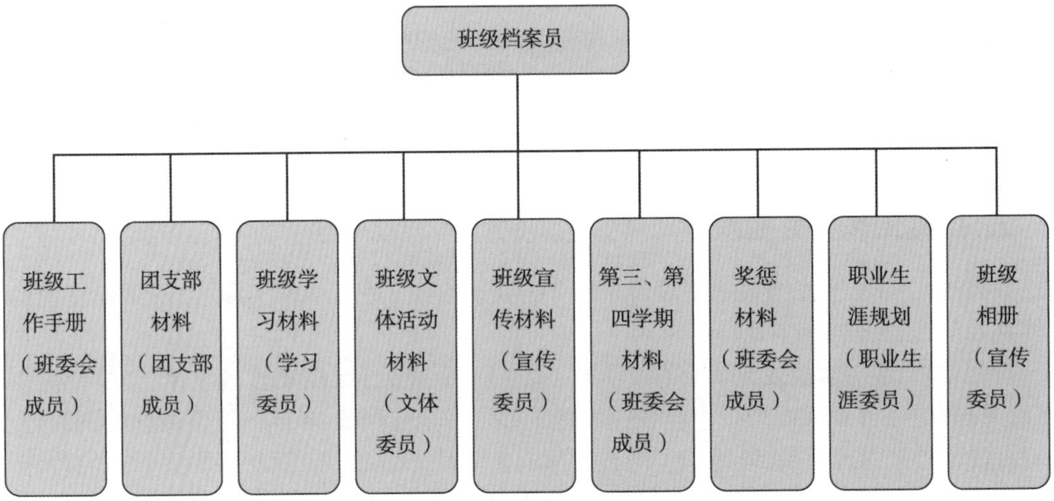

图2　班级档案分工

六、面向未来工作设想

随着互联网技术的发展,社会信息化进程加速,档案管理信息化建设势在必行。在《"十四五"全国档案事业发展规划》的蓝图中,又看到了学校档案室的努力方向。

1.利用档案资源,提高服务水平

在实现档案资源"应归尽归、应收尽收"、全覆盖的基础上,优化馆藏档案资源结构,规范档案信息资源分类整理,提高档案借阅、培训指导等工作的服务水平,从而促进档案资源高效利用。

2.加强信息化建设,扩充人才队伍

提升档案信息化管理软硬件使用能力,丰富、充盈档案室网站,使档案管理信息化、资源数字化,加强档案资源的整合利用;完善全覆盖、无死角的档案库房监控系统,增强档案资料管理的安全性;加大人才引进力度,做好档案管理队伍梯队建设。

3.深化档案编研,发挥档案育人功能

发挥高校培养人才、服务地方、科学研究功能,依托学校良好的科研管理、教育平台,加强档案的编撰、研究,将档案研究与创新创业教育、课程思政、劳动教育等通识必修教育内容有机结合;厘清学校档案研究与区域档案研究、区域经济社会发展历史的辩证关系,服务地方,提升档案公共服务功能。

(齐齐哈尔工程学院档案室　胡士秀)

从三间平房到现代化校园

现存于实物档案库房的学校曾经悬挂过的校牌

哈尔滨华德学院档案工作概览

一、学校概况

哈尔滨华德学院是教育部批准的全日制普通本科高校，是黑龙江省最早开展本科教育的民办高校。2000年被教育部授予“全国职业教育师资培训重点建设基地”，2002年被哈工大授予“国防科技人才贡献奖”，2010年被民政部授予“全国先进社会组织”，2013年校园文化建设情况获第二届全国民办高校党的建设和思想政治工作优秀成果评选活动“特等奖”，2018年被教育部授予“全国国防教育特色学校”，2019年被黑龙江省委、省政府授予“文明校园标兵”。

哈尔滨华德学院主校园坐落于国家级哈尔滨新区，占地总面积62万m^2，设有11个二级学院，3个教研部，有40个本科专业，涵盖工学、管理学、经济学、文学、艺术学5个学科门类，拥有黑龙江省首批“卓越工程师教育培养计划”试点专业，以及黑龙江省特色应用型本科示范建设专业集群。目前在校生已超万人，学校坚持“侧重个性培养，全员成才教育”的育人理念，30年来为社会培养了大批应用型高级人才，2021届毕业生在世界500强企业就业签约率占比达20.02%，学校连续五年进入中国民办大学排名20强。

二、档案机构发展沿革

哈尔滨华德学院创办于1992年，机构沿革情况为：1992年至1994年举办“哈尔滨工业大学培养边远地区短缺人才大专班”，1994年至1997年为职技高师本科教育阶段——哈尔滨工业大学机电学院培训中心，1997年至2003年为黑龙江省第一所重点普通高校内设的高等职业技术学院办学实体——哈尔滨工业大学职业技术学院，2003年至2011年是实现从独立学院到普通本科高校跨越发展阶段——哈尔滨工业大学华德应用技术学院，2011年4月转设为民办普通本科高校——哈尔滨华德学院。

哈尔滨华德学院2003年建立独立学院后，由文书室负责各种资料的收集整理，2009年成立综合档案室，2013年学校加大投入建设新馆，条件持续改善，现档案室位于政教楼一层，占地面积约400 m^2。

三、档案机构基本情况

2009年哈尔滨华德学院成立由校长任主任，分管校领导为副主任，各部门负责人为成员的档案工作管理委员会，同时完善档案管理网络体系，实行档案工作领导负责制，根据学校机构设置情况配备相应的兼职档案管理员，分工明确，责任到人，档案集中在综合档案室保管。建立档案管理制度，完善档案工作纳入部门各项工作制度，使各项工作中文件材料的形成、积累、归档、整理有法可依、有章可循。通过不断规范各项规章制度及工作流程，保障了档案的收集、整理、保管、鉴定、统计、借阅、保密各环节的紧密相连。

综合档案室设主任 1 人，档案员 2 人，有独立的办公室、阅文室、文书档案库、保密档案库、学生档案库、实物档案库，档案划分为 13 个门类，馆藏 1 939 卷 186 423 件。为适应档案管理工作的需要，2012 年学校购置了《南大之星》档案管理系统软件，实现了档案现代化管理，之后持续加大投入，改善设施设备，有序开展档案数字化处理工作，同步在学校服务器进行存储，确保档案信息安全，为充分挖掘档案信息资源创造更好的条件。

四、档案机构主要职能

哈尔滨华德学院综合档案室成立以来，保管的党群、行政、学生、教学、科研、基建、设备、出版、外事、财会、声像、实物、其他等各门类的档案比较齐全完整，能够客观地反映出各项工作和活动的真实面貌，记录着学校成立、发展、变化的全过程。多年来，档案管理人员本着“为党管档、为国守史，为师生服务”的工作理念，发扬“敬业、诚信、服务、公正、求知、自律”的工作精神，坚持勤勉自律、乐于奉献、敢于攻坚、主动担责的工作传统，立足档案利用的需求，从工作细节入手，不断强化档案工作的服务意识，优化档案工作各环节流程，为全校师生提供精细化、优质化服务。

五、档案工作主要业绩

哈尔滨华德学院坚持立德树人、以文化人，注重积淀大学文化、凝聚大学之魂、营造整体育人氛围。综合档案室坚持档案工作服务中心大局，提升档案公共服务能力，积极开发馆藏资源，挖掘整理办学理念及校园文化建设成果，并通过广泛征集、拓展合作、配合宣传加大建设等方式，提升档案文化影响力。2019 年 5 月校园文化馆落成，其中包括校史馆、教育家（黄炎培、陶行知）纪念馆、东北烈士纪念馆分馆和雷锋纪念馆，主要服务于师生理想信念教育和地域文化辐射。6 月成功举办国防教育与校园文化建设成果展示活动，与哈尔滨新区、东北烈士纪念馆签订战略合作协议，推进红色文化建设、开展协同育人。文化馆建立以来，面向校内外参观者，以优秀的文化资源铸魂育人、弘扬党的精神谱系，形成了“全方位、立体化”的社会主义核心价值教育阵地。此外，还选拔学生党员和骨干组建“新时代先锋”宣讲团，宣传阐释习近平新时代中国特色社会主义思想，弘扬东北抗联精神，宣传普及国防知识，发挥区域文化辐射功能，推动党的“精神谱系”在区域传承，为进一步增强全民爱国主义信念、民族凝聚力和向心力做出积极贡献。校园文化馆现已是黑龙江省中小学生研学实践教育基地。2020 年 10 月学校国防教育广场落成，建设了国防教育百米长廊及全军十大英模塑像，积极开展多种形式的宣传教育活动，充分发挥档案的文化教育功能，开展爱国主义教育、弘扬地域革命文化和龙江精神，对内为育人提供支撑，对外为社会发展服务。用红色精神文化资源培根铸魂，涵养浓郁的校风学风，以弘扬爱国主义精神、传承红色基因，助力全民国防教育，服务龙江全面振兴。在哈尔滨新区（自贸试验区哈尔滨片区）青年人才联盟成立大会上被授牌哈尔滨新区（自贸试验区哈尔滨片区）青年人才联盟红色研学基地，国防教育平台已成为华德新名片。

六、面向未来工作设想

当前,档案事业发展处于重要战略机遇期,同时也面临严峻挑战。这就要求档案部门快速提高工作水平,加快档案开放、扩大档案利用、提供优质高效服务。要坚持以习近平新时代中国特色社会主义思想为指导,继续深入学习贯彻档案管理相关文件精神,不断提高档案管理人员的档案意识,切实增强专兼职档案管理人员对档案管理工作重要性的认识,全面提高专兼职档案管理人员的综合素质,通过不断学习,掌握科学、先进的工作方法,提高业务水平,充分挖掘内在潜力,提高工作效率,推动档案工作高质量发展,适应国家治理体系和治理能力现代化要求。

不断加强档案工作创新,服务地方经济转型需要。只有创新,才能不断推动档案工作向更高层次迈进,适应和服务于社会各项事业,发挥资源优势为地方经济转型服务。创新档案工作理念、方法、模式,加快全面数字化转型和智能升级,加大档案信息化建设工作力度,尽快完善档案管理配套建设和信息化、网络化建设。档案数字化是档案信息化建设的重要内容,既能有效地保护档案原件,保障档案工作的标准化、规范化、科学化的顺利实施,又能为师生、为学校、为社会提供更便捷的服务。档案信息化建设的核心是资源建设,保管档案的最终目的是利用档案,积极进行信息转化,把有效信息系统地、规范地整理出来,才能更好地发挥档案的信息作用,体现档案的信息价值。加快档案管理信息化建设进程,解决档案工作中的薄弱环节,档案部门虽然保管着丰富的信息资源,但我们仍需不断充实馆藏内容,提高馆藏质量,有调查、有计划地采集利用者需要的信息资源,并对档案资源不断优化,构建与现代化相适应的档案管理体系,完善安全保管制度流程,采用现代化科学管理方法,对开放资源进行网络信息检索,为利用者提供及时、准确、高效、便捷的服务。

(哈尔滨华德学院综合档案室　闵丽娟)

国防教育广场

校史馆

档案库房

哈尔滨剑桥学院档案工作概览

一、学校概况

哈尔滨剑桥学院位于美丽的冰城哈尔滨,其前身为黑龙江剑桥专修学院,2001 年学校更名为哈尔滨理工大学剑桥学院,2003 年更名为黑龙江大学剑桥学院,2004 年经省教育厅批准,开办本科专业。2011 年 4 月,经教育部批准转设为省属普通本科高等学校,更名为哈尔滨剑桥学院。办学 25 年以来,学校艰苦创业、大胆创新、努力创优,各项事业得到快速发展。学校以本科教学工作合格评估为契机,进一步加大投入,优化办学条件,强化教学建设,深化教学改革,细化教学管理,注重文化育人,奠定了扎实的办学基础,形成了良好的育人环境。

哈尔滨剑桥学院下设 9 个二级学院、2 个教学部,设有 27 个本科专业,涵盖工学、教育学、管理学、艺术学、经济学、文学 6 大学科门类,形成了“以工学、教育学为主,管、艺、经、文等多学科协调发展”的专业布局。学校现有 4 个“黑龙江省一流本科专业建设点”,2 个黑龙江省重点专业和重点建设学科;会计学学士学位课程通过澳洲会计师公会(CPA)认证(中国华北东北地区唯一一所通过该认证的民办高校)。学校面向国家和区域产业需求,构建了 H 型学科专业架构(教育学、工学优先发展,数字化、智能化紧密融合),组建了智能制造、汽车服务、基础教育、现代服务 4 个专业集群,不断提高服务区域经济和社会发展的能力。立足地方、校企协同、重点突出、应用特色的学科专业布局趋于完善。

哈尔滨剑桥学院成立创新创业学院,构建了“五三式”创新创业创造教育体系,即提出创新思维培养、创业精神塑造、创造能力提升“三位一体”的教育理念;构建思创融合、专创融合和科创融合“三创融合”的课程体系;搭建校、省、国家“三级递进”的赛训平台;组建专业导师、创业导师、企业导师“三师引领”的指导团队;强化信息发布、过程指导、成果转化“三环相扣”的双创服务。目前,学校已获批为中国创业创新典型示范基地、教育部高校毕业生就业协会创新创业分会理事长单位、中国双创黑龙江省中心常设单位等。学生创新创业创造能力与水平位居省内同类高校前列。

哈尔滨剑桥学院强化内涵建设,打造育人特色,人才培养质量和社会声誉逐年提升。建校以来,学校已向社会输送了 3 万多名各类人才,培养了韩国培材大学博士研究生谢兵,自主创业、反哺母校的优秀毕业生张永生、沈妍,教育部大学生创业导师陈奇等为代表的学有所成和干有所成的一批优秀人才;学校 2019 年被中共黑龙江省委教育工委授予“高校系统文明校园(标兵)”称号,2017 年被黑龙江省教育厅授予“高校系统文明校园”称号,2011 年被评为中国民办高等教育优秀院校。学校的改革发展经验被《新华社》《人民网》《中国网》《光明网》《黑龙江网》《黑龙江日报》等媒体报道和转发。

二、档案机构发展沿革

哈尔滨剑桥学院档案室最初是用于存放基本建设材料的资料室。2011 年成立综合档案室，由学院办公室分管。2018 年 10 月，经校长办公会议决定将档案室转为图书馆下属科室，隶属图书馆。

三、档案机构基本情况

哈尔滨剑桥学院档案室于 2015 年迁入图书馆大楼，现有独立库房 2 间，办公室 1 间，阅档室 1 间，总面积近 300 m^2。库房均按要求配备密集架、五节柜等专业保管装具，安保设施齐全。

档案室现存有建校以来党群、行政、教学、科研、基建、出版、外事、设备、财会、人事、实物、声像 12 大类不同载体形式的档案。截至 2021 年底，档案室库存档案已达到 2.3 万件，全面记录了哈尔滨剑桥学院的办学历程和办学成果。

档案室利用《南大之星》档案管理系统软件，逐步将室存档案数字化。2018 年，档案信息化建设纳入学校校园信息化建设发展规划，加速了我校档案信息化工作的进程。

四、档案机构主要职能

哈尔滨剑桥学院档案室是组织、协调、管理全校档案工作的职能部门，接受以校长为组长的哈尔滨剑桥学院档案管理和鉴定销毁工作领导小组的直接领导，指导、监督全校各部门的档案业务工作。档案室依据《哈尔滨剑桥学院档案管理办法》，承担全校档案的收集、整理、编目、排架、保管、利用、鉴定、统计和档案的宣传教育、档案信息化等项工作。档案室全体工作人员同全校近百位专兼职档案同仁一起，围绕教学中心工作，不断拓展管理职能，加强档案建设，使档案工作真正成为学校各项工作的重要组成部分。同时，档案室也是服务师生、校友和社会的档案信息业务部门，是哈尔滨剑桥学院开展校史研究、展览和教育的文化机构。

五、档案工作主要业绩

档案室成立较晚，为收集建校以来的档案资料，特别是能见证我校建校初期的档案资料，我们不仅面向全校教职工收集，还多方联络在校工作过的老员工捐赠，经过不断的努力，档案室现存资料起始年限已从建室初期的 2011 年追溯到集团建立初期的 1986 年，而且数量也不断增加。

档案室本着文化育人、服务育人的宗旨，积极开发室藏档案资源，在校园文化推广、校庆、校史馆建设等活动中，积极配合各部门提供并展出学校历史档案资料，弘扬剑桥文化。10 年间，档案室接待师生和社会各界来访、查阅 3 000 多人次，提供档案资料近万件。尤其在集团 30 周年及 35 周年庆典之际，档案室提供室藏档案 2 000 余件，还为校史馆建设提供影像及实物展品近百件。

六、面向未来工作设想

一是做好“收管存用”的基本服务，进一步提高档案工作效率。

二是尝试将工作思路从“工具”向“价值”转变，结合学校发展需要，开发档案的历史价值。

（哈尔滨剑桥学院档案室　赵玉婷）

档案室现址（图书馆一楼）

档案室库房密集架

哈尔滨远东理工学院档案工作概览

一、学校概况

哈尔滨远东理工学院是经教育部批准设立的全日制民办本科普通高校。学校始建于1994年。2003年经黑龙江省人民政府批准、2004年经教育部确认学校为哈尔滨理工大学本科独立学院。2012年,学校通过教育部本科高等学校独立设置评估,“转设”成为具有学士学位授予权、独立设置的民办本科普通高校。学校位于哈尔滨新区,在上海、牡丹江建有产业学院和大型综合实习实训基地。校园占地总面积53万 m^2,校舍建筑面积25.2万 m^2,现设有人工智能与机器人工程学院、机电与智能制造工程学院、土木与建筑工程学院、经济管理学院、人文艺术学院、国际教育学院、素质教育学院、理学院、马克思主义学院、继续教育学院10个二级学院,15个职能部门,开设28个本科专业,涵盖工、理、文、经、管、艺6个学科门类,面向全国招生,在校本科生9 188人。

二、档案机构基本情况

哈尔滨远东理工学院2005年设立档案室,2010年建馆。现有专职档案人员3人,全馆总面积500多 m^2,库房面积200多 m^2,校史馆208.5 m^2,档案馆综合档案室164.48 m^2,机要档案室50 m^2,财务档案分室70 m^2。设有校史馆、办公室、阅览室、档案加工室,档案库房实现了档案的密集架保存,档案馆目前拥有档案自动化建设专用服务器、计算机、扫描仪、拍摄仪、复印机、打印机、刻录机、数码照相机、档案装订等现代化设备,2013年启用《南大之星》档案管理系统,推行部门立卷,为推动学校档案管理现代化工作奠定了良好的基础。

三、档案机构主要职能

哈尔滨远东理工学院将档案馆建设纳入学校整体发展规划,由校长主管档案领导工作,成立档案领导小组,确保档案馆发展过程中人、财、物等各项措施及时到位。学校档案管理网络涵盖了所有的单位和部门,档案门类的设置包括了学校工作的各个方面。学校档案由档案馆集中统一管理。学校所属各单位部门档案员25人,工作岗位设置和人员配备能够满足工作需要。

四、档案工作主要业绩

学校档案馆负责全校党群、行政、教学、科研、基建、财会、外事、出版、设备、声像等各类档案及相关资料的集中统一管理,现存哈尔滨远东理工学院建校以来1个全宗的各类档案。

大学的年鉴是大学文化建设的一项基础性工作,它对大学的人才培养、科学研究、社会服务以及文化传承创新功能的实现,都具有重要意义。由档案馆牵头开展《哈尔滨远东理工学院教育年鉴》编研工作,包含事业发展概况、教育管理体制改革、党建、思想政治教育、教育教学质量建设、专业与学科建设、科研工作、师资队伍、学生创新创业教育、招生与就业、服务经济社会发展、智慧教育建设、校园基本建设、对外交流与合作等条目。编写《远东发展历程的故事》并制作成短视频,积极参与黑龙江省教育厅由哈尔滨工程大学牵头组织策划的"庆祝建党百年图片展"活动,设计制作哈尔滨远东理工学院参展展板,约10万人次参观展览。

实现档案从形成、归档到利用的全生命周期管理,确保档案安全,进一步为学校数据库建设奠定基础。档案馆着力在档案工作如何围绕中心、服务大局、档案基本建设、档案安全管理体系、档案信息化建设上下功夫,进一步提升档案工作服务能力和核心竞争力,不断提升自身能力建设,不断强化新时期档案工作者的使命担当,有效助力学校中心工作,推动学校档案事业发展再上新台阶。

五、面向未来工作设想

1.资源建设

扎实做好常规档案的收集工作,提升归档质量,开展特色档案资源建设;加强学校声像、图片等特质档案的收集工作。

2.信息化建设

努力使档案的存量数字化、增量电子化,档案软件建设能够满足今后1年至15年的发展需要,不断拓展档案收集利用的更多功能,为学校建设智慧校园、大数据校园提供平台支持和技术贡献,也为涉及师生个人切身利益的事项提供信息保障。

事业在发展,历史在延续,哈尔滨远东理工学院的历史也将续写。按"十四五"发展规划目标,秉承"创新拉动,强队伍、调结构、重质量、细管理,特色突破"的治校方略,哈尔滨远东理工学院档案馆将继续记录好远东理工人充满信心、在坚守传承中弘扬、在携手合作中共赢、在改革发展中创新的奋斗历程,以更加昂扬的姿态、更加有力的步伐,把学校档案事业建设好,为学校人才培养及学科的发展做出贡献。

(哈尔滨远东理工学院档案馆　张铁菊　郭　然)

档案库房

档案室

哈尔滨石油学院档案工作概览

一、学校概况

哈尔滨石油学院是教育部批准的全日制普通本科高校。2003年创办于大庆，前身为东北石油大学华瑞学院，2012年获教育部批准转设为哈尔滨石油学院。2022年通过教育部本科教学工作合格评估。

哈尔滨石油学院坐落于国家级哈尔滨新区，占地总面积89.06万 m^2，在校生万余人。设有石油工程学院、化学工程学院、机械工程学院、信息工程学院、自动控制工程学院、土木工程学院、经济管理学院、外国语学院、艺术与教育学院、马克思主义学院、数理教研部、体育教研部、工程训练部共13个教学部门。开设34个本科专业，形成了以工科为主体，经、文、管、艺、教协调发展的学科布局。其中“机械电子工程”学科被评为黑龙江省重点建设学科，石油工程专业被评为黑龙江省一流本科专业建设点。

哈尔滨石油学院全面加强党的领导，秉持“承大庆精神立德，以铁人榜样树人”的校风，遵循“博学求实、励志创新”的校训，坚持“质量立校，特色兴校，文明誉校，管理强校”的办学理念。曾被授予“中国民办高等教育优秀院校”“全国最具影响力民办高校”“黑龙江省高校系统文明校园”“黑龙江省师德师风先进集体”等荣誉称号。

哈尔滨石油学院师资队伍力量雄厚。既有来自国内著名高校的专家学者，也有来自知名企业的高级工程师和国外学习归来的青年才俊，更有一批由博士、硕士构成的中青年教师队伍；既有二级教授、省级教学名师，也有国际国内各类科技大赛的冠军得主及指导教师。

哈尔滨石油学院教学基础设施齐备。配置先进的实验仪器设备，构建完备的基础和专业实验室，建立先进的实训基地，并与大庆油田、胜利油田、浙江石化、黑龙江广播电视台等众多大型企事业单位合作建立实习就业基地。鼓励学生自主进行科学实验探索，开展创新创业等实践活动。

哈尔滨石油学院注重加强大学生思想政治工作和教育管理，开展丰富多彩的校园文化活动。以“读书节”“科技文化艺术节”“社团文化节”“高雅艺术进校园”等活动为载体，为学生提供了兴趣激发与才华展示的舞台。

哈尔滨石油学院建立政校企深度融合的现代产业学院，创新人才培养，实施“3+1”应用型人才培养模式，大四年级学生全年在企业进行综合实习。办学以来，已为社会培养近3万名适应区域行业经济社会发展的高素质应用型人才。

哈尔滨石油学院国际化办学规模不断扩大，已与国外多所大学建立了校际交流与合作关系，实施本硕直通车人才培养模式，面向全球招收汉语进修生，为学生提供广阔的国际化交流平台。

当前,哈尔滨石油学院科学把握新形势,抓住新机遇,紧扣应用型本科高校办学要求,立足新发展阶段,贯彻新发展理念,构建新发展格局,持续推进内涵发展和特色发展,着力培养德智体美劳全面发展的社会主义事业建设者和接班人。

二、档案机构发展沿革

2003 年 9 月,校长办公室成立文秘科,文秘科秘书管理文书档案。2012 年 10 月,经校长办公会议研究决定成立综合档案室,隶属校长办公室,办公室主任任综合档案室主任,档案室设有专职档案员 2 人,档案员具有本科学历,技术职称为副研究馆员、馆员。同年学校组织机构变更,校长办公室变更为党委行政办公室,综合档案室隶属随之变更。

三、档案机构基本情况

1.馆舍设施建设

建校初期文书档案库房设置在文秘科办公室内,库房及办公室使用面积 40 m^2。2012 年,设置独立档案库房,库房使用面积 50 m^2。2016 年增设第二档案库房,增设面积 50 m^2。2020 年建成“铁人精神育人馆”和校史馆,双馆占地面积 500 余 m^2。2021 年,综合档案室搬迁至学校综合办公楼,档案库房面积大幅提升,占地面积近 200 m^2,室藏档案数量 2 080 件/21 201 卷。

2.档案管理现代化

综合档案室成立以来逐年按计划增加办公设施,有序推进档案信息化建设。购置《南大之星》档案管理系统软件,配置计算机 4 台,多功能复印、扫描一体机 1 台,复印打印机 2 台,CZURM3000 智能扫描仪 1 台,彩色打印机 1 台。开展档案目录管理和重要档案扫描数字化工作,从而实现档案管理现代化。

四、档案机构主要职能

1.档案制度建设

档案室为做到档案管理有章可循、有法可依,按照高等学校档案实体分类法编制《哈尔滨石油学院档案实体分类编号方案》,制定《哈尔滨石油学院档案管理规章制度》《哈尔滨石油学院档案管理办法》《哈尔滨石油学院文件资料归档实施细则》《哈尔滨石油学院学生档案管理办法》《哈尔滨石油学院实物档案管理办法》等。

2.档案资源建设

档案资源建设是档案工作的基础,档案室接收(征集)、整理、立卷、归档、鉴定、统计、利用和保管全校各类档案及其相关文件资料。档案室严格落实相关制度,要求各部门兼职档案员做好档案资源收集工作,做到应归尽归、应收尽收,科学整合档案信息资源,促进学校档案资源建设与发展。

3.档案服务建设

档案利用服务工作是档案收集、管理的最终目的。室藏档案现分为开放档案、未开放档案 2 种,档案室严格执行未开放档案查询细则,便捷、准确提供开放档案利用服务,转变服务方式，提供电话、微信、邮寄等非接触方式提供档案利用，服务全校师生员工。

4.档案编研建设

档案编研工作充分体现档案的价值与作用。档案室十分重视档案编研，开展客观性、连续性编研，形成了《哈尔滨石油学院大事记》《哈尔滨石油学院党政领导组织沿革》等编研成果，开展实用性、专门性编研，形成了《哈尔滨石油学院建制、更名历史沿革》《哈尔滨石油学院设置专业批复》等专题汇集册。档案室还撰稿《哈尔滨石油学院教育年鉴（2011—2020年）》、开展《哈尔滨石油学院年鉴》编辑工作，为学校发展提供了有价值的档案史料参考。

5.档案宣传

2019 年参加省高校档案学会举办的"6・9 国际档案日"图片展，用图片与文字展示学校教学、科研、档案发展、校园文化。2021 年参加省高校档案学会举办的"建党 100 周年・档案的故事"活动，编写《党建档案见证学校发展》文稿。2022 年制作"喜迎二十大　档案凝二十年之辉"等 4 部短视频作品荣获黑龙江省高等院校档案学会"喜迎二十大　奋进新征程　档案的故事"短视频比赛三等奖。

五、档案工作主要业绩

1.抢救基建档案

基建档案是学校建设的历史见证，是将来维修、改建、扩建的重要依据与凭证，必须集中统一管理，确保基建档案完整、准确、安全。2014 年档案室在校领导同意下与基建处协调基建档案的收集归档，整理建立基建档案：勘察设计 25 件，立项审批 12 件，基建招投标合同 180 余件，施工监理 51 卷，基建图纸 996 件、竣工报告 11 件等，为学校日后校园规划及发展提供可靠依据。

2.健全学生档案

综合档案室成立后根据《高等学校档案实体分类法》的规定设置 13 大门类一级科目。在整理归类学生档案时未见历届毕业学生档案，2015 年 3 月档案室制定《哈尔滨石油学院学生档案管理办法》，同年建立应届毕业学生档案，健全学生档案归档范围，保障学生日后需求利用。

3.收集实物档案

学校在发展和建设过程中产生了很多实物档案，反映了办学历史和一定时期的教学、科研水平，是不可多得的历史记录，应该得到科学的管理和有效的利用。但现行的获奖证书、奖牌、奖杯等实物均由各部门或个人保管，一旦人员流动，实物有可能随之流失，造成不可弥补的损失，2016 年档案室提请学校下发文件决定收集各部门建校以来获得国家级、省部级获奖证书、奖杯、奖牌，并制定《哈尔滨石油学院实物档案管理办法》，当年收集实物档案 235 件，为后续"铁人精神育人馆、校史馆"建设提供了大量丰富的实物展品。

4.征集学籍档案

由于特殊原因，室藏档案缺失 2003—2014 年期间的学籍档案。2017 年档案室协调学工处、教务处、二级学院征集毕业生学籍卡、成绩单、学士学位审批表，本着"应收尽收、有多少收多少"的原则完成收集工作，填补学生学籍档案的存档缺失，保证了档案的连续性。

六、面向未来工作设想

随着科学技术和信息技术的不断发展,档案室计划逐步推进室藏纸质档案数字化建设,2022 年初步将建校以来学生档案实现数字化、电子化、网络化。

继续开展年鉴编研。年鉴是学校编纂内部发行资料性工具书,是各部门执行学校教育法律法规与方针政策的经验总结,是教育事业发展进程的真实记录,可为全校教育管理决策、教育科研提供参考,为关注和研究哈尔滨石油学院的读者提供信息资料,编研工作对于档案价值的开发利用具有重要意义。

综合档案室建设将遵循“博学求实、励志创新”的校训,在工作中不断创新,更好地完成存凭、留史、资政、育人的工作使命。

(哈尔滨石油学院综合档案室　康平军　宋泽莉)

综合档案室库房

校史馆

哈尔滨广厦学院档案工作概览

一、学校概况

哈尔滨广厦学院是经教育部批准成立的黑龙江省属民办全日制普通本科院校。学校始建于2000年,校名为"黑龙江广厦学院",2003年3月,经黑龙江省政府批准与哈尔滨商业大学合作办学,更名为"哈尔滨商业大学广厦学院"。同年10月,经教育部确认为本科独立学院。2012年3月经教育部批准转设为民办普通本科高等学校,更名为"哈尔滨广厦学院"。

学校认真贯彻党的教育方针,以"立德树人"为根本任务,秉承"育人报国"的办学宗旨,遵循"广博厚载,厦纳群才"的办学理念,恪守"致知格物,品端学粹"的校训,践行"坚持不懈、追求卓越,祖国利益高于一切"的广厦精神,全面实施"质量立校、人才强校、特色兴校"的发展战略,围绕区域经济社会发展需求,确立了立足哈尔滨、面向黑龙江、服务地方经济社会发展的办学定位。坚持面向基层和企业生产、管理一线,着力培养"下得去、留得住、用得上、干得好"的高素质应用型高级专门人才,把学校建设成为省内先进、国内知名、特色鲜明的应用型本科民办高等院校。

学校坐落于素有"冰城夏都"美誉的文化名城哈尔滨,占地面积45.72万m^2;建筑面积21.76万m^2;拥有功能齐全的教学科研场所、体育运动场馆、"双创"孵化基地、学术报告厅等活动设施。纸质图书78万余册,电子图书186万册,电子期刊58万余册。楼宇间万兆光纤连接,出口带宽达14 GB,保障了教学科研需求。

学校始终坚持社会主义办学方向和公益性原则,走以质量提升为核心的内涵式发展道路,经过20余年的建设,学校办学规模有了较大发展,办学质量稳步提升,社会服务能力逐步增强,得到上级主管部门、地方政府和专家的高度评价,社会声誉明显提高。学校先后获得"中国民办高等教育优秀院校""全国质量、信誉、服务三A诚信单位""全国民办教育先进集体""2019~2020年度国际化办学典范高校""黑龙江省师德先进集体""黑龙江省普通高等学校教学管理质量先进集体""黑龙江省平安校园示范单位""黑龙江省高校毕业生就业服务优秀工作站""黑龙江省普通高等学校学生工作先进集体""教学质量过硬、学生家长满意学校""腾讯新闻2019年度综合实力民办高校""凤凰卫视集团·凤凰教育2019~2020年度国际化办学典范高校""央广网2020年度品牌知名度民办高校""腾讯教育2020年度实力标杆民办高校""黑龙江省教育系统关心下一代工作先进集体""搜狐网、搜狐教育2021年度品牌影响力民办高校""腾讯教育2021年度综合实力民办高校"等一系列荣誉称号,彰显了学校的品牌形象,提升了学校的社会知名度和美誉度。

二、档案机构基本情况

哈尔滨广厦学院综合档案室成立于 2013 年 8 月，现有专职档案管理人员 1 名，隶属于学院办公室。

（1）档案室位于主楼九楼，面积 300 余 m^2，划分为 3 个区域，即办公室、阅文室、库房。收藏从建校至今的所有档案资料，共有 11 类档案，全校共 20 个部门，兼职档案员 24 名。

（2）档案室制定了《哈尔滨广厦学院文件材料立卷归档范围与保管期限表》《档案库房管理制度》《档案利用制度》《档案借阅制度》《档案管理人员岗位职责》《档案保密制度》等相关规范性文件。经院务会研究决定，调整了档案管理工作组织机构，即校长陈西峰任组长，副校长龙和平任副组长，各职能处室领导和二级学院院长为档案工作负责人，进一步完善了档案组织机构，使档案工作有条不紊地推进。

（3）档案室现使用《南大之星》档案管理系统软件，所有档案在整理加工后都要以件的形式录入软件，给档案的利用提供了便捷的条件，提高了档案的利用率，也方便进行查找和检索。

（4）严格按照集团下发的《北方大学联盟高校档案管理制度》《档案分类法》分类管理，目录齐全，2021 年我们又重新修订了《哈尔滨广厦学院档案管理制度（试行）》与《哈尔滨广厦学院归档范围与保管期限》。

（5）始终贯彻执行有关档案工作的法律法规和方针政策，综合规划学校档案工作；拟订学校档案工作规章制度，制定划分学校各单位及岗位档案归档工作具体职责，并负责贯彻落实；组织协调学校各单位档案工作，对学校各单位档案工作进行业务指导、监督和检查；负责接收（征集）、整理、鉴定、统计、保管学校的各类档案资料；编制检索工具，编研、出版学校档案史料，开发档案信息资源；组织实施学校档案信息化建设和电子文件归档工作；开展学校档案的开放和利用工作；开展学校专（兼）职档案工作人员的业务培训；利用学校档案开展多种形式的宣传教育活动，充分发挥其文化教育功能。

三、档案工作主要业绩

（1）加强各部门档案员的培训，使他们能够独立完成本部门档案归档工作，即部门立卷工作，并熟练使用档案管理软件，把整理完成的档案随时录入管理软件。

（2）根据“二级学院教学管理环节材料清单”，加强二级学院档案建设。经过多次现场检查与指导，二级学院完成档案建设工作，将日常积累的材料收集并分类装盒存放，既避免了档案的流失，又提高了档案的利用率。

（3）2019 年 11 月，我校迎接教育部本科教学质量合格评估，所有评估支撑材料、专家案头材料的纸质版和电子版，在评估结束后的第一时间，全部移交至档案室单独保管。

（4）收集档案是为了把档案集中统一地保管起来，进行科学分类，以便为各部门使用提供便利。在校内新建工程与施工维修、教育部本科教学水平合格评估、毕业生和在校生就业三联单查阅、上级部门来校的审计工作中，档案室根据各部门和师生需要，积极提供档案的分类查阅，大大提高了档案的利用效率。

（5）开发档案资源，制作档案宣传展板，积极参加在防洪纪念塔广场举办的主题为“黑龙江省高校档案工作新发展”的“6·9国际档案日”展览活动。本次活动由黑龙江省档案局、黑龙江省档案馆、哈尔滨市档案局、哈尔滨市档案馆、黑龙江省高等院校档案学会共同举办，为我校档案建设工作提供了很好的学习机会和展示自我的平台。

（6）做好文书档案双套制归档。学校下发的红头文件（包括党委下发的红头文件）要归档二套，一套作为二套卷单独保管，另一套要根据文件内容涉及的部门，归到相应部门保管。

（7）加强监督指导，严格落实档案工作部门立卷制度。学校要求各部门兼职档案员要养成随时归档的习惯。把形成的有价值的归档材料按类分盒存放，并随时录入档案管理软件，在移交档案室之前完成部门立卷工作。

四、面向未来工作设想

随着时间的推移，档案材料会越来越多，利用率会逐年提升。我们将更加努力地按照党和国家对档案工作的要求和新修订的档案法的规定，在集团和学校领导的大力支持下，不断完善基础设施和档案业务建设，力争创建一流的档案室。

（哈尔滨广厦学院综合档案室　宋　斌　王国玲）

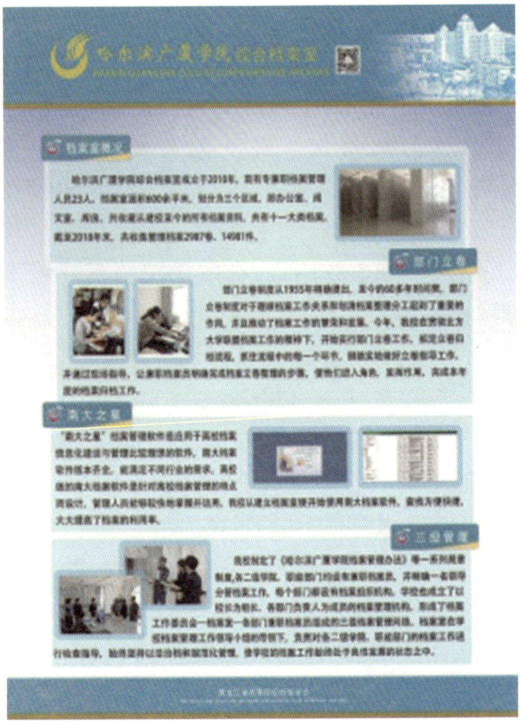

档案宣传展板

本科教学合格评估材料

哈尔滨信息工程学院档案工作概览

一、学校概况

哈尔滨信息工程学院始建于1995年,2002年经黑龙江省人民政府批准为全日制普通高等职业院校,更名为哈尔滨华夏计算机职业技术学院,2014年经教育部批准升格为本科层次的民办普通高校并更名为哈尔滨信息工程学院。学校荣获国家示范性软件职业技术学院、电子信息产业高技能人才培养培训基地、全国第一批教育信息化试点单位、全国毕业生就业先进单位、中国民办高校就业示范100强、中国民办高等教育优秀院校,黑龙江省"首批示范性高等职业院校建设单位"、首批"黑龙江省动漫人才培养基地"、全省学生工作先进集体、毕业生就业优秀工作站、黑龙江省关心下一代先进集体、黑龙江省民办高校党建"示范高校"、黑龙江省高校师资培训先进集体等。

1.教学设施完备,校园风景优美

学校现有两个校区,主校区坐落于哈东(宾西)国家经济技术开发区大学城。校园总占地面积69.6万m^2,校舍总建筑面积25.58万m^2,校园绿化面积31.5万m^2,被评为"黑龙江省教育系统文明校园""黑龙江省高等学校标准化食堂"等。学校建有各类实验室(中心)155个,多媒体教室111间,校外实习实训基地107个;教学仪器设备总值4 843.79万元;图书馆馆藏纸质图书77.76万册,电子图书130万册,数据库15个。信息类、计算机类专业学生人手一台笔记本电脑,校园无线网络全覆盖,学生可以在教室、图书馆等场所随时查阅、下载资料,完成上传和编程等实践性作业。

2.优化学科专业布局,对接产业发展需求

学校设有软件学院、电子工程学院、艺术设计学院、商学院、马克思主义学院、创新创业学院、基础部、体育教研部等教学单位,开设14个本科专业,涵盖工学、管理学、艺术学、文学4个学科门类,形成了以工学为主,工、管、艺多学科发展的学科专业布局。其中计算机、信息技术类专业办学起步早、基础好、规模大、质量高,是面向IT行业企业服务的主体专业。为把专业建设成培养卓越IT工程师的摇篮、继续办大办强,学校进行了重点投入,建有应用型研究方向实验室33间,已成为学校应用型师资力量最强、应用型人才培养最具特色的学科专业。该类专业学生占在校生总数74%,招生录取分数线位于省内同类高校前列,毕业生就业率高、声誉好,得到社会用人单位认可。目前,上述专业面向全国17个省(区、市)招生,省外生源录取分数远超本省考生,呈现出越来越强的发展态势。

3.坚持"人才是第一资源"理念,打造高水平"双师双能"队伍

学校推行"高层次人才引进计划""中青年骨干教师培养计划""教师国境外研修计划"

等,加大高层次人才引进、培养力度,汇聚优秀青年人才和杰出创新团队,努力构建一支能适应应用型本科教学要求的师德高尚、爱校拼搏、结构合理、充满活力、富有创新精神的师资队伍。学校现有教师560余人,其中拥有硕士及以上学位人员占比78.62%,副高职以上人员占比50.53%。

4.坚持党建引领,不断深化立德树人工作

学校全面贯彻党的教育方针,始终坚持党的领导,坚持社会主义办学方向,落实立德树人根本任务,坚持非营利性、公益性办学方向,秉承"规范严谨,精益求精"的校训,坚持"对学生负责,办人民满意大学"的办学理念,倡导"积极、踏实、学习、开放"的校风,突出应用型人才培养目标,主动服务国家和地方经济社会发展。28年来,共为经济社会发展培养输送了5万余名毕业生,赢得了良好的社会声誉。

面对新时代高等教育改革发展的机遇和挑战,学校将以习近平新时代中国特色社会主义思想为指导,全面贯彻党的二十大精神,全面落实全国全省教育大会精神,坚定不移地走以提升质量、强化特色为核心的内涵式发展道路,奋力开启建成特色鲜明的高水平应用型大学新征程。

二、档案机构发展沿革

学校档案室于1995年5月建校时期成立,根据学校机构设置大部制的机制体制,在不同时期分别挂靠党政办公室、图书馆、学校办公室,收藏了1995年建校以来的各类档案。档案室负责对全校党群、行政、教学、外事、出版、财会、设备、科研、基建、产品生产与科技开发、声像、实物等各门类、载体档案的收集、整理、鉴定、保管、统计、提供利用工作。

三、档案机构基本情况

学校档案室现有工作人员7人,其中高级职称1人,初级职称1人,其他5人。学校有兼职档案员22人,形成了以学校档案室为业务指导、兼职档案员各负其责的二级档案管理体制。

档案室现有面积295.19 m^2,其中库房135.15 m^2,办公室30 m^2,阅档室、整理室130.04 m^2。

档案室配备了计算机、打印机等设备,基本满足了档案工作所需。按照档案库房安全管理等要求,配备了气体灭火、监控等设施设备。

在档案制度建设方面,通过制定、修订、完善各项档案制度,加强归档工作监督检查,依法治档。根据《高等学校档案管理办法》,结合学校实际情况,档案室修订、完善了《哈尔滨信息工程学院档案管理办法》等一系列规章制度,使档案工作有章可循,也使各单位(部门)对档案的收集、整理、移交均按照制度、流程规范执行,实现了档案管理的制度化、规范化、科学化。

四、档案机构主要职能

档案室既是学校档案工作的职能管理部门,也是为学校各项工作提供信息保存与信息资源利用的科学文化事业机构。档案室既把档案工作当作一项事业来发展,也努力探索提高档案工作运用效率的办法,为最大限度地向广大师生提供档案信息利用保驾护航。具体职能如下：

(1)贯彻执行党和国家关于档案工作的法律、法令、政策和规定。

(2)制定学校档案发展规划及规章制度。

(3)指导各职能部门、各二级学院档案材料的收集、整理和立卷归档工作，对专(兼)职档案人员进行业务培训，并负责监督、检查执行情况。

(4)负责全校各类档案资料的接收(征集)、整理、分类、保管、统计及档案的鉴定和销毁工作。

(5)保守档案机密，严格执行相关安全制度，确保档案的完整与安全。

(6)做好档案的保护和抢救工作，最大限度地延长档案寿命。

(7)做好档案数字化工作，实现档案的信息化管理。

(8)开展档案的编研工作，充分开发和利用档案信息资源，为广大师生、教学、科研及各项管理工作服务。

(9)完成学校党政领导交办的其他工作。

五、档案工作主要业绩

1.组织全校认真学习档案相关政策法规

贯彻执行《哈尔滨信息工程学院档案管理办法》《哈尔滨信息工程学院档案保密制度》《哈尔滨信息工程学院档案鉴定销毁制度》《哈尔滨信息工程学院档案库房管理制度》《哈尔滨信息工程学院档案利用、借阅制度》《哈尔滨信息工程学院档案统计制度》，强化依法治档。此外加大宣传力度，充分利用学校办公室网站优势，将有关档案工作的法律、法规、规章制度及时上网，方便广大教职工知法、学法、守法，提高学校领导、档案兼职教师依法管理档案的意识。

2.建立健全各项档案管理制度

认真学习《中华人民共和国档案法》和《黑龙江省档案管理条例》，把建立和完善各项档案管理制度当作加强档案管理工作的重点，列入部门工作的重要议事日程。一是多次到兄弟院校档案馆参观学习，对不符合制度规定的有关具体问题及时进行整改。二是认真按照档案管理的有关规定和要求，结合学校特点，统一制定了《哈尔滨信息工程学院档案管理制度汇编》，从档案人员的岗位职责，到档案的保管、查询、移交、保密、安全、统计、鉴定、销毁、接收、利用等各个方面都建立了比较系统完善的制度。三是全面落实各种登记制度，从收藏、借阅、利用，到保管移交，都统一实行严格的登记签字制度，有效杜绝了丢失、泄密、损毁等各类事故的发生，初步实现了档案管理的规范化、程序化和制度化。

3.档案管理工作

(1)根据工作实际需要，定期下发移交归档通知。为保证各类资料的及时归档，并且保证归档质量，针对不同部门、不同归档范围定期下发移交归档通知单，督促和指导各单位有价值的资料及时、完整归档。

(2)学校档案室现存档案的录入工作。为了使档案信息化更好地服务师生，加快信息化步伐，在保证正常档案管理工作的情况下将积存各类档案逐年录入电子目录。

(3)档案利用服务工作。档案室作为集中管理全校档案的业务机构，紧紧围绕学校的中心工作,以档案资源开发利用为重点,为学校文化建设提供档案利用服务,努力将档案转化为文化产品,提升档案室文化内涵和服务水平,通过办公网、QQ、微信服务等新型网络服务手段,与传统的窗口服务、电话服务相结合,为各单位(部门)提供更为方便快捷的档案利用途径,充分发挥了档案的凭证与查考作用。

档案室为本科教学评估、继续教育、文明校园建设等各类评估活动提供了大量的佐证材料;为在校生及毕业生出具录取、毕业、成绩等证明;辅助基建处解决了学校土地纠纷及基建项目的维修问题等。

六、面向未来工作设想

1.专业队伍建设

学校在加强政治思想教育和职业道德教育的同时,还要求档案员真正做到"传真历史,爱档如珍,精通业务,服务中心"理念。加强档案人员自身业务建设,一方面积极参加档案业务培训,学习档案专业知识理论,另一方面建立档案工作网络,选拔年纪轻、懂电脑且热爱档案事业、默默奉献的人担任学校专职档案管理员,运用现代化管理知识和先进技术设备,提高管理水平,使学校的档案工作跟上办公自动化步伐,为学校教学、科研和其他工作服务。

2.新时代信息化建设

学校档案信息化建设要以档案的信息资源为核心,以档案的网络建设为基础,以扩大档案信息资源的开发利用为目标。资源建设是基础,现代技术是手段,开发利用是目的。档案的信息化,实际上也就是资源建设数字化,现代技术标准化,开发管理网络化,科学管理现代化。具体而言,学校要加快档案信息化建设的设施建设,加快数据库的建设,加强管理,早日建成数字化档案室。

3.档案资源安全性建设

学校档案资源安全性建设应从如下几点入手:一是提高档案人员保密意识;二是加大数据库建设的力度;三是制定档案管理安全性方案,把握安全性的基本特征,遵循电子文件信息系统安全的要求,构建计算机网络安全系统。档案室档案管理系统要能够定期自动化备份数据,并对存储状态自动监控,避免存储空间不足等问题造成电子档案缺失;要支持多种格式档案的转换和保存;在规范化管理的基础上,更要信息化、多样化、灵活化管理。

(哈尔滨信息工程学院办公室　聂　茜)

档案室办公区

档案室正门

黑龙江建筑职业技术学院档案工作概览

一、学校概况

黑龙江建筑职业技术学院始建于1948年,原名哈尔滨技术专门学校,是我党在东北地区创办最早的一所建筑类职业技术学校,经过整合1998年成为全国第一批和黑龙江省第一所独立建制高等职业院校,学院历经高职校、示范校、优质校、双高校建设,70多年的办学历程,铸就了严谨的治学态度,物质文明和精神文明都结出了丰硕成果。学院现占地面积88万 m^2,建筑面积33.4万 m^2,设有8系3部1院4中心,专任教师513人,全日制在校生近1.2万人。

建院以来,学院全面贯彻党的教育方针,以立德树人为根本,秉承“德能兼融、行知合一”的校训精神,深切践行陶行知先生“生活即教育、社会即学校、教学做合一”的理念,以“行知精神”为引领,坚持“团结奋进,求实创新,传承奉献”的校风,恪守“敬业、善能、重导、爱生”的教风,倡导“惜时、善学、精技、求真”的学风,以提高教育教学质量为核心,以队伍建设为保障,以提高人才素质为本位,以巩固国家示范性项目建设成果为重点,以培养高素质技术应用型人才为目的,以“双高”为发力点,为我国职业教育发展注入了“龙建院方案”。

二、档案机构发展沿革

黑龙江建筑职业技术学院由1948年建校的黑龙江省建筑工程学校和黑龙江省建筑职工大学组建而成,1954年,设立学校办公室负责档案保管工作,2000年后黑龙江省建筑材料工业学校和黑龙江省纺织工业学校先后并入学院。2007年,学院为加强档案工作规范管理成立档案室,隶属院长办公室,档案主要来源于4所学校,2009年,学院设立党政办公室,内设档案科,负责全院档案管理与业务指导。

三、档案机构基本情况

黑龙江建筑职业技术学院档案科位于学院鲁班楼8楼,总体面积212 m^2,实现了办公室、库房、阅文室“三分开”,并配有防磁柜、计算机、打印机、扫描仪、复印机、碎纸机等设备,负责管理学院党群、行政、教学、科研、财会、基建、声像、外事、设备、实物10大类综合档案,现存档案12 000余件。学院设有档案工作委员会,党政办公室副主任分管档案科的全面工作,现有专职档案人员2人,兼职档案人员34人。学院形成了统一领导、分类管理、具体负责、各职能部门协助的三级档案管理网络体系。

四、档案工作主要职能

宣传贯彻党和国家关于档案工作的方针、政策和法规，认真执行档案管理规定，努力实现档案管理工作的标准化、规范化、科学化；做好档案材料的收集、整理、立卷、归档工作，指导全院各单位档案管理工作；对各部门移交的档案材料按归档要求认真审查，做好档案的分类、编目、登记、保管、统计、鉴定和安全保密工作；积极开发档案信息资源，做好各门类档案的编研工作，认真编制检索工具和参考资料，承办借阅工作，主动热情服务；认真钻研业务，积极参加学术交流，不断提高业务水平和管理水平。

五、档案工作主要业绩

随着新一代信息技术的蓬勃兴起，构建智慧校园、创建数字环境，成为高校教育信息化的重要组成部分。档案管理也由传统的档案纸质化管理模式向信息化管理模式转变，学院在推进“数字校园”建设中，通过网上办事大厅的完善，实现了档案查阅的申请、预约由原来的查档纸质登记形式变为网上登记申请的形式，一方面使档案查询登记更加规范化、便捷化，另一方面加强了调阅档案数量统计的准确性和监督性。学院领导高度重视档案信息化建设工作，按照《黑龙江省档案局关于加强全省机关、企事业单位档案信息建设的意见》文件要求，加大档案信息化建设工作力度，加快档案管理信息化建设工作速度。购置信息化基础设备，建立了档案数据库，包括档号、门类代码、年度、保管期限，编制了档案目录数据；逐步完成了 1998~2017 年学生入学三联单档案数据库的扫描工作，完成了党群、行政文件的数据库录入工作，现数据库总量达 10 378 件。电子文件归档程序规范，设有内部局域网等网络信息点，办公区、整理区和利用区等，各网络信息点数量满足业务需要。

六、面向未来工作设想

学院将进一步学习贯彻习近平总书记对档案工作的重要指示批示精神，加快档案工作的高质量发展，着力提升档案工作的制度化、规范化和信息化水平。学院于 2022 年底完成新档案室的建设，新档案室建成后，档案室使用面积达到 423 m^2，将实现功能化分区，采用密集架存储档案，将极大提升档案存储空间和数量。加快推进档案数字化工作，档案查询更加便捷高效。档案科也将以此为契机，一方面加强档案管理体系建设，不断完善各项档案业务工作的管理制度；加强宣传，指导兼职档案员做好归档工作，拓宽档案的收集范围及数量；另一方面准确把握档案信息化建设的新趋势，及时掌握档案技术手段的新动态，广泛借鉴兄弟部门的新举措。

黑龙江建筑职业技术学院档案科全体工作人员也将以更加积极的姿态，秉承“认真严谨、团结务实”的工作作风，齐心协力，将档案室建成学院历史发展的研究机构、对外宣传的交流中心、信息资源的保管基地。

（黑龙江建筑职业技术学院档案科　王伊冬）

档案库房

黑龙江建筑职业技术学院校史展台

黑龙江农业工程职业学院档案工作概览

一、学校概况

黑龙江农业工程职业学院创建于1949年,前身为黑龙江省农业机械化学校,是新中国最早创建的培养农业机械化和经济管理人才的中等专业学校。2001年晋升为高等职业院校,是国家示范性高等职业院校、黑龙江省高水平院校建设单位,2019年入选中国特色高水平专业群建设单位。学校占地面积243万 m^2,建筑面积27万 m^2。全日制高职在校生1.1万人,专任教师467人。学校基础设施完善,办学条件优良,固定资产4.3亿元,教学仪器设备总值1.3亿元,建有MPS自动化系统、DMG五轴数控、物联网等现代化实训室149个,农机实训中心、工业机器人协同创新中心、现代化农场、北方寒地示范园区等校内生产性实训基地22个。凭借雄厚的办学实力、良好的社会知名度和影响力,学校多项重点办学指标位居全国高职院校前列,先后获得"全国职业教育先进单位""全国就业典型经验高校""全国高职高专人才培养工作水平评估优秀院校""中国职业教育百强院校""全国农业系统先进集体""黑龙江百姓口碑最佳单位""省级文明校园""省级依法治校示范校"等荣誉。学校已发展成为技术技能人才培养的重要基地,现代农业装备应用技术技能积累基地,被誉为中国农机事业的"井冈山"和中国农机应用人才培养的摇篮。

二、档案机构发展沿革

学院档案工作最早可追溯到1949年建校之初,直至1969年解散。1972年筹备复校时开始收集整理历史档案,并由原黑龙江省农业机械化学校党办负责管理。2001年学校晋升高等职业学院,档案工作逐步规范,由学院领导班子副职分管档案工作,党政办公室主任任档案室主管领导,设专职档案员编制1人。2008年,为加强档案工作,改由党委书记直接分管,增设编制为2人,建设专兼结合档案员工作队伍。经过多年的建设,学院档案管理工作标准化、规范化水平不断提高,档案组织网络有效确立。

三、档案机构基本情况

学院高度重视档案工作,党委书记亲自分管,党政办公室主任直接领导。目前设有专职档案员2名,兼职档案员32名。各二级单位和部门均配备分管领导和兼职档案员,使档案管理工作实现了规范化、制度化、网络化。

按照省档案局要求学校设立了专门的档案室,基本实现办公、阅览、整理、库房"四分开",面积达200 m^2,并配齐专门密集架7组,档案柜16组,档案装具符合国家有关要求。上线《南大之星》档案管理系统，对数字档案馆的建设及档案自动化管理有着十分重要的意义。同时档案室还配备计算机、扫描仪、复印机、除湿机、温湿度计等设施。安装了防盗报警系统，加强注重档案室的防火、防盗、防高温、防潮湿、防光、防尘、防鼠、防虫、防污染等设施的管理要求，确保档案的安全，做到万无一失，不留安全隐患。

四、档案机构主要职能

学校档案室主要职能是：贯彻执行国家关于档案工作的规章制度，并负责监督、指导和检查执行情况，负责接收、整理、分类、鉴定、统计、保管各类档案及资料；编辑档案参考资料，编制检索工具，提供各类档案资料为学院各项工作服务。

(1)宣传、贯彻、执行党和国家关于档案工作的法令、政策和规定，落实上级档案管理工作机构的要求。

(2)根据国家有关规定和标准制定学院档案工作的规章制度及档案业务工作规范，并负责监督、指导和检查执行。

(3)规划全校档案工作，收集并集中管理学校各类档案。

(4)监督、指导各单位(部门)文件材料的形成、积累、立卷、归档工作，指导各单位(部门)内部档案建设与管理，参与建设项目的档案验收工作。

(5)组织实施档案信息化建设，推进档案工作数字化，开发档案信息资源。

(6)编制检索工具，编研档案史料和参考资料。

(7)做好档案利用工作，提供档案利用和转递服务。

(8)组织全校专、兼职档案工作人员的业务培训，开展档案宣传教育及档案方面的学术研究与交流活动。

(9)完成上级部门和学院领导交办的其他工作。

五、档案工作主要业绩

学校档案室保存了建校以来的党群、行政、基建、教学、出版、声像、实物、外事 8 类共 1 000余卷、2 万余件纸质档案和全门类数字档案。设有科研档案分室、人事档案分室、财务档案分室等多个档案分室。

(1)建立健全档案工作制度。依据国家档案局令第 8 号和《高等学校档案管理办法》，制定学院档案管理办法，档案立卷和归档流程、档案借阅与使用管理规定等相关规定，同时重新修订了“文件材料归档范围和档案保管期限表”。建立了“一账一簿一表”，即档案统计台账、档案借阅登记簿和档案利用效果登记表。

(2)加快档案数字化建设。学院高度重视档案信息化建设，将其作为学校信息化建设的重要组成部分，全省首批为档案室购买了《南大之星》档案管理系统软件并投入使用，为学院数字档案馆的建设发挥了重要作用，加快了学院档案数字化建设步伐。同时，学院档案工作遵循文档一体化原则，纸质档案和电子文件同时归档，处理好现代化管理和常规管理的关系，做好不同载体档案的规范化、标准化。随着档案管理软件的使用，做好合理的自定义开发，建好档案数据库，逐步实现馆(室)藏档案数字化。

(3)充分利用馆藏资源服务师生。有效发挥信息源中心作用，注重档案的开发、利用，编制了各类档案案卷目录、简单的检索工具。紧紧围绕学校工作重点，积极为教学、科研及管理工作服务，在利用档案科研优势、深度发掘档案文化资源、广泛开展档案育人方面做出了突出贡献，利用档案材料编写了黑龙江农业工程职业学院（1986—2003 年）校史、（1988—2009 年）大事记、建校 70 年专题宣传片及画册，为校史馆建设提供了大量音像和实物资料，为师生员工及校友查阅历史档案、出具证明等提供了可靠的凭证和依据。

六、面向未来工作设想

（1）积极推进档案收集、整理、保管方式的改革，大力开展档案数据库和网站建设，实现科学、规范、制度管理，扎实提高服务效率。

（2）积极推进档案管理信息化建设，加快档案数字档案室的建设。

（3）加强档案业务规范，不断提升信息化管理水平。

在今后的工作中，我们将继续建立健全各种规章制度，各类档案管理办法、立卷规范，促进档案工作再上新台阶，更好地为学院建设服务。

（黑龙江农业工程职业学院办公室　王彦芳）

黑龙江农业工程职业学院教学楼

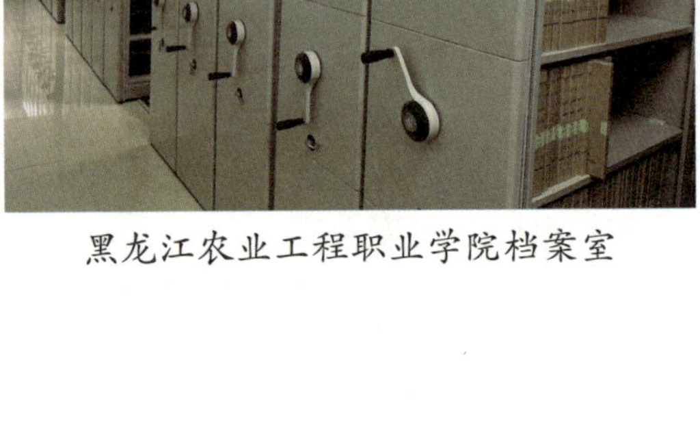

黑龙江农业工程职业学院档案室

铁人学院档案工作概览

一、学校概况

铁人学院(大庆职业学院、大庆技师学院、中国石油大庆培训中心、大庆油田党委党校)是中国石油天然气集团有限公司党组和大庆油田党委根据教育培训发展新需要和油田改革发展新形势,于2020年组建的院校。2020年3月,经中国石油天然气集团有限公司人事部批复,大庆油田党委决定对原铁人学院、原大庆职业学院、原大庆油田技术培训中心、原工程建设公司培训中心和原矿区服务事业部托幼管理中心5个单位实施重组整合,组建新的铁人学院。整合后,保留铁人学院、大庆职业学院、大庆技师学院、中国石油大庆培训中心、大庆油田党校名称,实行“一套人马、五块牌子”,内部称谓为“铁人学院”。主要业务涵盖职业教育、员工培训、人才开发、党建研究、科研服务、托幼管理等,相关教育培训业务分别在“五块牌子”项下开展。

二、档案机构发展沿革

铁人学院整合后,档案室主要由原大庆职业学院档案室、原铁人学院档案室、原工程建设公司培训中心档案室组成,以原职业学院档案室为基础,实行集约化管理。

三、档案机构基本情况

档案室由学院综合办公室管理,现有档案管理人员2人,都具有国家档案局颁发的档案岗位资格培训证。

原大庆职业学院档案室:库房面积约240 m^2,库房涵盖了大庆职业学院整合前石油学校(1953年建校)、职工大学(1985年建校)、技师学院(1981年建校)的档案材料。保存了管理类(党群、行政、教学类、合同)、科研类、会计类、基建类、设备仪器类、声像类、荣誉类等档案。档案库房设有综合库房、财务专用库房及资料室。综合库房设有6行18列密集架,现存管理类档案31 960件,科研档案460卷,基建档案1 991卷,设备仪器档案43卷,声像档案940件、荣誉档案100件;财务库房设有6行17列密集架,现存凭证9 818卷,账本1 290卷,报表1 123卷,其他494卷;资料室现存12 722件档案资料。

原工程建设公司培训中心档案室:始建于2006年,现有库房面积约49 m^2,档案室室藏会计档案1 070卷;电子188卷;管理类档案1 610件;科研档案4卷;照片176件;荣誉152件;光盘10张;资料1 533件。新的铁人学院组建后,档案管理工作划归学院档案室,实行集约化管理。

原铁人学院档案室在新的铁人学院组建后,档案资料已迁入学院档案室,统一管理。

四、档案机构主要职能

1.档案管理职能

负责本院各部门档案的收集、整理、鉴定、保管和统计等工作,以确保档案安全,保存保护好学院发展历史。

2.档案服务职能

利用收藏信息资源为学院的教学、科研与行政工作以及社会各界提供服务,提供档案借阅、查询、学历认证等服务,通过信息化建设实现数据库管理、计算机检索等网络化服务。

3.档案编研职能

以收藏档案为主要依据,编辑档案史料、档案参考资料和编史修志,形成系列编研成果。

4.参凭认证职能

利用收藏资料为决策者提供建设性意见和有价值的参考依据,为学院维护诸如土地、房屋、财产及校外合作等各方面权益提供依据;出具个人学历、履历等方面的认证。

五、档案工作主要业绩

(一)档案治理体系建设

1.档案体制机制建设

学院领导十分重视档案工作,整合后第一时间成立了档案鉴定委员会,学院业务主管领导、党委副书记任档案鉴定委员会主任,机关部门、所属机构负责人任委员,为做好档案工作打下了组织基础。学院不断加大投入,完善档案设施设备,根据档案信息化建设的要求,配备了专用计算机、扫描仪、打印机、复印机、大容量移动硬盘、照相机等专用设备,助推了学院档案现代化管理迈上新台阶。

2.档案集约化管理

铁人学院重组整合后,学院对原铁人学院、原职业学院、原工程建设公司培训中心和原矿区服务事业部托幼管理中心档案进行集中统一管理,最大限度地提高档案的利用率和安全性,实现档案管理效能的最大化,在档案的查询、装订、借阅、复印、转递、转出等环节能切实做到规范化管理。

(二)档案资源体系建设

1.档案收集整理

学院各部门归档人员在日常的档案管理中,严格按照归档范围确认制的要求,做好档案收集、整理工作并及时办理移交归档。专职档案员依据《中国石油天然气集团公司档案管理手册》和归档范围备案审批制的具体要求,做好档案资料归档工作,做到了确认方法正确、确认依据充分、确认手续完备、应收尽收,保证了归档材料的齐全、完整、准确。

2.档案数字化建设

按照档案管理工作要求,在收集纸质档案的同时,尽力收集齐全电子文件,电子文件与纸质文件同时归档,电子文件的完整性、真实性达到要求。根据油田档案馆要求,档案室上报档案数字化计划,档案员按计划进行扫描。目前,对档案室库藏的管理类(公文、教学)、科研、声像、基建等档案进行了数字化处理，已完成管理类数字化13 910件，科研类 396 卷/2 267件，设备类 18 卷/39 件，建设类 1 238 卷/2 218 件。历史数据迁移工作，已将会计档案数据、设备档案数据、建设项目档案数据、实物档案数据全部迁移到 E6 系统中。管理类档案5 681卷/25 913 件数据尚未迁移完成，数据正在等待核对中。

3.丰富库藏资源

严格执行归档范围确认制和备案审批制，确保各类档案“应归尽归”。各归档部门依据归档范围确认单齐全、完整、准确、系统地完成年度归档工作，按照档案信息化建设的要求，电子文件与纸质档案同步归档。

（三）档案安全体系建设

1.库房基础设施建设

档案库房装配了 210 组密集架，同时，做到档案库房、阅档室、办公室“三分开”，库房面积满足需要，留有 10 年的库存余量，库房采取了防火、防盗、防潮等“八防”措施，做好安全检查工作，使用档案装具符合标准，档案按类别存放，有加湿机 2 台、消毒机 2 台、空调机 3 台，每扇窗户都有遮光窗帘，对库房进行严格的温湿度控制，实现档案库房标准化建设。

2.到期档案鉴定与解密

坚持常态化开展馆藏保管期限和保密期限已满各类档案的鉴定工作。遵循档案鉴定工作流程，鉴定备案档案鉴定意见书及鉴定清册、档案保密期限解密审批清册；截至目前，鉴定保管期限已满会计档案，凭证 1 629 卷，账簿 279 卷，报告类 96 卷，其他 200 卷，管理类档案1 319卷/4 974 件。

（四）档案利用体系建设

1.档案的利用形式

学院档案利用服务坚持“利用满意”的工作方针，按照油田档案馆的要求，严格执行档案利用制度。通过预约、咨询、邮件等多种服务渠道，切实为全院职工、学生和社会人员（主要是学院毕业生）提供高效迅捷、令人满意的服务。2020 年 1 月至今，共接待查（借）阅档案338 人次。

2.档案的利用价值

加强档案信息资源开发，及时有效地为查档者提供档案利用服务。为学生毕业证丢失者证明自己学历；为单位人事档案完善提供佐证材料；为在校学生参加比赛提供证明材料；为退休人员计算工龄提供分配介绍信、工资发放表等证明依据；为学校教职工评定职称提供科研项目、为维修部门提供图纸、为纪检审计工作提供相关档案。充分体现了档案的利用价值，为利用者解了燃眉之急。

六、面向未来工作设想

2021 年 8 月，大庆油田对档案系统进行改革，成立 6 个档案管理中心，对全油田各类档案进行集约化管理。档案业务除了学籍档案、教学档案经过请示仍保存在学院以外，其他档案业务及档案员全部划归油田档案馆。

（1）完成现有档案的“五清”工作，即档案数量清，保管期限清，保密期限清，数字化底数清，馆藏空间清，为档案的移交做好基础工作。

(2)完成档案保管期限鉴定工作。对保密期到期的档案逐一统计,建立鉴定清册,由档案鉴定委员会进行鉴定,并做好销毁或保管延期工作。

(3)在完成各项准备工作后,向油田档案馆申请移交档案。

(4)认真研究档案移交后学院相关业务的管理方式,并加快落实。

(铁人学院综合办公室　于　军)

学院主校区综合楼

学院化工实训基地

黑龙江农业经济职业学院
档案工作概览

一、学校概况

黑龙江农业经济职业学院是教育部批准设置的全日制普通高等职业院校,位于牡丹江市西安区温春镇,始建于 1958 年,前身是东北农学院牡丹江分院,本科建制。1962 年转设为中专,2002 年升格为专科院校,2019 年 8 月隶属关系由黑龙江省农业农村厅转为黑龙江省教育厅。学院占地 126.5 万 m^2,建筑面积 24.5 万 m^2,固定资产 5.02 亿元,教职员工 515 人,设有智慧农业、动物科技、机电工程、经济管理、信息工程、食品药品工程与人文艺术 7 个系,47 个高职专业面向 23 个省市招生,全日制在校生 16 516 人,其中扩招学生 7 213 人。

办学多年来,学院始终坚持“立足乡村办学、倾心于农业职业教育、零距离服务‘三农’”的办学宗旨,与周边农业市(县)建立了紧密的产学研合作关系,逐步积淀形成了“学校在农村、课堂在田间、教研在基地、成果进农家”的办学特色。2007 年以优秀成绩通过教育部人才培养水平评估;2008 年被教育部、财政部确立为国家示范性高等职业院校建设单位,2017 年获批黑龙江省高水平高职院校立项、国家级现代学徒制试点单位,2019 年获批国家优质专科高等职业学校、中国特色高水平高职学校和专业建设计划(简称国家“双高计划”)A 档专业群立项单位,现为国家 AAA 级旅游景区校园。

二、档案机构发展沿革

1991 年 7 月 20 日根据黑龙江省农业厅档案工作会议精神,经校长办公会决定,成立黑龙江省牡丹江农业学校综合档案室,1995 年更名为黑龙江省农业经济学校综合档案室,2002 年晋升高职,更名为黑龙江农业经济职业学院综合档案室。

三、档案机构基本情况

学院档案室现有主管档案院长 1 人,办公室主任 1 人,专职档案员 2 人,兼职档案员 23 人,计算机人员 1 人。设有独立的办公室和阅览室,符合“十防”标准的综合档案室 2 间,加上人事、学籍等专业档案室面积 300 多 m^2,均装有监控系统。档案室现有档案管理专用计算机 3 台、档案管理服务器(配有专用网络 IP 地址,使用超融合技术存储数据)1 台、专用档案柜 195 组、高速扫描仪 1 台、刻录机 1 台、扫描复印多功能一体机 2 台,加湿机 1 台,底图柜 2 套、吸尘器 1 台,购置了《南大之星》档案管理系统软件,使学院档案管理更加规范、系统,能够实现互联网内共享档案选点查阅,提供高效的信息化服务。

截至 2021 年末,学院档案室保存着 1958 年建校以来党群、行政、教学、基建、科研、会计、设备、声像、实物等各类档案，1958—2000 年文书档案按卷整理 2 015 卷，2001—2021 年文书档案按件整理 21 342 件，科研档案 720 卷，基本建设 333 卷，仪器设备 85 卷，财会档案 5 012卷，声像和实物档案实行分类管理，档案室资源与学院的教育教学发展相适应，能够满足教育教学的需要。

四、档案机构主要职能

负责全校档案材料的归档、分类、整理、保管、开发利用工作。实行院长主管下的办公室负责制，由办公室主任主抓、专职档案员具体负责，各职能部门一把手配合，部门兼职档案员协同的档案管理队伍，根据工作需要配备了档案专业和计算机技术人员。

五、档案工作主要业绩

1.健全工作机制，完善制度体系，规范档案管理

按照学院不同时期的发展特点，学院将档案管理列入重要日程，制定了《黑龙江农业经济职业学院档案管理办法》《黑龙江农业经济职业学院文件材料归档范围和文书档案保管期限表》，编制了档案归档、保管、利用、鉴定、销毁制度，安全防护、统计制度，档案检查、考核、评估与奖惩制度等内部管理制度，还将相关档案管理规定纳入教学、科研、基建、管理等各项规章制度中，为归档文件的完整、准确、系统制定了一系列切实可行的措施，充分保证了档案管理工作的持续、深入和有效。

学院认真落实《高等学校档案管理办法》，不断完善档案管理工作体制机制，先后对《档案管理办法》进行多次修订，并在此基础上，修订和完善了档案管理职责和档案管理制度。严格依照学院《档案管理办法》和《文件材料归档范围和保管期限表》中的相关要求开展档案管理工作。为保证工作的顺利推进，学院还正式发文，明确要求各系部、职能处室严格执行标准，并针对重点部门和重要档案进行详细培训和讲解指导。

在档案收、整、归、管环节，档案室每年 12 月末向各系部、职能处室发出收文通知，收集本年度归档的文件材料，收档结束后，由档案室会同各部门按照相关程序对档案进行整理，并力求做到完备、规范、无遗漏，在归档过程中，学院档案室按照要求对整理后的档案分门别类进行登记，统一到档案室保存，档案保管规范有序。

2.开展信息化建设，增强利用服务效能，助推学院发展

档案信息化建设按照档案利用轻重缓急有步骤、有计划地实施，共录入机读档案目录 45 181条，完成所有基建档案图纸、部分文件全文扫描上传、建立会议记录、三联单、学生登记卡、照片、实物档案等专题全文数据库，能够实现联网的检索和利用，并对录取三联单、会议记录、荣誉册进行数字化整理。

严格按照档案利用制度开展档案利用工作。在新修订的《档案管理办法》中明确规定“学院档案室是学校出具档案证明的唯一机构”。制定了毕业证明书补办说明及办理流程，学历证明书办理说明及流程，体现了档案管理的重要性和严肃性，为档案的利用提供了制度保障。

随着学院高水平高职院校建设的开展，档案的需求和利用率不断提高，近三年，档案平均每年利用 2 000 多件。通过对学院各种决策文件、记录等历史档案材料的查阅，为制定学院方针政策提供了很好的依据;通过对各种教育报表、人事、基建、会计等原始工作档案材料的借阅使用,对各部门有效开展工作起到了很好的借鉴作用;通过对学生档案、学籍等学生学习、毕业档案材料的查阅,对毕业生评职称和学历注册、干部人事档案审核等工作起到了很好的凭证作用。通过实物档案的借阅,丰富了新扩建的校史馆。

3.开发档案信息资源,挖掘农经文化,传承农经精神

为了更好地做好档案服务工作,学院组织编写了《黑龙江农业经济职业学院组织史》(续编二)、《1958—2009年黑龙江农业经济职业学院院志》(初稿)、《黑龙江农业经济职业学院校园树木图谱》、《黑龙江农业经济职业学院执着筑梦》、《弦歌六秩 春华秋实》(六十周年校庆纪念册)、《黑龙江农业经济职业学院2005—2020年荣誉册》等。建立了黑龙江农业经济职业学院校史馆,向各部门输送档案信息资源,弘扬校园文化,传承农经精神。学院对档案管理工作高度重视,取得了一定成效。1996年获省级科技事业单位档案管理称号;2001年荣获国家二级科技事业单位档案管理荣誉;2004—2007年荣获全省档案工作优秀集体;2012年荣获黑龙江省事业单位档案规范化管理二级单位;2013年学院档案管理员荣获黑龙江省教育厅档案管理工作先进个人荣誉称号,2016年获评全省高校档案检查优秀单位。

六、面向未来工作设想

1.建立与学院发展相适应的档案管理体制,完善规章制度,提高档案服务效能

坚持党对档案工作的领导,完善与新修订的档案法相适应的管理体制机制,结合学院实际情况,及时修订相关的规章制度,完善档案管理工作具体流程,依法管档,做好档案宣传和解释工作,增强全院师生档案意识,建立档案数字化管理新模式,推动档案工作融入教育教学业务全流程,创新档案业务监督指导方式,加大重点档案管理力度,加强对各部门档案业务网络化、精细化监督指导,提高档案管理服务能力。

2.强化档案资源收集和质量管控,全面记录学院教育教学改革发展历程

档案管理融入学院教育教学改革发展工作中,加强对“中特高”项目建设、办公用房维修改造、政校企行共建乡村振兴发展等项目重点部门档案收集。做好学生管理等重大事件档案收集。加强档案资源质量管控,全面推行学院档案分类方案、文件材料归档范围、档案保管期限表实施,规范建档工作,提高归档文件质量。积极开展纸质档案与电子文件同步归档,细化档案移交接收流程,明确档案移交接收要求,提高电子档案接收能力,促进各类档案应归尽归。使用扫描设备和文字识别软件等持续做好学院存量档案信息化和数字化工作。

3.提高档案利用服务能力,充分发挥档案对学院和社会价值

挖掘学院档案资源,调整服务方式,及时精准为学院党委决策提供参考,为师生提供服务,将学院档案管理系统与学院信息化管理平台融合,建立统一身份认证体系,档案室定期通过网站公布开放档案目录,稳步推进开放档案全文在线查阅,促进档案利用便捷化。学院实行院系两级管理制度,针对教辅部门或系部没有建档的实际情况,认真调研,将基层部门需要的档案进行汇总,通过扫描、转换等方式,建立专项电子档案数据库,加大档案开发编研力度,有效为教辅部门或系部提供查阅和利用,将档案服务工作往左移或往前移,更好地服务于学院建设和发展。

对毕业生和校外单位利用档案需求,及时提供有价值的信息和灵活的信息获取途径,采用“微信+快递+电子邮箱”模式，开展一站式服务，做到便民利民。

4.加强学院档案安全防护能力，筑牢安全防线

做好档案实体管理的同时，也时刻做好档案室的安全防护工作。每个学期末对档案借阅归还情况进行清点，对未归还档案实施跟踪管理。将档案室列为重点防护对象，每学期末配合安全部门对档案室进行全面安全检查，定期更换灭火器等消防设施，消除安全隐患，严格人员管理，杜绝闲杂人等出入档案室，确保档案保管过程安全。

完善档案安全管理责任制度，健全档案相关保密审查机制，积极参加档案安全保密教育。着力对安全风险较高档案管理系统等重点领域实施监管，加强档案网络建设及设施设备配备，提升档案数字资源安全管理能力。完成档案服务器数据迁移到云数据信息中心平台，使档案管理网络更加稳定，确保数据安全。扎实做好档案数字资源备份工作，完善备份机制，实现室藏全部档案数字资源完整备份，加强备份工作全过程安全监控，切实保障档案数字资源安全。

5.推进档案存量电子化、增量数字化，持续做好档案信息化建设

坚持从档案信息资源入手，按照分类和年度有计划持续开展纸质档案信息录入、扫描、上传等信息化工作，在学院档案信息化基础性、关键性领域开展专项建设。落实电子文件归档相关规定，推动来源可靠、程序规范、要素合规的电子文件以电子形式单套制归档，加强电子文件归档和电子档案移交接收。积极探索 OA 系统与档案管理系统对接，成绩单和学生登记卡的电子归档管理模式，保证电子档案真实性、完整性、可用性、安全性，保障电子文件归档工作广泛开展。

加大跨区域档案信息资源共享力度，采用移动数据终端、电子传阅等方式提供服务。推进档案信息资源跨地区、跨部门共享利用，推动学院档案信息化管理固本强基迈上新台阶。

（黑龙江农业经济职业学院党政办公室　刘焕霞　白蕾蕾）

黑龙江农业经济职业学院校园

黑龙江农业经济职业学院网络管理系统

哈尔滨铁道职业技术学院档案工作概览

一、学校概况

哈尔滨铁道职业技术学院隶属于中国铁路工程集团有限公司，位于哈尔滨市哈南工业新城核心区哈南第二大道20号。

学院始建于1959年，占地面积61万m^2，校舍面积20.6万m^2，纸质图书67.2万册、电子图书4 060 GB，教学设备10 306.24万元。学院下设铁道建筑学院、城市轨道工程学院、交通运输学院等5个二级分院，全日制在校生12 753人，专任教师367人。另有来自施工一线的技术人员、专家523人担任兼职教师。学院现为全国文明单位、国家首批“1+X”证书制度试点院校、住建部施工现场专业人员执业资格培训考核站点、职业教育课程国际交流联盟理事单位、国家技能人才培育突出贡献单位、黑龙江省振兴东北老工业基地“城市设施人才培训中心”。

学院大力弘扬“勇于跨越，追求卓越”的中国中铁精神，发挥企校相生相伴、共生共长的办学优势，秉承“厚德载物，笃行致远”的校训，紧密结合“两铁一路”建设项目，学院与中国中铁、哈尔滨地铁集团等签署了《校企合作协议书》，探索、凝练出了省企校共建，形成了与中铁一体化、企校联盟理事会、校企合作董事会、中铁职教集团的多元化企校合作办学模式，建立了“一体两翼、双轨并行、四段递进、DT-CDIO”等工学结合人才培养模式，企业全程参与学院专业建设、课程建设、教材建设、队伍建设、专业课教学。2021年，学院与黑龙江工程学院合作开展了“高本贯通”职教本科专业试点。

学院开设高速铁道技术、城市轨道工程技术等25个招生专业，专业设置与“两铁一路”产业链高度契合，创新了“校企共育、阶段培养、岗位成才”“双轨双域、三标融通、成果导向”等现代学徒制培养模式，校企共同构建了“模块化、书证融通”“德技双线并行”等课程体系，建成了产教研培创一体化实训基地。

学院近5年在黑龙江省录取分数文理科均超过本科三表段。年均就业率在90%以上，其中80%以上毕业生就职于世界500强的国有特大型和大型企业，就业质量高，职业稳定性好。用人单位满意度达到98%以上。

学院积极拓展对外交流合作，助力中国高铁“走出去”。目前，与中铁国际集团有限公司签署了校企合作协议，与俄罗斯远东交通大学签署了国际合作办学协议，助力中俄高速铁路建设。

二、档案机构基本情况

哈尔滨铁道职业技术学院档案室室藏建设起始于1969年，现存一个档案全宗，保存学院各历史时期形成的档案1.3万余件。档案室现有党群类、行政类、教学类、科研类、基建类、仪器设备类、出版类、外事类、财会类、声像类、实物类共11大类档案资料，其中资料751件，基建图纸3 559张，照片651张，声像档案357件。档案室隶属于学院行政办公室，专职人员1人，兼职档案员36人，位于综合楼九楼，面积280余 m^2，其中库房面积227 m^2，阅览室及办公室56 m^2。基础设施完备，配备了密集架、防磁柜、扫描仪、碎纸机、去湿机、臭氧消毒空气净化器等档案办公现代化的相关设备。库房内配备防火、防盗监控系统。

三、档案机构主要职能

学院档案室是学院档案工作的职能管理部门，同时又是学院档案文献信息中心，对学院党群、行政、教学、科研、基建、设备、外事、声像等门类档案实行集中统一管理，并提供有效服务。档案室业务上接受上级档案行政管理部门的指导、监督和检查。为进一步提高全体兼职档案人员的档案工作业务水平、加强档案工作的规范性，学院档案室定期组织召开档案工作培训会议，并编制学院内部档案学习资料。

档案室秉承“对历史负责，为现实服务，替未来着想”的理念，不断提高档案工作的规范性和科学性，十年来先后制定和修订了多种规章制度和业务规范，先后制定了《哈尔滨铁道职业技术学院档案管理办法》《档案安全保密制度》等，使档案工作有法可依，有章可循，并把档案工作纳入学院的各项工作之中，编制了《哈尔滨铁道职业技术学院归档范围及保管期限表》，获省档案局通过，这些管理制度与业务规范有力地推进了学院依法治档的进程。学院推行部门立卷，涵盖了学院的各个职能部门的各种门类，一直以来，档案室严格按照档案工作的有关规定，及时收集整理各种门类和载体的档案，加强了对档案工作的宏观管理和具体指导，档案资料收集工作常抓不懈。日常管理中，为了拓展档案各项功能加大档案业务建设力度，档案室加强了对各类有参考和凭证价值资料的收集，进一步丰富和优化了各门类档案构成，形成了基本满足我院各方面利用需求的档案资源。如今，多数部门已经自觉地建立起了档案收集归档组织体系，以及与之配套的文件材料收集、整理、保管的流程和制度，从源头上夯实了档案收集工作的基础，使学院档案工作良性运转，保证了档案资料收集归档的完整准确、系统及时。

四、档案工作主要业绩

1.档案数字化

实现档案的最大价值，努力探寻管理理念创新、管理体制创新、管理手段创新，强调用新的视角来看待档案，用新的机制来管理档案，用新的技术和手段来盘活档案。建院后，我院档案逐步实现了数字化管理。针对教学档案中新生录取名册查阅量非常大的特点，把学院建院前、后的新生录取名册全部进行了数字化，为快速、准确地查询档案提供了方便，使我院档案的目录数据、全文数据和多媒体数据库得到了进一步的完善和提高。依托数据库，大大提高查阅效率，档案管理数字化，不仅可以方便广大师生查询，而且可以大幅度减少重要纸质档案的翻阅次数，保护珍贵的纸质档案资源。从文件的形成到归档，保管利用实现了一体化管理，更好地适应了电子文件的管理和使用，有利于将文件和档案管理作为一个整体，进行总体设计和通盘考虑，从而提高了文件管理质量。

2.文档一体化管理,档案管理信息化工作逐步实施

2017 年,学院档案室引入了北京航星永志档案管理系统。5 年来,全院各部门归档电子文件挂接率达到 91%。同期档案室又购置了国内领先技术的 M3000 扫描仪,经过两年的双层 PDF 全文扫描,现在通过网络可以全文检索到学院 1988 年以后全部的行政档案。初步完成了档案室网站主页的改版工作,增添了部分新的内容,为用户了解档案室、利用档案信息提供了更加方便的途径。

五、面向未来工作设想

档案室将加速推进档案数字化进程,并重点加快对珍贵、易损、利用率高的档案进行数字化扫描,建立全文数据库,同时做好室藏档案文件级目录数据库建设,为下一步建成数字档案室做好准备。

(哈尔滨铁道职业技术学院办公室档案室　刘　骅)

档案库房

档案扫描仪

黑龙江职业学院(黑龙江省经济管理干部学院)档案工作概览

一、学校概况

黑龙江职业学院(黑龙江省经济管理干部学院)始建于1948年,是教育部批准成立的公办全日制普通高等学校,培养输送具有家国情怀、工匠品格、进取意识、卓越追求的高端技术技能人才,是省内办学规模最大、专业门类齐全、地理位置优越、师资力量雄厚的综合性高职院校。

学校坐落于哈尔滨市,现有两个校区,第一校区位于南岗区学府路,第二校区位于双城区迎宾路。学校占地面积91.9万 m^2,建筑面积36.42万 m^2。建有国家级职业教育实训基地3个、省级重点实验室3个。固定资产总值4.21亿元,其中教学科研仪器设备总值1.52亿元。

内设13个二级学院,现有全日制高职在校生13 127人、继续教育在校生6 311人。紧紧围绕地方经济发展和现代产业体系建设优化调整专业布局,现有47个专业,其中国家级重点专业10个、省级重点专业19个,专业设置覆盖三大产业。拥有国家立项建设精品资源共享课程2门,省级精品课18门。

学校重视师资建设,关注教师发展,涌现出一批省内外知名教授和学科带头人。现有专兼职教师914人,其中专任教师607人,教授115人、副教授242人,博士16人、硕士481人,享受国务院和省政府特殊津贴专家2人,国家级优秀教师1名、国家级行业教学名师10名、省级优秀教师2名、省级模范教师1名、省级教学名师15名,双师比例达到82%。

学校遵循"自强有为、兴业报国"的"龙职"精神,践行"当好学生的铺路石"学校核心价值理念,全面实施"教学质量提升工程"和"继续教育强校工程",深化"成果导向+行动学习"教学改革,取得了丰硕的办学成果。全校上下深入贯彻落实《国家职业教育改革实施方案》,全面实施固本铸魂、改革引领、立德修能、高端服务、转型筑基五大计划,创建新型教育模式,创新产教融合机制,创立教育教学标准,推动办学理念转变、办学模式转向、办学体制转型,着力打造"龙职风格、中国特色、世界水平"的高职院校。

二、档案机构发展沿革

学校是由7所大中专院校分别在不同年代、不同历史因素和条件下先后并入或整合而成的。1992年省财贸管理干部学院与省工商管理干部学院合并成立省经济管理干部学院,2002年在原省机械制造学校基础上成立黑龙江工商职业技术学院,2007年黑龙江省科技职工大学并入黑龙江工商职业技术学院,2012年黑龙江科技职业学院并入并更名为黑龙江职业学院,2018年整合组建新的黑龙江职业学院,转隶到省教育厅。

黑龙江职业学院与黑龙江省经济管理干部学院早在20世纪80年代就开始实行“一套机构、两块牌子”管理体制。

学校档案室始建于1982年,档案主要来源于5所学校,即黑龙江省经济管理干部学院、黑龙江工商职业技术学院、黑龙江机械制造学校、黑龙江省工商管理干部学院、黑龙江省财贸管理干部学院。

三、档案机构基本情况

档案排列长度达300 m,档案整理规则1999年之前按照“卷”立卷归档,从1999年起,学院成为黑龙江省文书立卷改革试点单位,档案的整理改为按“件”归档。其他种类的档案按实际情况“卷”“本”“张”“项目”整理归档。

学院档案包括文书档案、学籍档案、财务档案、声像档案、基建档案、上级文件资料等。

文书档案整理类目有:党群综合、组织、宣传、纪律检查、监察审计、工会、团委、离退休干部、行政综合、人事、劳资、财务、资产、教学综合、招生就业、学籍管理、质量监控、科研、出版物、图书、继续教育、后勤服务。

档案查找检索工具目录有:按“卷”和“件”两大种类,种类下面又按不同的保管期限分别编写制作。

四、档案机构主要职能

(1)档案管理职能。负责学校各部门档案的收集、整理、鉴定、归档、保管、统计等工作,保存与维护学校历史发展。

(2)档案服务职能。利用室藏档案为师生员工与社会各界提供档案借阅、查询、学籍学历认证等相关资料利用,为决策者提供建设性意见和有价值的参考依据。

(3)档案编研职能。以室藏档案为依据,以满足社会和学校利用为目的,编辑档案史料、参考资料,编史修志,形成编研成果。

五、档案工作主要业绩

多年来,学校始终贯彻执行党和国家有关档案工作的法律、法规,坚持依法治档,加强基础建设,提高管理水平,优化服务质量,立足史实,服务大局,取得了一定成绩。

(1)加大宣传力度。开展学校兼职档案员培训,宣传有关档案工作的法律、法规,增强教职员工的档案意识。

(2)加强对各部门形成的文档材料的收集工作,确保档案资料的齐全完整,及时做好归档整理工作。

(3)积极开发档案信息资源,建立科学实用的档案检索体系。编写了学校《任免索引》《党校学员索引》等检索工具百余册。

(4)编撰了《黑龙江省经济管理干部学院档案志》《黑龙江省经济管理干部学院干部任免索引》《龙职七十年》《兼职档案员培训资料》《省高校档案工作新发展》《全宗》《立卷类目》《资料索引》等。

(5)为学院及学生参加全国各类创建、评估、评比、比赛等重大活动提供了翔实、准确、有效的档案数据服务。学校荣获国家骨干高职院校优秀单位，是全国职业院校教学诊断与改进工作试点校、国家现代学徒制试点校、国家第一批教育信息化试点校、全国高校创新创业教育改革示范校、全国国防教育特色学校、省直机关档案工作先进集体和先进工作者等等，这些荣誉的背后都有着学校档案人默默奉献的身影。

六、面向未来工作设想

（1）对档案用房进行功能划分。现有档案用房功能不清，办公与保管混用。档案库房人员进出频繁，防尘、温湿度不符合国家标准，档案脆化严重。依法落实办公、阅文、库房“三分开”，有助于档案实体的安全、维护、管理，最大限度地延长档案使用寿命，以及对信息的长远利用。

（2）加强学校档案数字化建设。将档案数字化建设真正纳入学校数字校园规划，融入数字校园建设，与学校 OA 系统对接，实现 OA 电子文件的在线归档，包括所有原始数据。

（3）整合招生、教务、学工、就业等与学生相关的职能部门的系统数据，形成真正全面的学籍电子档案。

（4）加强对原生电子文件的收集、归档管理。

［黑龙江职业学院（黑龙江省经济管理干部学院）档案科　王　琳］

交流学习业务技能

成立学校档案分室

档案库房

哈尔滨职业技术学院档案工作概览

一、学校概况

哈尔滨职业技术学院是哈尔滨市政府创建的一所重点服务地方装备制造业和现代服务业的公办综合性高等职业院校。2002 年,经哈尔滨市政府批准,哈尔滨市经济管理干部学院、哈尔滨市建设职工大学、哈尔滨市财贸职工大学、哈尔滨市职工轻工学院、哈尔滨市科技职工大学、哈尔滨市机电职工大学和哈尔滨机电工程学校合并组建哈尔滨职业技术学院。2010 年,学院被教育部和财政部批准为国家骨干高职院校建设单位。2012 年,学院荣获中华职教社授予的全国黄炎培职业教育优秀学校奖。2014 年,学院荣获国家"第一批节约型公共机构示范单位"称号。2015 年,学院国家骨干高职院校建设项目顺利通过教育部、财政部验收,并取得优秀等级;学院获批成为国家首批百所现代学徒制试点单位,焊接技术及自动化专业获批立项建设国家职业教育教学资源库。2016 年,学院入选"2015 全国高等职业院校服务贡献 50 强";获批教育部首批有色金属行业职业教育"走出去"试点单位。2017 年,学院入选"高职院校国际影响力 50 强"。2018 年,哈尔滨市职工医学院合并到哈尔滨职业技术学院。2019 年,学院入选中国特色高水平高职学校建设单位。2022 年,学院获中国职业院校"产教融合 50 强""治理体系建设 50 强优秀案例""世界竞争力 50 强"。2021 年,中国高职高专院校综合竞争力排名第 45 名。2022 年,职教权威评价机构"金平果"公布"2022~2023 年中国高职高专院校竞争力排行榜"全国排名 33 位,省内排名第 1,东北地区排名第 1 ,跻身五星级院校。

二、档案机构发展沿革

哈尔滨职业技术学院于 2002 年成立了档案室,隶属于学院党政办公室,全校档案实行统一管理,2015 年党政办公室下设档案科,共有(包括兼职)档案人员 12 名。

三、档案机构基本情况

1.实行档案集中统一管理

按照"集中统一管理"原则,学院档案科主要接收并保管党群类档案、行政类档案、外事类档案、教学类档案、会计类档案、科研类档案、出版类档案、基建类档案、设备类档案、人事档案、声像类档案、实物档案共 12 类档案。

2.完善档案机构和库房建设

2002 年合校伊始就建立了档案库房,安装了 17 列密集架,2015 年学院成立档案科,

2017 年,为改善档案库房环境,在档案库房建立隔断,在库房内进行了借阅分区,非档案人员不可以进入库房,进一步提高了档案的安全性,实现了“三分开”要求。现有库房面积 176 m^2,总库容量为 2.1 万盒。

3.完善档案管理人员配置

根据建设与发展实际需要,哈尔滨职业技术学院在党政办公室设置了综合档案科,配备 1 名副高职专业技术主管和 1 名专职档案员,目前,共 12 人担任专兼职档案员,2 人为专职,10 人为兼职,其中 8 人具有专业技术职务,进一步增强了档案工作力量。落实专职档案人员专项补助,进一步调动档案人员工作积极性。在档案员队伍中,具有大专以上文化程度的人员占档案管理人员总数的 100%,中级以上专业技术职务的人员占 80%以上,所有档案员都能熟练操作计算机,有着较高的政治思想觉悟和业务能力,均接受过专业的档案培训,为实现档案规范化管理提供了人才保障。

四、档案机构主要职能

哈尔滨职业技术学院档案科是学校集中统一保存和提供利用档案的业务部门。负责在校宣传落实国家和地方有关档案工作的法律法规及政策方针,规划学院档案工作,制定学院档案工作规章制度,指导各部门按时做好各类档案的收集、整理、立卷归档工作,对移交档案进行保管、鉴定和统计工作,组织实施档案信息化建设和电子文档的归档工作。开发档案资源,提供档案利用。做好宣传教育活动,开展经验交流和业务培训。

五、档案工作主要业绩

1.完善档案信息化管理

2015 年学院引进《南大之星》档案管理系统软件,分批组织学校专兼职档案人员进行一对一专项培训,取得了很好的效果。各部门正在进一步了解、熟悉这套档案软件,已完成 2011~2023 年党群类、行政类、教学类、外事类电子档案的录入上传工作,通过档案管理系统进行档案目录查询、全文浏览和下载,为档案检索与利用提供了便利。

2.原始档案修复工作

档案科现存 9 所院校 20 余万人的学籍档案, 由于国家对学历认证要求越来越规范,各种职务提拔、职称晋升、毕业证丢失、档案材料不全、报到证补办、就业升学等,来学院办理学历查询、补办、证明的人员越来越多,加之学院合校前 8 所院校学籍档案情况复杂,管理情况参差不齐,有的档案存放时间已将近 40 年,大部分学籍档案都是蓝绿字体,频繁的查阅使原始档案破损严重,无法识别,急需修复。目前已完成 1984~2002 年成人高考录取名单原件(共计 8 卷 19 册 500 余页约 1 万人)的修复、扫描、复制、归档工作;完成 1994~2004 年党校系列专科、本科录取名单原件(31 卷 3 万余人)的修复、扫描、复制、归档工作。

3.学籍档案材料补全工作

由于历史原因有些学籍档案归档材料不完整,档案科积极主动联系主管部门,尽可能补全材料。联系省委党校档案科补全了党校系列 1994~2004 年的专科、本科毕业生名册,补拍了 3 000 余张 3 万人次的图片名册,极大地提高了查询效率,满足了学生查档需求。

4.学历认证工作

由于学院属于合并类院校,学历认证工作压力巨大,工作人员少,认证量大,为了解决问题，克服困难，满足认证需求，档案科推出了不见面办公方式，查阅人把学历认证申请材料传到指定邮箱，档案科查到后寄送到本人，提高了工作效率。

学院由于是多所学校合并，有的学校在合并之前就已经是多所学校合并而来的，有的是合校之前学校名称变更，有的是多家办学点合作，从本科到专科，从普通高校到成人高考，从中专层次到五年小高职，从录干班到党校系列，从专业证书、结业证书、学业证书到联合办学，办学层次多，情况复杂。例如哈尔滨市建设职工大学，其前身就是 1989 年由建工局工学院、房地局工学院、市政局工学院合并而来，其中八三届、八四届、八五届曾招收参加普通高考未被录取的学生参加成人大专班的学习，这部分人的学历认证没有录取三联单归档。档案科采取寻找档案中招办的负责人核实情况，寻找当年班主任询问学生上课事宜，查找学生人事档案学籍登记表，提供毕业合照等多种措施，为学生出具证明。截至目前，共接待高职、成人、党校、中专各级各类学历认证电话咨询万余人次，出具学历认证材料3 500余份，协助省学历认证中心确认学历证明百余份。

5.档案晋级评估工作

2018 年，按照《关于印发〈黑龙江省企业档案工作规范化管理评估办法〉的通知》（黑档发〔2011〕14 号）文件要求，学院对照评估办法，逐项对学院档案工作进行了全面自检自查，申报黑龙江省事业单位档案规范化管理二级单位，通过评估顺利晋级。2019 年，根据省、市档案局要求，重新制定了《哈尔滨职业技术学院归档范围和档案保管期限》并顺利通过审核，为同类院校提供了示范样本。2021 年，学校档案科获评全省档案工作先进集体。

六、面向未来工作设想

（1）贯彻落实《中华人民共和国档案法》，提高档案信息化工作水平和信息化服务能力。

（2）继续加强档案库房的“十防”工作，合理运用档案库房资源，完善库房设备配套管理。

（3）及时根据学校机构设置情况调整《哈尔滨职业技术学院归档范围和档案保管期限》。

（4）稳定专兼职档案人员队伍，定期开展培训和交流。

（哈尔滨职业技术学院档案科　李　华）

哈尔滨职业技术学院图书馆

档案库房

哈尔滨职业技术学院档案
网络管理系统

哈尔滨职业技术学院档案科荣获
2021 年全省档案工作先进集体

牡丹江大学档案工作概览

一、学校概况

牡丹江大学始建于1983年7月，是一所经省政府批准，教育部备案，隶属于牡丹江市人民政府的普通高等专科学校。作为牡丹江市的第一所市属高校，建校40年来，学校一直肩负着全市教育资源整合的责任，1984年8月牡丹江市行政干校并入，1986年6月市直机关职工大学并入，1991年5月牡丹江市广播电视大学并入，2005年3月牡丹江市职工大学、牡丹江市建设中专并入，2020年5月牡丹江市卫生学校转隶到牡丹江大学。

2018年底，学校新一届党委班子成立，做出"321"发展战略部署，为学校描绘了一张事业发展实现规模破万、空间破散、内涵破本；人才发展实现政治上能进步，待遇上有提升；政治发展实现团结一致向前进的新蓝图，为学校未来发展指明了方向。在这一战略布局下校党委提出并实施了"581""1571""963""6+1""四个双轮驱动""一老一小""三个大学建设"等一系列目标举措，取得了卓有成效的发展成绩，推动学校事业发展迈上了新时代强校新征程。

牡丹江大学现有二级学院9个、中专1个、卫生学校1个、继续教育学院1个，大专招生专业42个，中专招生专业9个，国家级精品在线开放课程1门，省级优秀教学团队1个，省级精品课5门，中央财政重点建设专业2个，省级重点建设专业6个，省级高水平专业群2个（数字创意设计与制作专业群和冰雪装备智能制造技术与应用专业群），中央财政支持职业教育实训基地1个，省高等职业教育重点建设实训基地1个，省科普教育基地2个，市数控人才培养实训基地1个，市级劳模（工匠）创新工作室2个。

二、档案机构发展沿革

牡丹江大学自1983年建校伊始就设立了档案室，隶属于办公室。人事档案由组织人事部门负责，学生档案由学工部门负责。2022年10月，校党委会议决定档案保管职能（主要包括学生档案和党政办保管的档案）划转到图书馆，相关人员同步划转。图书馆按照档案保管有关要求，负责对档案进行系统存放、安全保护和查阅调用等工作，确保档案完整、安全。学工部、党政办按照档案类别，负责入馆前的档案收集、整理等工作，按要求及时做好档案交接，以及负责入馆后的档案查阅、调用等审核职能。随着学校的不断发展壮大，档案室面积由最初的18 m^2 调整到现在160 m^2。

三、档案机构基本情况

档案室保存了自建校以来党群、行政、教学、科研、财会、基建等多种门类的档案，现存档案总数13 829件，总排架长度30 m。档案的收集、整理、查阅、调用审核工作按照档案分类由学工部和党政办负责，档案保存工作由图书馆负责，现配备专职档案员1名，全校兼职档案员共30人。在市档案局的指导下制定了《牡丹江大学文件材料归档范围及保管期限表》《牡丹江大学档案工作委员会工作条例》《牡丹江大学档案管理工作职责》《牡丹江大学档案利用规定》《牡丹江大学档案保密制度》等相关文件，档案管理工作已基本实现了规范化、制度化、科学化、标准化。

四、档案机构主要职能

牡丹江大学档案机构的主要职能是负责在全校宣传贯彻落实国家和地方有关档案工作的法律法规和方针政策，综合规划学校档案工作；制定和组织实施全校档案工作的规章制度；监督指导学校各部门做好各类档案的收集、整理、立卷和归档工作；对接收的档案进行系统的整理、保管、鉴定和统计；组织实施档案信息化建设和电子文件归档工作，开展数字档案建设；开发档案信息资源，提供档案利用；负责学校重大建设项目和重大科研项目档案工作的全过程管理，负责项目档案管理和验收。利用档案开展多种形式的档案宣传教育活动，充分发挥档案的文化育人功能。

五、档案工作主要业绩

1.领导重视，档案管理日益完善

档案工作是反映学校管理水平、关系到学校发展的一项重要工作。它记载了学校发展历史上的重要成果，为学校各项事业的科学发展提供了第一手资料，因此档案管理工作对提高学校核心竞争力具有重要意义。基于这一认识，学校领导始终重视档案管理工作，成立了由校长任组长、由主管副校长任副组长、其他校领导为成员的档案工作委员会。下设档案工作领导小组，组长由主管副校长担任，副组长由党政办主任担任，成员为学校各部门负责人。同时还建立了由学校档案专职人员和各部门兼职档案员组成的网络化档案工作管理队伍，形成了较完善的校级档案综合管理体系。为做好档案工作提供了组织保障。随着学校的快速发展，硬件条件不断改善，实现了档案库房、阅文室和办公室的独立。加大了对档案管理的经费投入力度，为档案室购入了档案管理所需的档案柜、计算机、打印机、装订机、复印机、扫描仪、防磁柜、温湿度测试仪等设备，安装了避光窗帘，档案柜内定期投放防虫药，具备了防盗、防火、防光、防虫、防尘等基础条件保证了档案的安全存放。

2.加强培训，不断提高队伍素质

提高档案管理人员的专业知识和业务素质是加强学校档案工作的必要条件。近年来学校把工作扎实、责任心强、文化层次较高的人员选派到档案管理队伍中来，学校档案工作队伍的整体素质有了明显提高。一是为适应学校的发展，配备了一名专职档案员，专职档案员承担着组织、协调全校档案工作的职责，为了提高档案员的业务水平，学校除组织进行业务学习以外，还积极支持参加省档案局、省教育厅和市档案部门举办的业务培训，并到兄弟院校和档案工作先进单位学习先进的管理经验。还为档案室订阅《中国档案》《保密科学技术》《保密》等业务书刊，使专职档案人员的业务素质得到了明显提高。二是加强兼职档案员的培训工作。兼职档案员承担着本单位日常档案的收集、整理、移交归档工作。他们的工作态度和能力如何直接影响到档案的质量和完整。为此，学校举办档案员培训班，组织学习《档案法》等相关的规章制度，邀请档案工作专业人士进行讲座等等。利用对各部门档案工作进行年度检查之际对兼职档案员进行现场业务指导，收到了显著成效，广大兼职档案员的工作能力和业务素质大大提高。

3.完善制度，不断提升管理水平

近年来按照上级有关文件精神，学校完善和制定了档案工作的一整套规章制度，使管理工作有章可循，有法可依。在档案的收集、整理、分类、编目等等方面，严格按照档案管理制度执行，做到交接手续齐全、归档及时，案卷整理符合规范化、标准化等要求，基本做到了组卷编目规范，排架合理整齐，档案工作与过去相比基本实现了科学化、规范化、制度化、现代化。

4.实践育人，提供专业实训岗位

以培养理论扎实、富有创新精神和实践能力、适应龙江“4567”现代产业体系需求的大数据技术专业高素质复合型技术技能人才为目标，构建符合时代要求和富有牡大特色的实践教学体系，推进学校内涵建设和品牌建设，全面推行素质教育，强化学生的实践操作能力。充分满足大数据技术专业学生综合实践能力及跟岗实践的需要，发挥真实岗位在人才培养中的作用，由档案机构提供场地、办公设备、项目和技术指导人员，档案技术人员与教师共同组织和带领学生完成真实项目设计、实施、调试与维护，使学生真正进入真实项目实战，培养学生档案数字化加工能力，形成院馆共建、共管的格局。

六、面向未来工作设想

1.坚持和加强党对图书馆工作的全面领导

以习近平新时代中国特色社会主义思想为指导，全面贯彻和落实《“十四五”全国档案事业发展规划》，将上级精神与学校各项工作紧密结合，推进档案工作的作风革命和效能建设。

2.锚定智慧档案建设目标

拓展档案资源收集范围、加强档案资源质量管控、优化馆藏档案结构、加快档案资源数字转型、加快推进档案开放、提升档案利用服务能力、加大档案资源开发力度，与云计算、大数据、物联网等IT新兴技术相融合，借助智慧校园的框架，整合学校档案数据资源，完善信息服务模式，构建一个全新的、智能化共享化的新型档案服务模式。

（牡丹江大学图书馆　丁福军）

学校远景

图书馆楼

档案室

伊春职业学院档案工作概览

一、学校概况

伊春职业学院是经教育部批准成立的一所公办全日制普通高等职业院校，是由黑龙江大学伊春分校、黑龙江省伊春师范学校、黑龙江省伊春卫生学校3所学校相继合并的基础上发展起来的。黑龙江省伊春师范学校1958年建校。1984年伊春市政府筹建黑龙江林业师范专科学校，1993年黑龙江省政府同意以黑龙江大学伊春分校名义招生，培养层次为专科。1999年，教育部批准伊春师范学校和黑龙江大学伊春分校合并，成立伊春职业学院。2016年学校合并黑龙江省伊春卫生学校。学院秉承"素质为先、能力为本、实践为重"的办学理念，逐步确定了"服务学生全面发展、服务林区经济社会发展和林区民生健康，面向就业市场需求、面向培训市场需求"的办学定位，为学院改革发展进一步明确了方向。在60多年的办学历程中，为伊春地区、黑龙江省乃至全国培养和输送了大批优秀人才。

学院占地面积37.2万m^2，校舍建筑面积13.3万m^2。固定资产3.5亿元。教学仪器设备总值4 911万元，图书馆藏书30.12万册。学校现有教职工414人，其中专任教师311人，高级职称123人，博士、硕士110人，"双师型"教师164人。学校先后获省级精品课1门，省级优秀教学团队1个，省级教学名师3人，省级教学新秀1人，省级优秀教师4人。近年在各类技能大赛中，有3名教师荣获省级一等奖，16名教师荣获省级二等奖。

学院现有全日制在籍学生8 595人。现设医学技术学院、口腔医学院、护理学院、旅游商务学院、师范学院、工程应用技术学院、计算机应用技术学院等7个二级学院和思政教学部、公共教学部共9个教学机构。学校面向服务龙江主导产业和全市重点产业，契合乡村（林场）振兴发展战略，调整优化专业布局，开设25个高职专业和3个中职专业，涵盖医药卫生、农林牧渔、资源环境与安全、能源动力与材料、装备制造等10个专业类别，重点建设与伊春森林生态旅游、森林食品、林都北药、绿色矿业和数字经济、生物经济、冰雪经济、创意设计产业等"4+4"重点产业发展需求的地方特色品牌专业，形成了融入地方、贴近产业、突出应用、结构优化、特色鲜明、适应发展需求的专业（群）体系。

二、档案机构发展沿革

1.档案管理机构及管理网络

1984年至1993年4月为黑龙江林业师范专科学校筹建时间，此期间的档案管理工作由筹建处办公室负责。

1993年4月，成立黑龙江大学伊春分校档案室，隶属院办公室。负责行政档案管理工作，负责人左雅梅。

1993年黑龙江大学伊春分校成立时，一般干部、工人、专业技术档案归人事处管理，科级干部的档案归组织部管理。

1996年4月，成立综合档案管理室，左雅梅任办公室副主任，分管档案工作，配档案管理人员一人，全校的人事档案及专业技术档案归综合档案室管理。

2000年6月，黑龙江大学伊春分校与伊春师范学校实质性合并。

2005年12月，赵东华任档案室副主任，主管学院的档案工作。

2007年8月，蒋文礼分配到档案室工作。

2022年9月，付欣任党政办副主任，主管学院档案室工作。

为了加强档案资料的收集归档工作，学院组建了档案管理网络。明确规定党、政、群各部门均设兼职档案员，负责部门档案材料的积累、整理、立卷工作。

按规定时间向综合档案室移交归档，设立兼职档案员的部门有：党政办、教务处（含各二级学院及其他教学单位）、继续教育学院、学生处、高教研究室、招生就业处、纪检委、工会、组织部、宣传部、人事处、图书馆、总务处、生活管理中心等14个部门。

2.制定《档案管理办法》，使档案管理规范化

为了加强和规范学院的档案工作，提高档案管理水平，充分发挥档案在教育、教学和管理中的作用，根据《中华人民共和国档案管理法》和普通高校档案管理的有关规定，于1993年10月份制定了黑龙江大学伊春分校《档案管理办法》。

《档案管理办法》共8章28条。本办法对档案工作人员要求及任务、归档的基本原则及范围、归档的时间、档案的接收、档案的管理和利用、奖惩等项目做了详细的规定。办学十多年来，由于《档案管理办法》的贯彻执行，学院的档案工作比较规范。

2008年3月，为了加强学院档案科学化、规范化管理，院长办公室下发《伊春职业学院档案材料归档管理办法》。

3.工作成绩

1995年11月15日，伊春市档案局对学院的档案管理升级评审验收，首先学院领导向检查验收组汇报了学校档案管理工作情况，领导重视、机构健全、设施配套、制度到位、培训骨干、科学管理、开发信息、服务教学是学校档案工作的总特点，检查结果实绩95分，达到机关文书档案一级先进单位。2000年4月省档案局授予机关档案管理省级标兵单位。2004、2005、2008、2009年被伊春市档案局评为“全市档案系统先进集体”。2004、2008年伊春市档案局评选赵东华为“先进档案工作者”，2013年蒋文礼被黑龙江省教育厅评为“黑龙江省高校档案工作先进个人”，2021年蒋文礼被黑龙江省委、省档案局评为“全省档案工作先进工作者”。

三、档案机构基本情况

综合档案室隶属党政办公室，现有专职人员二名，其中主任一名、档案管理员一名。档案管理与建设按历史沿革分4个全宗、9个门类。

4个全宗：一是黑龙江大学伊春分校；二是黑龙江省伊春师范学校；三是伊春职业学院；四是黑龙江省伊春卫生学校。

综合档案室管理的档案共分 9 个门类：党政类、教学类、科研类、声像类、照片类、基建类、实物档案类、人事档案类、财会类。

目前，学院综合档案室编制各类档案的检索目录 19 本，库藏档案材料 16 049 卷（件），实物档案 106 件，年均接待查档与借阅人员 2 000 余人次。

四、档案机构主要职能

档案工作是学院工作的组成部分，由于档案工作涉及面广、保密性强、工作量大，为使学院档案工作能与学院的各项工作协调发展，档案人员十分注重自身的政治理论水平的提高，认真学习新修订的档案法和有关档案工作的政策法规，以提高自己的政治理论水平和业务能力。学院与上级业务指导部门进行多方位的学习与交流，通过与之交流合作，管理方法、业务能力都取得了长足的进步，为积极高效地开展各项工作打下了坚实的基础。

学院综合档案室充分发挥“6·9 国际档案日”的重要作用，通过学院网络、校园广播和宣传栏等途径，在学院开展主题鲜明、内容丰富、形式多样的宣传活动，充分体现档案“存凭、留史、资政、育人”的特殊价值，充分发挥档案工作“记录历史、传承文明、服务社会、造福人民”的特殊作用，切实增强服务师生员工的能力。

规范各门类档案的移交、整理立卷、目录录入和提供利用工作。提高了归档率和材料质量，年初分别向各部门发出归档通知，明确归档内容、要求和期限，对于重要的档案下达专项催交通知，从而保障了各项档案的如期归档，夯实了档案基础工作。

档案信息化建设方面，学院加强对档案室建设资金投入，加强了软硬件设备设施的建设，从 2007 年起，学院所有档案全部进入计算机系统，目录输入、材料扫描、电子文件全部输入《南大之星》档案管理系统，逐年实施整理历史档案进行数字转化工作，更好地提供利用服务，把重心由“定点保存”转向“利用服务”，以档案信息化建设带动各项档案基础业务工作，促进档案事业各项工作迈上一个新的台阶。

五、档案工作主要业绩

2000 年黑龙江大学伊春分校和黑龙江省伊春师范学校合并，在接收伊师范档案室材料时，发现了 40 名知青档案，整理保存了起来。2011 年伊春市人事局要补发知青和大集体工资和补交养老保险，需要这些人的档案，由于年代久远，40 人中有些人都忘了自己是否有档案，就抱着试一试的心态来到了学院查找档案，结果找到了自己的档案。学院高度重视档案管理作用，积极为师生员工提供服务利用，可以说人事档案是对一个教职工个人学习、工作经历，生活状态和工作成绩的原始记录，是教职工享受各种社会待遇的凭据，解决劳动纠纷的依据。它关系到教职工的切身利益，是教职工接续保险、享受各项福利待遇的重要依据。

六、面向未来工作设想

一是强化政治站位。继续贯彻执行党和国家有关档案工作的法律、法规，增强“四个意识”、坚定“四个自信”、做到“两个维护”，确保档案工作始终沿着正确的政治方向前进。

二是创新服务机制。立足现实，着眼未来，强化服务意识，用好用活档案资源，发挥档案的基础性、支撑性和服务性作用，积极开发档案信息资源，充分利用现代化手段，实现档案服务提质增效,创新服务机制、推进档案服务转型升级。

三是抓实工作。继续学习宣传、贯彻执行新修订的档案法,坚持依法治档;做好档案日常管理工作,采用科学先进的管理手段管理档案,进一步做好档案的利用工作,为师生员工提供方便、快捷、优质的服务。

(伊春职业学院综合档案室　赵东华　蒋文礼)

伊春职业学院风光(一)

伊春职业学院风光(二)

黑龙江司法警官职业学院档案工作概览

一、学校概况

黑龙江司法警官职业学院是经黑龙江省人民政府批准成立、教育部备案的政法类全日制普通高等学校。学院立足龙江，服务全国，面向全国十多个省市招生。学院主要为司法行政系统培养人民警察，同时也为社会培养法律服务、计算机应用等其他高等职业人才，承担着全省在职司法行政干警培训任务。

黑龙江司法警官职业学院坐落在黑龙江省哈尔滨市南岗区学府路503号，总占地面积200余亩，办学建筑面积90 000多m^2，在校生4 500余人，学习、生活条件优越，办学特色突出。学院确定了“以人为本”“厚德载物，知行统一”的教育管理思想和“立足政法，面向社会”的办学定位，坚持以改革求生存求发展不动摇；坚持以人为本，学生至上的办学理念不动摇；坚持“从严管理，从严治院”的管理特色不动摇；坚持以教学为中心，以就业为导向，不断提高育人质量的办学原则不动摇。

黑龙江司法警官职业学院教学设施先进完善，共有教学、实验实训、办公楼12座，设有宽带校园网、有线电视网、现代化的图书馆、电子阅览室、室内体育馆、游泳馆、多功能健身中心，刑侦实验室、财会模拟实验室、电子电工实验室、语音室、微机室、宽带网络技能训练房、模拟法庭、警体训练馆及现代化实弹射击训练馆等；在省直监狱劳教单位、黑龙江林业中级法院、哈尔滨市中级法院、黑龙江农垦法院、沈阳飞机工业集团、哈飞工业集团等设有实验实训基地，教学硬件设置达到或超过高职高专设置评估标准。学院拥有教师215人，副教授以上职称的教师92人，并聘请一线有经验的教师来校任教，教学实力、科研实力较强；专业设置合理，目前正根据市场需求不断开拓新兴专业，努力打造监狱管理等特色专业。

黑龙江司法警官职业学院坚持严格的警官特色管理，创建全新育人工程，教学上实行以培养学生技能为主体的教学改革、课程改革，探讨学分制，并实行分类教学，努力打造因材施教的教学模式，为学生创造机会，让多数学生多专业、多证书、多技能，构建素质、能力、技能“三位一体”的人才培养模式，开创高职高专人才培养特色。

二、档案机构发展沿革

黑龙江司法警官职业学院前身是1979年成立的黑龙江省劳改局干训班，后更名为黑龙江省劳改工作干部学校、黑龙江省劳改局职工中专。

1991年黑龙江省劳改局职工中专、泰来人民警察学校合并组建黑龙江省司法警官学校。

2001年经黑龙江省人民政府批准黑龙江省司法警官学校升格为黑龙江司法警官职业学

院(高职院校,同时招收高职、中职层次学生)。

2004年黑龙江青年干部学院(原黑龙江省团校,1953年创建)并入黑龙江司法警官职业学院,两校合并后使用“黑龙江司法警官职业学院”名称。

自建校伊始,黑龙江司法警官职业学院档案工作一直由办公室承担。

三、档案机构基本情况

黑龙江司法警官职业学院办公室设有档案科负责具体档案工作,编制为科长1名、科员1名,现实有档案科负责人1名;学院各部门设有兼职档案员,负责配合档案科落实档案工作。

黑龙江司法警官职业学院档案科设有档案库房2间,均配有大型密集架和空调等设备,现藏有黑龙江司法警官职业学院、黑龙江青年干部学院(2004年并入)、黑龙江省法制办公室行政干部学院(2020年并入)自建校以来档案材料。

四、档案机构主要职能

《黑龙江司法警官职业学院工作职能与岗位职责》确定档案科工作职能为:具体负责落实学院综合档案管理工作;具体负责落实保密工作。

五、档案工作主要业绩

黑龙江司法警官职业学院自建校以来一直重视档案工作,档案科为学院重大决策部署、教学评估、基建和校舍维修、学历认证、纪检办案、校史馆建设、查找各种凭证等各方面工作提供了有力的档案服务支持,发挥了档案“存史”“资政”“育人”的作用。

近年来因事业单位改革等因素,学院档案工作人员新老交替快,档案工作人员专业能力和工作经验较为欠缺,档案科克服各种困难,确保了各项档案工作顺利进行。

六、面向未来工作设想

1.档案工作队伍建设

按照学院机构改革方案及实际工作需要配齐档案科科长、科员2名专职工作人员,同时择优调整完善各部门兼职档案员队伍,为即将开展的档案数字化建设等工作配齐配强工作人员。

2.档案数字化建设

根据黑龙江省档案“十四五”规划工作要求,结合学院实际,在2022~2023年度开展档案数字化建设工作。目前学院已在资金、人员、场所方面做好充分准备,拟通过公开招标启动此项工作。

3.加强制度建设

结合实际及时调整学院档案管理办法,坚持“三纳入”原则,将档案工作纳入责任制考核,明确奖惩机制,以制度保障档案工作的资源配置和高标准运行。

4.加强工作场所和器材等硬件建设

按“三分开”原则调整学院办公用房,实现档案科办公室、档案查阅室、档案库房分别设立;同时高标准建设档案工作场所,维修或更换密集架,增加视频监控器、除湿机、加湿机等设备,更换B级防火门以改善档案库房环境。

（黑龙江司法警官职业学院档案科　姜　涛）

档案科一号库房

档案科二号库房

黑龙江农垦职业学院档案工作概览

一、学校概况

黑龙江农垦职业学院是一所公办全日制综合类高等职业院校，拥有 60 多年的办学历史，坐落在北国冰城哈尔滨市江北大学城中心地带，占地面积近 40 万 m^2。

黑龙江农垦职业学院现有资产总值 4.8 亿元，教学科研仪器设备总值 7 636 万元，馆藏图书 73.6 万册，电子图书 28 万册，数字资源量 11 000 GB。教学楼、实训楼、北大荒现代农业实训示范园区、图书馆、学生公寓、饮食中心、培训中心、体育馆等建筑面积 18.4 万 m^2。篮球馆、标准塑胶运动场等室内外体育设施齐全，校园网络系统完善。建有校内实训室 143 个，校外实习实训基地 206 个，充分满足教学、实训需要。

黑龙江农垦职业学院设有食品工程、制药工程、经济管理、护理、师范教育、计算机与艺术传媒 6 个分院，开设绿色食品生产技术、食品智能加工技术、现代农业装备应用技术、护理、大数据与会计、现代物流管理、学前教育、建筑工程技术、计算机网络技术等 37 个专业，其中国家和省级重点专业 13 个、卓越农业人才培养专业 2 个。在校生 9 300 余人，专任教师 391 人，兼职教师 351 人。专任教师中副高级以上职称教师 202 人，双师素质教师 288 人，硕士、博士学位教师 214 人，全国农业职业教育教学名师 2 名，省级教学名师、新秀和能手 10 人，国内访问学者 4 人，境外培训经历教师 53 人。拥有省级优秀教学团队 1 个，建有省级精品课程 10 门，省级精品在线开放课程 17 门，获得国家和省级教学成果奖 18 项。学院是教育部高职高专人才培养工作水平评估优秀院校、第一批国家级示范性职业教育集团（联盟）培育单位、国家职业院校数字校园建设实验学校、全国新型职业农民培育示范基地、全国乡村振兴人才培养优质校、黑龙江省骨干高职建设优秀院校、黑龙江省高水平高职院校和高水平专业项目建设单位、黑龙江省深化创新创业教育改革示范校、黑龙江省首批“共享型高校创新创业孵化平台”、黑龙江高技能人才培养培训基地。

黑龙江农垦职业学院以立德树人为根本任务，深入贯彻职教“二十条”，大力推进产教融合、校企合作、强化质量和内涵建设，传承北大荒精神，努力培养德智体美劳全面发展的新时代中国特色社会主义事业的建设者和接班人。学院全面推行“工学结合”“学做一体”人才培养模式，开展创新创业教育，为学生终身发展、全面发展奠定坚实基础，毕业生就业率达 90%以上，是企业、学生、家长、社会“四满意”学院。学院作为全国新型职业农民培育示范基地、垦区学前教育师资培训基地、医护人才培训考试基地、高技能人才公共实训基地，以及省和国家 KAB、SIYB 创业教育培训基地，每年为企业、社会提供技术服务和职业培训达15 000 人次以上。学院注重培养具有国际视野的技术技能人才。与韩国、新加坡、泰国等国外相关高校结成姊妹校，采用“3+2”专本连读等人才培养模式，开展师生互访、毕业生留学深造等交流合作，引进先进办学理念和教育资源，搭建国际化技术技能人才培养“立交桥”。

60多年来，黑龙江农垦职业学院为社会培养培训了20余万名高素质技术技能人才，被誉为垦区经济管理人才的基地、小幼教师和白衣天使的摇篮。先后荣获黑龙江省教育战线“三育人”先进集体、黑龙江省文明单位标兵、职工职业道德建设先进单位、普通高校就业工作评估优秀学校等多项荣誉。

二、档案机构发展沿革

黑龙江农垦职业学院前身是黑龙江农垦经济学校和黑龙江农垦师范学校两所中专学校。2001年3月8日，经黑龙江省人民政府批准，教育部备案，农垦经济学校和农垦师范学校合并，黑龙江农垦职业学院伴随着新世纪的钟声正式成立。

为使学院更快发展，经省政府批准，学院于2003年8月由佳木斯市整体搬迁至哈尔滨市江北大学城。2004年1月1日，黑龙江农垦卫生学校并入黑龙江农垦职业学院。

三校合一后，学院下定决心做好学院档案工作，成立档案科，将3所中专学校的档案材料整合移交至档案科。

三、档案机构基本情况

黑龙江农垦职业学院档案室成立于2010年8月，现馆藏全宗4个。集中统一管理党群、行政、教学、科研、学生、产品、外事、财会、基建、仪器设备、出版、声像、实物等13大类档案。

档案馆库房总面积150 m^2，设有办公室、阅档室、库房，做到了办公、阅档、库房“三分开”。办公室配备计算机2台、打印机1台、扫描仪1台、复印机1台，引进《南大之星》档案管理系统软件并配有专用服务器1台，容量配备为6X1024G；库房设有10列密集架、1台吸尘器、4列图纸柜，4台防磁柜，库房和阅档室配备了现代化的监控设备，办公、阅档、库房三室设有现代化的喷淋系统，做到了防火、防盗、防虫、防磁等功能齐全，确保了库存档案的安全。

档案馆现有科长1人，专职档案员1人，计算机干事1人，其中，研究生2人，本科生1人；兼职档案员27人，均为本科及以上学历。目前，学校已经形成了一支素质较高、能力较强的专职和兼职相结合的档案管理队伍。

黑龙江农垦职业学院档案管理人员多年来一直脚踏实地建馆安家，整合资源，做大规模，顺应学校做大做强需要，充分发挥档案工作的重要基础作用。特别是2010年以来，资源建设突飞猛进。2010年建立科室后，首先将分散在校内多个部门管理的综合档案、校史资料实物共计4万多卷(件)陆续接收进馆，使校内的档案资源得到全面高度的集中整合。2011年后，规范学院档案管理制度，消灭不归档单位，全校各个部门均有归档，实现全校部门归档的100%；档案馆现有档案4个全宗，包括党群、行政、教学、科研、基建、设备、出版、外事、财会、声像、学生共14大类，截至2021年底馆藏档案近10万卷(件、张)。馆藏4个全宗包括：学院的前身——3所中专学校，分别是黑龙江农垦师范学校、黑龙江农垦经济学校、黑龙江农垦卫生学校转交的档案，以及黑龙江农垦职业学院的现存档案。

这些档案均来自学校上级主管部门和学校各职能部门及分院、部在行使职权、处理工作中所形成的真实资料，真实地记录了学校各个历史时期的面貌、发展变化过程，对了解学校过去、对学校的编史修志、研究当前与今后工作，对领导制定决策，形成决议，维护师生权益，有重要的参考、凭证作用。

黑龙江农垦职业学院重视档案工作，将其列入学院发展规划，纳入领导议事日程。档案管理和业务建设符合国家关于普通高等学校档案管理办法，从档案的接收、鉴定、保管、销毁等环节以及档案的借阅保密、档案修复、库房管理等均制定了严格的规章制度。

四、档案机构主要职能

档案科负责所有常规档案（除人事档案及学生个人档案）的归档整理工作，日常的档案借阅服务，学生的学历证明办理，以及领导交办的其他任务。

五、档案工作主要业绩

档案的作用在于利用，高校档案工作的目的在于存史、资政、育人。20 年来，我校档案工作始终围绕学校中心工作，积极主动发挥作用，在档案资源的开发利用上加大力度，竭诚服务广大师生。

1.加强制度建设，提高档案利用服务水平

学校档案科制定了《黑龙江农垦职业学院档案查（借）阅及利用制度》和《黑龙江农垦职业学院档案工作保密制度》，认真履行档案借阅利用审批手续，认真填写查（借）阅登记簿。学校在档案利用工作中开展了多种形式的档案咨询服务和利用工作，档案科已经成为我校档案的保管基地和利用中心。在学院工程改造、消防维护、双高建设、专项审计及上级专项巡视等重大工作中，学校档案馆均提供了大量而及时的档案查阅利用服务，为学院中心工作的顺利开展发挥了档案应有的作用。近年来，在档案查阅利用的日常工作中，学院档案科年均接待前来查阅利用者 800 人次，为学校教学、科研、管理和后勤等各项工作，学生就业或深造、校友学历学位认证提供了重要的参考和凭证，为学校各部门和广大校友提供了优质的查阅利用服务，深受广大师生和校友的一致好评。

2.打造爱校教育和教学实践基地不松懈，赢校内外美誉

作为校史校情重要载体的校史馆，是对内教育和对外宣传的基地窗口。学院校史馆展厅面积 320 m^2，为弘扬北大荒精神，充分发挥校史馆的作用，学院档案科主动开展工作，丰富的馆藏、精心的布置，吸引了一批又一批人。几年来已接待省部厅级领导参观 200 多人次，校外其他人士参观 2 000 多人次，校内师生参观 8 000 多人次。“学高为师，身正为范”“学习学长，做对社会有用的人”“忆往昔，倍感亲切；展未来，前途无限”“作为农垦学子，我们为母校的发展变化感到自豪”是参观者的心声，是认同感、凝聚力和价值观的体现，是对我院工作的肯定与鼓励。2014 年，校史馆的建成开放使我校档案工作从后台走向前台，充分发挥了档案的文化教育功能和宣传作用，成为档案工作最具活力的窗口。

3.评先创优做贡献

2018 年和 2021 年，学校两次迎接精神文明建设水平评估。为取得评估好成绩，学校举全校之力，档案馆也竭尽全力，为给各部门评先创优提供大量的档案资料，不论上下班、不论节假日，随叫随到，提供依据材料不下万份。2021 年应上级要求核对学院毕业生学籍真实性，档案科人员为保证核对工作有序进行，在办公室温度达到 39 度的炎热环境下，加班加点扫描学生学籍信息，将几十年的学生学籍档案以分院、专业、年级整齐排序，为各分院开展工作提供方便。为节省核对人员的工作时间，档案科人员亲自将其需要的档案送达，获得大家的一致认可。

4.档案信息化建设

在整合资源、做大规模的基础上，几年来，黑龙江农垦职业学院档案科不断创新管理、苦练内功、提高效率、做强实力，档案信息化建设取得显著成绩。引进《南大之星》档案管理系统软件，全校范围推广使用，同时落实部门立卷，实现网上即时归档。

六、面向未来工作设想

由于档案数字化工作量巨大，未来希望引进熟悉计算机知识、软件系统和网络维护知识的人才，促进档案业务知识的更新和补充，不断提高学院档案信息化工作能力和水平。

（黑龙江农垦职业学院档案科　王晓璇）

黑龙江农垦职业学院档案图纸柜

黑龙江农垦职业学院档案密集架

黑龙江农垦职业学院财会凭证存放情况

黑龙江农垦职业学院文件柜

黑龙江农垦职业学院
保密档案存放

黑龙江农垦职业学院
声像档案存放防磁柜

黑龙江农垦职业学院阅档室

黑龙江林业职业技术学院档案工作概览

一、学校概况

黑龙江林业职业技术学院始建于1958年，2001年3月8日由原牡丹江林业学校、牡丹江林业师范学校、牡丹江林业干部学校、牡丹江林业机电学校、牡丹江林业技工学校合并而成。黑龙江林业职业技术学院是经黑龙江省政府批准、教育部备案，面向全国招生的公办、全日制普通高等职业院校。学院隶属于黑龙江省森林工业总局，坐落于牡丹江市爱民区。建院以来，在学院党委的领导下，通过岗位竞聘、资产重组、教育教学和管理体制改革等一系列有效措施，学院办学规模不断扩大，办学质量不断提高，形成了“以学生为本，为学生负责”的办学理念和“修德强技，树木树人”的教育特色。为林区社会和区域经济发展培养输送了大批高素质技术技能型人才。近年来，学院先后荣获全国职业教育先进单位、省级文明单位标兵和省五一劳动奖状等荣誉称号，是教育部人才培养工作水平评估“优秀”单位和省级示范性高职院校。

二、档案机构发展沿革

牡丹江林业学校成立于1958年，1962年步入正轨。2001年3月8日由原牡丹江林业学校、牡丹江林业师范学校、牡丹江林业干部学校、牡丹江林业机电学校、牡丹江林业技工学校合并成立黑龙江林业职业技术学院。档案室归学院办公室统一管理，没有单独的组织机构。

三、档案机构基本情况

档案室现有专职档案员1人，副高职；兼职档案员29人，均为本科以上学历，学院专、兼职档案员均具备较高的业务水平，文件收齐率、归档率达95%以上，案卷质量基本达到国家标准。档案室面积116 m^2，其中办公室1间，库房3间，配有计算机1台、打印机1台、复印机1台、除湿机1台、加湿器2台、空调1部、五节档案柜92组、防磁柜1组、密码柜1组。1995年被评为省级科技事业单位档案管理合格单位；2015年被评为省级科技事业单位档案管理二级单位。学院档案室逐步实现集中统一管理党群、行政、教学、科研、财会、基建、出版、设备、资料、声像、实物等共11大类档案。

四、档案机构主要职能

学院制定了各类档案管理办法，各部门各岗位都有规范的档案管理工作职责。档案室从档案的接收、鉴定、保管、销毁等各环节以及档案的借阅、保密、修复、库房管理等均制定了严格的规章制度。制定档案管理制度 12 项，全部做到制度上墙，学院档案管理网络健全，学院每年共收集、整理各类档案 800 余件，提供利用超千件，为学院的各项工作提供了完备的服务。

五、档案工作主要业绩

学院制定了各类档案管理办法，各部门各岗位都有规范的档案管理工作职责。档案室从档案的接收、鉴定、保管、销毁等各环节以及档案的借阅、保密、修复、库房管理等均制定了严格的规章制度。学院的档案工作主要是针对学生和教师，随着干部人事档案清理工作的开展，有很多毕业多年的学生和用人单位来学校找 20、30 年前的学籍档案材料，证明学生的干部身份，这项工作是对学生负责、对用人单位负责，我们档案工作者都能够热情、主动认真地为学生和用人单位服务，赢得了学生和用人单位的好评。2020 年 7 月份，教育厅下发文件开展冒名顶替上大学专项清查活动，学院自查和上级部门核查相结合一起工作，这次工作量非常大，涉及的学生多，各专业辅导员都到档案室查找学生入学名册，档案室克服了人员少、工作量大的困难，圆满完成了任务。档案工作是存史资政育人，是一项利国利民、惠及千秋万代的崇高事业。对档案的收集、整理归档都要高度重视，做到归档全面，不少不漏，做到应收尽收、应归尽归。在日常档案管理中，凡是学院各部门在教学、科研、党政管理和其他各项活动中形成的具有日后查考利用价值的文字、图表、声像等不同载体的文件材料均在档案室归档范围。这些档案均为学校上级主管部门和学校的各职能部门在工作实践中形成的原始资料，它真实地记录了学校各个历史时期的面貌和发展变化过程，对了解学院沿革、学院编史修志，研究当前与今后工作，对领导制订决策，形成决议，维护师生权益，具有重要参考、凭证作用。

认真学习新修订的档案法，对档案的收集、整理、立卷等工作重点环节中涉密档案要严格按照保密法规定，不在网络电脑上处理涉密文件，涉密文件由涉密计算机单独处理归档，密码柜存放，工作中做到不泄密、不传密、不谈论与保密有关的话题。

六、面向未来工作设想

加强档案管理工作硬件设施建设，提升档案管理工作条件和工作环境。进一步加强档案信息化建设，创造条件开展档案全文数字化建设，利用档案管理软件，加强档案目录及全文电子检索。按照相关要求，提高档案工作人员相应待遇，科学合理设置档案管理人员及岗位。开展部门立卷，提高档案的利用价值。深刻领会四个“好”、两个“服务”的目标任务，切实把思想和行动统一到习近平总书记对档案工作的重要指示批示精神上来，切实做到以史为鉴，用档案来存史留鉴。

（黑龙江林业职业技术学院档案室　王秀文）

1995 年省档案局授予科技事业单位档案管理合格证

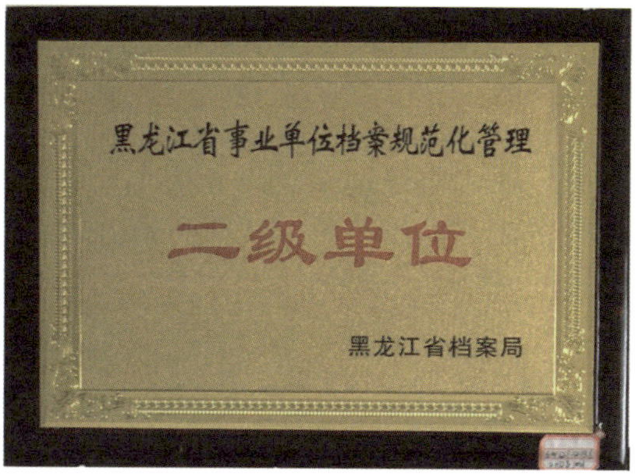

2015 年省档案局授予黑龙江省事业单位档案规范化管理二级单位

档案库房

黑龙江农业职业技术学院档案工作概览

一、学校概况

黑龙江农业职业技术学院坐落在素有“华夏东极”“东方第一城”“东北小延安”之称的中国最佳生态环境魅力城市、国家智慧城市——佳木斯市。学院南毗水源山公园、北邻火车站，风景秀丽、交通便利。

黑龙江农业职业技术学院始建于1948年，历经松江省呼兰农林技术专门学校、松江省佳木斯农林高级职业学校、松江省农业技术学校、东北农学院合江分院、合江地区“五·七”中等专业学校、合江地区“五·七”大学、黑龙江省佳木斯农业学校等时期。2001年3月，经黑龙江省人民政府批准，在省内首批由中专学校晋升为高职学院，步入全国普通高等院校行列，国家级农高区建设项目共建单位，国家粳稻加工产教融合共同体共建单位，现为黑龙江省骨干高等职业院校建设学院、黑龙江省“双高”建设学院。

黑龙江农业职业技术学院办学形式多样，形成了“工学交替、订单培养、带薪顶岗、出国留学”为鲜明特色的办学模式。学院与优秀企业合作，特别是邀请龙头企业参与人才培养全过程，在高端服务、信息技术、汽车制造、无人机技术、宠物医学、建筑技术和食品共7个大类23个专业与东软教育科技集团有限公司、新瑞鹏宠物医疗集团、北京中航铁服教育投资股份有限公司、中德诺浩（北京）教育科技股份有限公司、和元生物技术（上海）股份有限公司、黑龙江省九州通医药有限公司等29家企业进行校企合作，在人才培养、教材开发、实习就业等多角度、多领域开展校企深度融合。对外国际合作与日本拓殖大学、苫小牧驹泽大学、新潟国际综合学院、仓敷艺术科学大学、千叶科学大学、冈山理科大学、东日本国际大学和俄罗斯远东国立人文社会科学院、联邦纳霍德卡商业技术学院、俄罗斯布里亚特共和国国立农业大学、白俄罗斯国立农科院等院校联合办学。现有近500名学生出国留学深造。与长三角、珠三角、环渤海、环首都经济圈的300余家用人单位签订了长期合作协议，以保证毕业生高层次、高薪酬就业。近5年毕业生初次就业率平均85%以上。

黑龙江农业职业技术学院积极参加各级各类比赛，2022年获得教师教学能力大赛省级二等奖2项、三等奖2项；获全国职业院校学生技能大赛一等奖1项；获第八届中国国际“互联网+”大学生创新创业大赛铜奖1项；“金砖国家职业技能大赛”获奖6项；省级学生技能大赛获奖22项；“互联网+”大学生创新创业大赛黑龙江省赛区获奖28项；获“黑龙江省大学生直播电商创新创业”大赛唯一特等奖。学院先后被授予国家高职高专人才培养工作水平评估“优秀”院校、首批省级“骨干高职院校”“省级学生工作先进集体”“黑龙江省教育系统先进集体”“全省高等学校毕业生就业工作先进集体”“省级花园式学校”“省级高校文明校园标兵”“黑龙江省双高建设学校”“教育部首批‘1+X’证书试点院校”“国家现代学徒制试点院校”等。

二、档案机构发展沿革

黑龙江农业职业技术学院建校初期至今，档案室从成立后，一直隶属于学院党政办公室。

三、档案机构基本情况

黑龙江农业职业技术学院档案室是集中保管教学、科研、文书等档案材料的综合性档案室。档案室目前有2名专职档案员，29名兼职档案员。学院档案室位于学院图书馆一楼，设有办公室、查档室、工作间及库房，建筑面积为150 m^2。2020年引进了《南大之星》档案管理系统软件，使档案工作数字化又迈进了一大步。

经过几代档案工作人员的不断积累与努力，学院档案室已在逐步完善。学院收集、存储档案材料共计14 884卷册，除纸质档案外，还有部分音像、照片档案等。除了为学院广大教职员工及社会各界提供纸质档案进行服务，学院还成立校史馆，将学院从1948年建校以来各个时期的声像、照片等档案材料进行全方位的展示。

学院自2015年成为黑龙江省高等院校档案学会会员单位以来，积极开展与各兄弟院校的档案学术交流，并不定期对专兼职档案员开展档案业务培训，大大提升了学院的档案工作质量。

目前，黑龙江农业职业技术学院档案室正继续发挥基层档案工作部门的作用，为学院广大教职员工及社会各界提供更好的服务，争取做出更大的贡献。

四、档案机构主要职能

档案室制定并下发了《黑龙江农业职业技术学院档案归档范围及保管期限》等规章制度，兼职档案员负责本部门档案收集、整理、著录、移交工作。专职档案员负责全院各类档案的收集整理、立卷归档、鉴定、销毁、统计、保管和提供利用等工作。积极开发档案信息资源，做好档案利用服务工作。认真做好档案库房管理和安全防护工作，对库房进行定期安全防护检查。对损坏变质的档案材料及时进行修补和复制。

五、档案工作主要业绩

档案室年接待查档人员300余人，查阅档案1 000余卷。2020年，档案室引进了《南大之星》档案管理系统软件，建立了档案目录数据库。2020年至今陆续实现将学籍档案纸质版扫描电子存档，实现了部分纸质档案电子副本全文检索。

六、面向未来工作设想

在加强档案管理的同时，进一步加强档案室建设。加强档案基础业务建设，提高档案工作质量和管理水平。重点抓好档案质量，实现档案整理规范化、目标管理制度化，做到档案收集完整、划分保管期限准确、整理和编目科学、检索和利用方便、保管条件科学安全。

大力推进档案信息化建设。根据档案信息化建设的需要,坚持文档一体化原则,把档案信息化纳入机关办公自动化的总体布局,推进档案管理与信息化建设同步进行。充分利用计算机技术和网络技术,逐步实现档案资源上内部局域网,资源共享,进一步提高档案管理现代化水平。

(黑龙江农业职业技术学院综合档案室　舒　丹)

查阅档案

档案人员业务学习

档案人员接待学生、教职工查阅档案

大兴安岭职业学院档案工作概览

一、学校概况

大兴安岭职业学院是2002年由黑龙江省人民政府批准成立、由大兴安岭地区行署举办的全日制综合性普通高等学校，是黑龙江省骨干高等职业院校、“1+X”证书试点单位，大兴安岭地区产业人才培训基地，黑龙江省“文明单位”标兵。学院占地44 hm^2，建筑面积9.1万m^2，实验林场300 hm^2，建有附属医院、综合实训基地、版画创作基地等65个校内实训基地和分布在全国各地的74个校外实习基地，拥有大兴安岭寒地中药产业研究院、大兴安岭地区检验检测中心及林业行业、电子行业职业技能鉴定站等多个科技创新与技能培训平台，固定资产总值2.24亿元，教学科研仪器设备值超过4 000万元。现有全日制在校生2 929人；有教职工294人，其中专兼职教师241人，高级职称教师78人，研究生学历教师102人，“双师型”教师98人，省级教学名师4人。学院设有林业管理系、医学技术系、电子工程系、师范教育系、艺术体育系、成人教育部、基础部、思政部8个教学部门，开设森林防火指挥与通讯、林业技术、护理、临床医学、口腔医学、计算机网络技术、学前教育等20个高职高专专业，建有6个省级重点专业、2个省级教学改革试点专业，其中森林防火指挥与通讯、林业技术两个专业入选黑龙江省卓越人才培养计划，临床医学专业入选教育部卫生部卓越医生培养计划。学院牵头组建大兴安岭地区职业教育联盟，参与组建职业教育对口支援协同发展联盟、中国（北方）现代林业职业教育集团、黑龙江省林业职业教育集团，并与俄罗斯远东国立农业大学、广东轻工职业技术学院等国内外知名院校建立对口合作关系。2014年12月，学院成为黑龙江省骨干高等职业院校，综合办学实力跻身黑龙江省高职院校前列；2016年和2019年，学院两次入选高职高专院校综合竞争力全国600强；2020年7月，中共黑龙江省委书记张庆伟同志来到学院检查指导工作，对学院办学水平和人才培养工作给予充分肯定。

二、档案机构发展沿革

2002年大兴安岭职业学院成立以来，切实加强对档案工作的领导，将合校前3所中等专业学校及广播电视大学的档案收集、整理，进行统一管理。2007年，学院为加强档案工作管理，成立了学院档案工作领导小组，建立了学院档案室，归属党政办公室管理，负责全院档案管理与业务指导。2011年，学院新建办公楼投入使用，在二层东侧建设档案专用库房，面积66 m^2。学院历届领导班子都高度重视档案工作，为档案工作开展提供充足的经费保障。2020年，学院组建新一届领导班子，对学院档案工作领导小组及时进行调整，由学院党委副书记、院长任组长，党政班子成员为副组长，各系部、各部门负责人为成员，研究决定档案工作中的重大问题。领导小组下设工作专班,设在党政办公室,由分管副院长任专班组长,主管学院档案工作。通过档案工作专班,具体落实档案工作任务,统筹、协调处理学院档案事务。

三、档案机构基本情况

大兴安岭职业学院严格执行档案工作法律法规及制度办法,为档案工作创造便利条件,努力促进学院档案事业科学发展。学院设立档案室,是学院保存和提供利用档案的专门机构,归属党政办公室管理,档案室具备符合要求的档案库房和设备设施。学院根据工作实际,对人事档案、学生档案等利用频繁且具有一定独立性的档案,设立部门档案室单独保管,由相应业务部门负责管理。档案室配备专职档案员1人,负责全院党群、行政、教学、财务等综合档案管理;各部门配备兼职档案员,负责部门档案的收集、整理和归档工作。学院积极参加省、地档案管理部门组织的业务培训,按时向省档案学会缴纳会费。档案工作所需经费列入党政办公室年度预算。

大兴安岭职业学院不断加强档案室建设,添置有关设备,配备彩色激光打印机、扫描仪、刻录机、联想系列台式计算机、惠普激光打印机以及档案管理软件等,保证档案工作设备设施齐全。档案库房设置在学院办公楼二层东侧,未毗邻水房、卫生间、车库等可能危及档案安全的用房,基本符合“九防”要求。库房安装全封闭防盗门,配备防火、防水、防盗报警系统,视频监控等安全系统。现有库房不仅能够满足目前档案工作需要,还保留了足够的预备空间,配备了温湿度测试仪、灭火器、空调机等安全防护设备设施。库房内配备档案柜、光盘柜、保密柜等档案装具。学院实行档案库房、阅文室、办公室“三分开”,档案员负责定期检查档案库房设备设施运转情况。

四、档案机构主要职能

贯彻执行国家有关档案工作的法律法规和方针政策,综合规划学院档案工作。制定学院档案工作规章制度,并负责贯彻落实。负责接收、整理、鉴定、统计、保管、利用学院的各类档案及有关资料。组织实施档案信息化建设和电子文件归档工作,开发档案信息资源。开展档案的开放和利用工作。开展学院档案工作人员的业务培训。利用档案开展多种形式的宣传教育活动,充分发挥档案的文化教育功能。业务范围是全院党群、行政、教学、财务等综合档案管理。

五、档案工作主要业绩

大兴安岭职业学院深入学习贯彻习近平总书记对档案工作的重要指示批示精神,在黑龙江省高校档案学会大力支持和正确指导下,不断加强档案工作管理,强化组织领导,配齐机构人员,完善工作制度,加强基础业务与信息化建设,着力防范档案安全风险,较好地完成了档案工作各项任务。

大兴安岭职业学院制定《大兴安岭职业学院档案管理制度》《大兴安岭职业学院档案安全责任制度》,健全档案的保管、利用、借阅、鉴定销毁、移交、奖惩、安全等管理办法并认真执行,制定学院文件材料归档范围和档案保管期限表并报大兴安岭地区档案局审查同意,不断完善档案工作制度体系,保证档案工作有章可循,有法可依。

大兴安岭职业学院在开展档案开发利用工作时，重点加强安全管理，严格履行规定手续，所有与档案相关的工作都需要登记，实施完整的、系统的档案管理登记制度。在学院省级骨干高等职业院校建设项目验收、省审计厅经济责任审计、地委常规巡察工作、教育部人才培养工作评估、就业工作评估、成人教育评估等各项重点工作和重要活动中，学院档案室提供了大宗档案材料及档案查询服务，较好地发挥了服务职能。2021 年，学院参加“档案话百年”主题征文活动获优秀奖。

大兴安岭职业学院坚持“安全第一、预防为主”的原则，制定了《大兴安岭职业学院档案安全应急预案》，切实加强对档案工作的监督检查、风险防范和应急管理，定期对档案安全进行自查，及时排查整治档案安全隐患。学院按照“谁主管，谁负责”“谁在岗，谁负责”的原则，实施全员、全程和全岗位的安全管理体制，逐级明确档案安全责任，做到档案安全人人有责。

六、面向未来工作设想

1.严格落实档案工作责任

为切实提升档案工作水平，学院将进一步明确和落实档案工作主体责任，加强责任管理和目标考核，将档案工作列入各部门年度考核指标，提高各部门对档案工作重要性的认识，保证档案工作各项任务落实到位。

2.加强档案工作基础建设

加大对档案工作的经费投入，加强档案室库房建设，补充、更新档案室信息化设备，购置、升级档案管理软件，提升档案安全保障能力和信息化建设水平。深入开展档案实体清查工作及档案鉴定销毁工作。

3.加强档案安全风险防范

健全档案安全应急管理机制，定期组织应急处置实战演练。完善抢险救灾器材配置，定期组织安全风险隐患排查，及时处理潜在问题。安排专业人员对档案室各类设备设施进行检测，确保其正常运转。加强对档案工作的指导培训和宣传教育，对各部门档案工作进行督查检查，对档案工作中存在的问题和不足，坚持立行立改、彻查彻改，保证学院档案工作科学、规范、平稳运行。

（大兴安岭职业学院党政办公室　于志伟）

美丽校园

学院领导参观“6·9 国际档案日”档案宣传展览

档案库房

档案人员库房查档

鹤岗师范高等专科学校档案工作概览

一、学校概况

鹤岗师范高等专科学校是2002年经教育部批准的公办全日制普通高等学校，其前身是始建于1958年的鹤岗市师范学校及鹤岗矿务局师范学校、鹤岗财经学校。

学校地处黑龙江、松花江、小兴安岭"两江一岭"围成的金三角区域——鹤岗市，坐落在黑龙江流域美丽的梧桐河畔。学校办学条件完善。校园占地面积50.58万m^2，建筑面积9.60万m^2，固定资产14 963.85万元，教学科研仪器设备总值1 551.13万元，图书馆藏书40.87万册。学校现有教学楼2栋，艺体综合楼1栋，内设篮球馆、排球馆、乒乓球馆、体操馆、舞蹈馆、琴房；有标准化体育运动场、篮球场、网球场等运动场地；设有餐厅超市综合楼和可容纳5 000余名学生的公寓4栋。先后建设了教师教育综合素质训练中心、学前教育实训中心、计算机网络技术实训中心、财会电算化实验室等校内外实验实训基地20余个。

学校设有人文教育系、小学教育系、学前教育系、外语系、体育系、职业技术系、思想政治理论课教学科研部7个系部。在校生总人数4 221人。现有专任教师207人，"双师型"教师132人。全校现有教授及正高职28人，副教授及副高职147人；博士研究生2人，硕士研究生129人，副高及副高以上职称教师占50.6%，硕士及硕士以上学历教师占37.4%，双师素质教师占63.5%。享受国务院、省政府特殊津贴2名，获曾宪梓基金奖2名，省级名师4名，省级领军人才梯队学科带头人1名，市级领军人才梯队带头人6名、拔尖人才15名、优秀人才13名。

二、档案机构发展沿革

为满足鹤岗市中小学对教师的需求，1958年12月鹤岗师范学校成立。至2000年1月鹤岗市师范学校与鹤岗矿务局师范学校、鹤岗财经学校合并成立鹤岗师范高等专科学校申办高校。2002年3月鹤岗师范高等专科学校经教育部批准正式成立，是鹤岗市唯一一所公办性质的全日制普通高等院校。鹤岗师范高等专科学校档案室成立于2002年，隶属于党政办公室管理。2000年三校合并后，原鹤岗市师范学校和原矿务局师范学校的档案先合并到综合档案室。2010年接收了原财经学校档案。2005年省教育厅将高职高专纳入高校档案管理范围，要求高职高专按省教育厅高校档案统一管理。2012年高校档案检查后，我校将移交到鹤岗市档案馆的档案于2012年11月接收回来，使学校档案按省高校档案管理要求做到了完整统一管理。

三、档案机构基本情况

鹤岗师范高等专科学校综合档案室现存4个全宗档案，原鹤岗市师范学校3 483卷；原鹤岗矿务局师范学校699卷;原鹤岗财经学校708卷;现鹤岗师范高等专科学校3 866盒16 468件。原有3个全宗档案内容包括文书档案、会计档案、学籍档案、基建档案等,现在的档案内容包括党群类、行政类、教学类、科研类、基建类、财会类、实物类、设备类、出版类、声像类,业务管理归校办公室、市档案局和省教育厅。

2012年5月,学校根据教育部、国家档案局颁布的《高等学校档案管理办法》及省教育厅高校档案检查的指示精神,结合学校的具体情况投入10万元加强档案室建设,配备了密集架等各种设备及用品,引进了《南大之星》档案管理系统软件,在图书馆楼设立了档案库房、档案办公室、档案借阅室,健全了各项管理制度。

专职档案人员1人,负责全校综合档案室现有档案的管理利用等工作。兼职档案员26人。档案室现有密集柜6列;档案柜9组;档案管理软件1个;计算机2台;打印机2台;扫描仪1台。

四、档案机构主要职能

(1)贯彻执行国家关于档案工作的法令、政策和规定,规划学校档案工作;制定学校关于档案工作的规章制度,并负责监督、指导和检查执行情况;负责接收(征集)、整理、分类、鉴定、统计、保管学校的各类档案及有关资料。

(2)开展档案的开放和利用工作。

(3)负责编辑档案参考资料,编制检索工具,积极开发档案信息资源;参加档案信息工作的整体化建设,开展多方面协作,进行档案信息交流;负责对学校档案工作人员的业务培训;开展档案宣传工作和利用者教育活动;开展档案学术研究和校际间的交流活动。

五、档案工作主要业绩

领导高度重视,部门积极配合,形成档案工作网络体系。学校党政领导十分重视档案工作,成立了由校长任组长,党委副书记为副组长,各部门负责人为成员的档案工作领导小组,加强了对档案工作的宏观管理和具体指导。各部门都有分管档案领导,并配备了兼职档案员。通过学习新修订的档案法和《高等学校档案管理办法》,学校党政领导深刻认识到档案是重要的信息资源,是学校的宝贵财富,档案工作是反映学校管理水平、关系学校发展的一项重要工作。每年的全校工作安排中都把档案工作纳入其中,认真部署,并作为年终检查的重要内容。不断加大管理力度,进一步推动档案工作向科学化、规范化、制度化和网络化方向发展,促进了学校整体工作水平的全面提高。

加强队伍建设,提升管理能力,不断提高专兼职档案员素质。学校坚持选用工作认真扎实、责任心强、文化层次高的人员充实到档案员队伍中,使档案工作队伍整体素质有了明显提高。一是加强专职档案员工作能力和业务素质的培养。加强日常业务学习,聘请鹤岗市档案局人员来校进行业务指导,曾经专门组织11名专兼职档案员到佳木斯职业技术学院等兄弟院校学习,整体工作水平也逐渐提高。二是加强兼职档案员的培训工作。学校办公室定期举办全校档案培训班,采取集中培训、个别指导的做法,从抓档案业务建设入手,组织学习新修订的档案法及《高等学校档案管理办法》等上级有关文件精神和规章制度。通过学习和培训,收到显著成效,广大兼职档案员的工作能力和业务素质有了很大提高。

规范档案管理,设施日益完善,确保档案工作顺利开展。制定了档案工作系列规章制度,采取多种措施,把档案管理列入各单位的正常工作,保障了档案的完整、准确、系统。

一是实行了学校各项工作与档案工作"四同步"管理。即在布置、检查、总结、验收各项工作时,同时布置、检查、总结、验收档案工作。学校把档案工作纳入全校工作计划总结,纳入领导议事日程,纳入单位职工的岗位责任制。

二是建立和完善文件材料的归档制度,要求在每次重要会议召开、每项科研成果鉴定、基建工程竣工验收、重要仪器设备开箱验收时,专职或兼职档案员都参与进去,保证所形成的档案完整、准确。

三是形成了档案室工作督办制度。按照上级文件和《鹤岗师专档案管理办法》中规定的各类档案归档时间,采取电话督办、网上督办、下发督办通知单等方式,确保立卷归档工作按时完成。

四是加大了对档案工作的经费投入。根据档案工作发展的实际需要,不断满足档案工作的需要,投入十余万元加强档案室建设,配备了密集架、电脑、打印机、复印机、扫描仪、碎纸机、照相机等档案专用设备,引进了《南大之星》档案管理系统软件。在图书馆楼设立了档案库房、档案办公室、档案借阅室,使用面积近 200 m^2,2013 年学校建成标准化档案室,建立健全了各项管理制度,并采取了防火、防盗、防高温、防潮湿、防光、防尘、防鼠、防虫、防污染等措施,为库房配备了温、湿度测试仪、灭火器和加湿器等项设施设备。不断加快推进档案工作规范化、精细化、信息化、现代化建设。

加强服务工作,提高档案咨询和信息开发利用率。学校档案室拥有几十年的各门类档案,学校利用档案开展了多种形式的档案咨询服务和信息开发利用工作,取得了较好效果。2007 年人才培养工作评估、2008 年精神文明单位评估、2018 年校庆 60 周年活动、地方安置毕业生材料审核,以及为学校校志的编写、校内外人员的学历认证、校各部门查档等提供利用千余人次,档案室不仅成为学校档案的保管基地和查找利用的中心,更为地方社会发展做好了服务工作。

六、面向未来工作设想

为了进一步做好今后的档案工作,学校拟采取以下措施:一是强化档案管理意识,在省教育厅的领导下,在高校档案学会的指导下,认真开展工作,积极组织有关人员学习国家、省市关于档案工作的法规、文件,深入贯彻落实新修订的档案法及《高等学校档案管理办法》《高校档案实体分类办法》,不断加深对档案工作重要性的认识,增强做好档案工作的责任感和紧迫感。二是加大档案信息开发利用的力度,继续做好档案管理软件、学校局域网的档案查询与利用工作,加强为学校教学、科研服务的新档案理念。三是加强学校档案工作的对外交流,坚持走出去请进来的工作思路,学习兄弟院校的先进工作理念和工作经验,努力实现档案工作的科学化、规范化、制度化和现代化,使我校档案工作提高到新的层次和水平,发挥档案工作在教学、科研、管理等各项工作和学校发展中的积极作用。

(鹤岗师范高等专科学校党政办公室综合科　田　原)

鹤岗师范高等专科学校"6·9国际档案日"开展活动

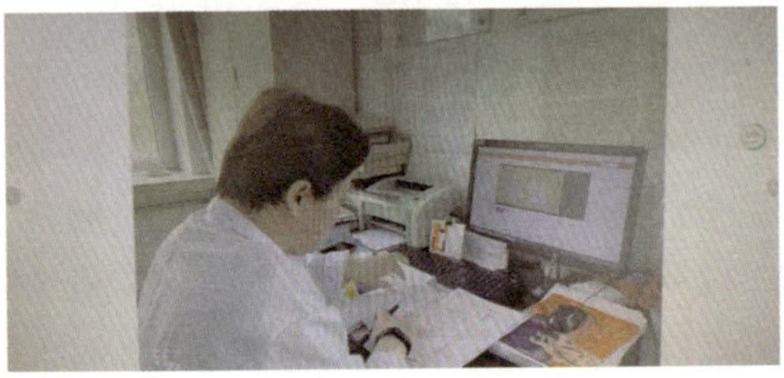

鹤岗师范高等专科学校档案
工作人员业务学习

鹤岗师范高等专科学校召开档案
工作会议及业务培训

黑龙江艺术职业学院档案工作概览

一、学校概况

黑龙江艺术职业学院是黑龙江省唯一的一所国办全日制综合性艺术职业院校。其前身是创建于1959年的黑龙江省戏曲学校，1972年更名为黑龙江省艺术学校，2002年经省政府批准，成立黑龙江艺术职业学院。

黑龙江艺术职业学院现有舞蹈、管弦、声乐、艺术设计、传媒、戏剧影视、艺术教育7个专业系，音乐理论教学部和思政部2个教学部。包含以艺术表演类等特色和优势专业为引领和其他专业相辅的7个专业群，开设25个高职专业28个方向。戏剧影视表演专业、舞蹈表演专业为省级重点建设专业，其中舞蹈表演专业2021年入选黑龙江省第二轮高水平专业群建设项目；音乐表演、舞台艺术设计与制作专业为中央财政支持重点建设专业。2019年舞蹈表演专业通过教育部骨干专业建设项目验收；广播影视生产性实训基地建设项目通过教育部全国文化艺术行指委验收。“花棍舞”和东北秧歌被“三部委”遴选为全国民族文化传承与创新示范专业。

黑龙江艺术职业学院被誉为“黑龙江艺术人才的摇篮”，建校60余年来，培养了一大批全省乃至全国知名的表演艺术家、剧作家，如剧作家张明媛、鲍十；书法家张戈；戏曲表演艺术家刘淑琴、赵三凤、白淑贤、邢美珠、李师友；杂技表演艺术家王虹；舞蹈家唐文娟、魏云、邱辉；歌唱家牟玄甫、金曼、刘和刚、于乃久、王邵玫；作曲家王宁、李黎夫；小提琴演奏家薛苏里；音乐剧制作人李盾；国家一级导演李刚；影视表演艺术家刘佳、刘之冰、佟瑞欣、张国强；画家吴团良、林建群等。近年又涌现出王向阳、马佳、李雪飞、张欢、侯赛男、郭娇、夏蕴慧等一大批新星。

黑龙江艺术职业学院不断提升办学层次，着力打造以高职教育为主、中职教育为辅、成人培训为补充、本科教育为提升的人才培养“立交桥”。先后推出“教学活动季”“教学实训演出”“高雅艺术进校园系列展演”“黑龙江乔梁舞蹈艺术中心”等实训活动和平台。目前学校建有20余处校外实训基地，校企深度合作专业占一半以上，为学生提高职业岗位能力和就业奠定了良好的基础。

二、档案机构发展沿革

黑龙江艺术职业学院综合档案室创建于2012年，隶属于学院办公室，综合档案室现有专职档案员1名，办公室有1名同志兼职档案工作。学院建立了档案管理三级网络，在全校25个部门设立了兼职档案员，现有专兼职档案员26人。综合档案室硬件设施完备，库房面积充足,应用《南大之星》档案管理系统软件,对档案进行数字化管理。学院领导高度重视档案工作,综合档案室自创建伊始,从制度建设、组织建设、业务建设等方面不断加强档案工作建设,在办公条件紧张的情况下,学院创设了独立的综合档案室、阅档室,积极筹措资金,购置档案装具和设备,为档案工作投入20余万元。建立健全与学院办学规模相适应的档案管理机构,制定档案管理各项规章制度,修订完善学院各类档案归档范围。在省教育厅的协调支持下,聘请荣获黑龙江省"最美龙江档案人"荣誉称号的黑龙江省中医药大学原档案馆馆长李凤莲老师为学校档案指导专家,开展档案业务指导和培训。实行档案工作目标管理考评,学院于2013年4月组织开展对全校28个部门的档案管理工作考评,评选出9个档案工作先进集体,13个档案工作先进个人;2015年4月,学院再次组织开展全校档案工作大检查,评选出8个档案工作先进集体,9个档案工作先进个人,学院分别召开表彰会,对档案工作先进部门和个人进行表彰和奖励,通过以评促建、以评促改,推动学院档案工作不断迈上新台阶。2015年6月5日,黑龙江省高等院校档案学会成立暨第一次会员代表大会在齐齐哈尔大学召开,黑龙江艺术职业学院作为高职院校的唯一代表在大会做交流发言。在2013年、2016年省教育厅、省档案局联合开展的全省高校档案工作检查中,学校的档案管理工作得到专家组的肯定和认可,评定成绩位列全省高职院校前列。

三、档案机构主要职能

黑龙江艺术职业学院综合档案室积极指导全校各部门开展部门立卷,并认真做好文件的接收、归档立卷和提供利用工作,在毕业生档案查询、学历认证以及教职工职称评定、选拔任用干部和教学评估等方面发挥了重要作用,为学校开展编研、创建校史馆提供了大量珍贵史料和可靠依据。档案管理工作对学校深化教育教学改革,实现管理育人、服务育人、文化育人,不断提高人才培养质量和管理水平,具有重要作用。

四、档案工作主要业绩

黑龙江艺术职业学院积极挖掘馆藏档案资源,充分发挥档案"以史育人、以史铸魂"的重要作用。学校综合档案室在举办校庆活动和校友音乐会、创建校史馆暨省艺术博物馆以及开展优秀校友"每月一星"系列活动中发挥了重要作用。

1.在创建学校校史馆暨省艺术博物馆中发挥重要作用

近年来,黑龙江省在艺术领域培养了很多在全国叫得响的文化领军人物,打造了诸多舞台精品剧目,为记录这些成就,宣扬黑土地上的艺术品牌,填补我省艺术博物馆建设的空白,宣传和展示黑龙江省的艺术人才培养硕果和办学成就,黑龙江艺术职业学院于2016年4月启动筹建黑龙江艺术职业学院校史馆暨黑龙江省艺术博物馆。为深入展示好把握好挖掘好学校的历史和事件,呈现好名师名家的艺术风采,办公室同志从查阅研读校史开始,联络沟通历任老校长、老领导、老同志以及33位校友名家,联络省戏曲学校第一任校长利化老先生为校史馆题字,征集各类史料和展品。并从档案室入手,查阅各类档案资料600余件;整理教材152册、节目单196份;搜集到从1981年以来的各类招生简章36份;校报52期;建校周年题词58份;各类实物展品500余件;查阅影集124册、照片4 000张,扫描照片1 474张,其中在校史馆采用照片502张,总计查阅搜集整理接收各类档案资料和实物5 637件。黑龙江艺术职业学院综合档案室保存的文献史料和大量珍贵照片，为校史馆提供了宝贵的第一手资料，也为校史馆创建提供了坚实的物质基础和保障。

黑龙江艺术职业学院校史馆暨黑龙江省艺术博物馆于2016年12月中旬竣工完成，2017年3月7日起面向社会试开馆，4月11日正式开馆向社会免费开放。整个展馆占地约500 m^2，共分为4个展厅：校史馆展厅、群星璀璨展厅、“每月一星”优秀校友艺术成就展展厅和省艺术博物馆精品展厅。校史馆展厅通过翔实的文字，生动的图片、史料、实物和影像，全面展示了从1959年省戏曲学校建校到黑龙江艺术职业学院至今60多年的办学历史和辉煌成就；再现了历代艺校人自强不息、艰苦奋斗的创业历程；凸显了学校在不同历史发展时期为黑龙江省艺术教育事业的发展、为我国文化艺术的传承与创新做出的突出贡献；群星璀璨展厅展出了学院建校60多年来培养的30余位在各个专业领域取得突出成就的优秀毕业生代表；“每月一星”展厅主要展示从黑龙江走出去的，特别是从黑龙江艺术职业学院走出去的在各个专业领域取得卓越艺术成就的优秀艺术家校友；艺术博物馆精品展厅主要展示和推介中外艺术家的优秀艺术作品。艺术博物馆精品展厅先后推出了中国传统戏曲艺术作品展、宿万盛花鸟画作品展、朱晓东冰版画作品展、林建群艺术作品文献展、张戈书法作品展、俄罗斯画家油画展、黑龙江省青年画家优秀艺术作品展、黑龙江艺术职业学院师生艺术作品展等30余场展览，受到社会公众的热烈欢迎和好评。

“两馆”先后接待了黑龙江省原省长陆昊、省委宣传部常务副部长杨殿军等省领导，累计接待团体及社会公众4万余人次，获得了广泛的社会关注，2018年被省教育厅选入黑龙江省中小学教育实践基地。“两馆”及“两馆”推出的品牌活动成为大学生思想政治教育和对外宣传的一张重要名片，为弘扬社会主义核心价值观，促进文化艺术交流发挥了重要作用。

2.为黑龙江艺术职业学院优秀校友“每月一星”艺术成就展活动的成功举办做出重要贡献

黑龙江艺术职业学院以“两馆”作为重要的思想教育阵地，推出意识形态特色教育，对新生进行入学教育、励志教育和社会主义核心价值观教育，将思想政治教育引向深入。依托校史馆，邀请从学校走出去的、在全国有知名度和影响力的优秀校友回母校举办“每月一星”艺术成就展活动，“每月一星”艺术成就展通过实物、图片、影像和文字四位一体的展览，通过面向师生和社会的艺术讲座、大师课等活动全面展示校友明星的成长经历和艺术成就，让观众读到、看到、听到艺术家的人生经历。学校综合档案室为“每月一星”艺术成就展活动提供了大量珍贵的史料、照片和实物展品。

“两馆”共推出30期“每月一星”优秀校友艺术成就展，主要有：剧作家鲍十；龙江剧表演艺术家白淑贤、李雪飞；京剧表演艺术家马佳、黄丽珠，京剧新秀张欢；评剧表演艺术家王向阳；旅美小提琴演奏家薛苏里；歌剧表演艺术家金曼，歌唱家刘和刚、于乃久；影视表演艺术家刘之冰、佟瑞欣，影视演员孙宁；书法家张戈；作曲家王宁；著名导演李刚；画家林建群、支林峰；舞蹈家邱辉、舞蹈教育家李登友、舞蹈新秀郭娇；中提琴演奏家盛利、小提琴演奏家夏蕴慧；舞美设计师梁溪清；资深媒体人李劲松等。

五、面向未来工作设想

2021年10月，在省委省政府和哈尔滨市政府的关怀支持下，在省文化和旅游厅以及学院的共同努力下，黑龙江艺术职业学院实现了建校史上具有里程碑意义的校区搬迁，原校区从南岗区和兴路 149 号搬迁至香坊区公滨路 108 号，新校区面积扩大，校舍扩增，校园环境极大改善，学院的软硬件建设得到进一步加强。新校区、新规划、新愿景，对学院未来发展提出了新的更高要求。在学院党委书记杜伟、院长陈宇为领导的新一届领导班子的带领下，学院将围绕贯彻落实党的二十大精神，围绕贯彻实施新修订的档案法和习近平总书记对档案工作的重要指示批示精神，将做好档案工作作为提升学院办学活力和管理水平的重要举措，充分发挥档案“记录历史、服务现实和未来”的重要功能，扎实推进学院档案工作取得实效。

（1）加强组织领导。把档案工作作为一项重要内容持续纳入学院总体发展规划，与其他各项工作同部署、同要求、同落实。学院分管领导和部门负责同志将切实担负起工作落实主体责任，从人财物等方面给予档案工作充分保障，切实推动档案工作走深走实。

（2）狠抓工作推进。强化档案服务宗旨，拓宽服务领域，充分发挥档案在学校教育教学改革中的独特作用。一是提高档案管理水平。坚持部门立卷制度，持续抓好各部门年度档案的立卷归档和现行文件的档案管理，健全完善档案管理制度，改革传统的档案管理方式，引进现代化管理技术和手段，推进档案数字化、信息化建设，不断提高服务质量。二是提升档案管理队伍素质。通过“请进来、走出去”等方式，加强对专兼职档案人员的业务指导和培训，不断提升其业务素质和能力。三是加大档案资源的开发力度。深入抢救、挖掘老档案和红色档案，为学校积累宝贵的文化财富。积极开展档案编研，传播档案声音，讲好档案故事，为学院发展提供智力支持和保障。

（3）强化宣传引导。加大档案工作的宣传力度，及时总结全校各部门开展档案管理工作的好经验好做法，积极宣传和展示档案工作在推进学院教育教学改革方面取得的成果和成效，及时发布国家档案政策解读，畅通师生服务渠道，让师生的获得感、幸福感更加充实、更有保障、更可持续。

（黑龙江艺术职业学院办公室　张　梅）

黑龙江艺术职业学院档案
工作总结表彰会

黑龙江艺术职业学院“南大之星”
档案管理软件培训会

哈尔滨电力职业技术学院档案工作概览

一、学校概况

哈尔滨电力职业技术学院是黑龙江省政府批准成立的一所工科类全日制普通高等院校，省级文明单位标兵。

学院的前身是国家级重点中等专业学校——哈尔滨电力学校，始建于1958年。2002年2月经黑龙江省政府批准，晋升为专科层次的高等职业技术学院。素以“严、实、精、勤”的校风而闻名。学院以高等职业教育为主体，兼有中职办学功能。按照教育行政部门审定的招生计划面向全国招收高中和初中起点的高职及中职学生。承担着为电力系统内、外培养中、高级应用型技术人才的任务。学院办学规模逐年扩大，现有在职职工332人，其中学院全民在职职工210人，其中专职教师77人。

学科建设不断完善，设立了电气运行及控制技术、热能动力设备及控制技术、供用电技术、通信技术、水处理技术、财务会计、采暖通风与空调、电子商务、网络建设与管理、电脑广告设计、计算机应用技术等优势专业及专业方向。哈尔滨电力职业技术学院历史最久的热能动力设备及电气运行两个专业已发展为专业人才培养体系完整、师资力量雄厚、质量高、规模大、特色鲜明的名牌专业，在全国电力系统中享有盛誉。

二、档案机构发展沿革

建校初期，档案管理工作由各部门分散管理，1984年7月成立综合档案室，对全校各类档案实行统一管理，配备了专职档案人员，增加了库房面积，购置了档案设备，开展了档案升级工作。

三、档案机构基本情况

多年来学院档案室在黑龙江省高等学校档案学会及国网黑龙江省电力有限公司指导下，狠抓档案建设工作。一是制定了档案管理工作的各项规章制度和工作标准，并将其纳入学院的各项管理工作中，做到档案管理有章可循；二是加强基础业务建设，彻底清理和整理各类库存档案，全面提高了档案质量；三是抓库房基础建设，不断改善办公室和档案的保管条件；四是充分开发档案信息，加强档案信息的提供、利用、服务作用，充分利用国网公司开发的协同办公系统档案模块进行档案管理，在归档、查档过程中充分体现安全、高效、便捷的优势。为全院教学、科研和经营管理发挥了档案信息的中心作用。

学院档案室现有专职档案员1人，兼职档案员16名。专职档案员具有大学本科学历，具备较高的档案专业水平，有实践经验，能独立工作，在档案工作中充分发挥作用，为学院的各项管理工作提供了可靠的保证。

目前学院档案室库藏的各类档案共计 6 918 卷，其中文书档案 1 292 卷，教学档案2 568卷，财会档案 2 737 卷，科技、设备档案 136 卷，基建档案 185 卷；文件数 86 456 件；实物档案 275 个。

四、档案机构主要职能

学院档案工作接受黑龙江省档案局、黑龙江省教育厅、国网黑龙江省电力有限公司办公室的领导、监督和检查。

1.学院综合档案室已实现各类档案集中统一管理

（1）学院设有综合档案室，集教学、文书、财会、科研、基建、设备、实物档案管理于一体。各种门类、载体的档案由档案室实行集中统一管理。办公室主任兼任档案室主任。

（2）学院档案工作形成了管理网络，各二级网设有兼职档案员，各部门都明确了分管档案工作的领导，档案室认真履行对二级网的监督、检查和指导的职责。已建立以档案部门为核心，各部门、各项目专兼职档案人员为基础的档案工作体系。

2.学院综合档案室负责对各部门档案工作进行业务指导

（1）贯彻执行党和国家及上级主管部门有关档案工作的方针、政策和法规，制定本单位的档案管理制度并贯彻实施。

（2）对本单位的档案工作进行统筹规划、协调组织，对本单位在教学、管理、基本建设等活动中形成的应归档保存的文件材料的积累、整理、归档进行监督、检查和指导，以保证归档文件材料的齐全、完整、准确、系统。

（3）做好档案数字化覆盖率、档案年归档率等工作。

（4）积极开展档案编研工作，开发档案信息资源，做好档案提供利用工作。认真进行档案综合统计工作，按时上报统计报表，严格执行档案管理制度。

（5）根据档案保管期限和密级，按规定程序组织档案鉴定和密级调整。对应销毁的档案严格履行规定的销毁手续。

（6）负责执行党和国家的秘密、保卫制度，确保档案的安全。

五、档案工作主要业绩

学院在上级档案部门的关怀和指导下，认真开展档案工作目标管理，调整充实了档案管理领导机构，建立健全了档案管理网络体系，增加库房面积、现代化设备，进一步改善了档案保管条件，加强了档案工作的业务建设，档案管理水平取得了明显进步。

学院档案管理在 1995 年 11 月通过省部级认证。于 2002 年学院档案晋升为“国家二级”标准。

在 2012、2013、2016 年度省教育厅及省档案局联合执法检查中取得了良好成绩。

面对新形势下档案工作的数字化要求，及时把需要数字化的档案整理分类，文书、教学、科技档案数字化率达到 90%以上，为档案工作的开展创造了良好条件。

2013 年初，为了全力配合学院办公室“创一流办公室”的部署，重新制定了《国网黑龙江省电力有限公司技能培训中心档案管理办法》等 23 项制度，重新修订了《文件材料归档范围和保管期限表》等重要指导制度，并且形成了年度《文件汇编》《组织机构沿革》等一系列编研成果，以“创一流办公室”活动为契机，努力提高业务素质，规范管理流程，使学院档案工作逐步正规化，制度化。在此次创优活动中，档案部分取得 98 分的好成绩。

2015 年 5 月，学院专职档案员代表国网黑龙江省电力有限公司参加国家电网公司举办的第一届档案职业技能竞赛，取得优异成绩。专职档案员分别于 2014、2015、2016 年荣获“国网黑龙江省电力有限公司档案工作先进个人”荣誉称号。

在长期的工作中，学院档案室不断加强编研的能力，每年都整理编写《技培中心文件汇编》和《档案利用效果实例》。2015 年 9 月获得黑龙江省高等院校档案学会论文评选三等奖，并在《黑龙江档案》2015 年第五期发表《浅议档案信息化建设相关问题》，2016 年第一期、第四期分别发表《档案管理工作创新发展探析》和《谈高校档案的价值实现》两篇论文，后文获黑龙江省档案局档案科技项目“高校档案价值实现研究”（项目编号：HDK2016-10）优秀奖。

六、面向未来工作设想

在今后的工作中，认真贯彻新修订的档案法，严格按照档案管理要求，完善档案管理制度，为档案工作打下坚实的制度基础。围绕档案收集、整理、安全保管和提供利用等方面的工作，大胆创新，创造性地开展工作。加大档案宣传力度，将档案法规制度落到实处。

（哈尔滨电力职业技术学院党委办公室　王奕文）

学校外景

齐齐哈尔高等师范专科学校档案工作概览

一、学校概况

齐齐哈尔高等师范专科学校始建于1906年,为黑龙江省城齐齐哈尔前汉义学设立的师范速成班。1914年更名为黑龙江省立第一师范学校,是全国建校最早的中等师范学校之一,素有“龙江师范第一校”的美誉。2003年,经教育部批准,将原齐齐哈尔幼儿师范学校、市教育学院和1947年毛泽东同志亲笔题名“萌芽学校”的原克山师范专科学校部分资源融入,建成占地面积28万 m^2、建筑面积12万 m^2 的全日制普通高等专科学校。学校现有教职员工313人,其中,硕士学位以上教师占59.2%,副高级以上职称占41%,双师素质223人,占比84.79%。拥有省级优秀教学团队1个、教学名师4人、青年教学能手1人、小学师资培养院校骨干教师17人。享受省政府特殊津贴1人、市政府特殊津贴2人。全日制在校学生6 000余人。设“六系二部”教学运行体系,开办25个专业,其中,特殊教育、小学教育为中央财政支持专业,学前教育等7个专业为省重点支持专业,是教育部幼儿教师国家培训基地、黑龙江省骨干高等职业院校、省内唯一农村学前教育研究基地,承担国省两级幼儿教师“国培计划”任务,就业率始终保持在90%以上。

百年磨砺、薪火相传。齐齐哈尔高等师范专科学校秉承“敦品砺学、修身强技、求精务实、为人师表”的校训,以“学高为师、身正为范”的职业精神,立德树人、立教报国,培养了近十万学子,遍布全国各地,为民族解放、国家建设和改革开放做出了突出贡献。国家核安全专家委员会原主任、核工业部原副部长姜圣阶,清华大学党委原书记、校长刘达是毕业生中的优秀代表。近年来,学校以习近平新时代中国特色社会主义思想为引领,全面落实立德树人根本任务,坚持“守正提升、创新做强”发展思路,紧紧围绕经济社会发展和地方重点产业项目人才需求,大力推进产教融合、校企合作、协同育人,先后与20余家企业建立合作关系,创办省内唯一陶瓷设计与工艺专业,开办空中乘务、高铁客运乘务、艺术传媒、旅游等多个特色专业。2020年,把握数字经济新业态,创建省内首家互联网产业学院,建成京东电商人才培养基地。2021年把握国家环保政策支持,新增环境监测技术专业。以“引企入校、引企入教”实现职业教育与企业、市场有效对接,逐步形成专业特色,构建了以师范教育为主、高等职业技术教育和继续教育协调发展的办学格局,走出高质量发展新路子。先后荣获“全国高职高专院校科研工作先进单位”“省级校园文明标兵”“市级劳动模范先进单位”等多项荣誉。

二、档案机构基本情况

齐齐哈尔高等师范专科学校档案管理内设机构管理部门在党政办公室,负责全校文书档案、学籍档案等管理;党委组织部负责全校人事档案管理;图书馆负责校史档案管理。

1.机构设置

一是党政办公室。内设档案室、保密室,专职档案管理。负责学校党群类、业务类、行政类等文书档案的收集、整理、归档、保管、利用、统计、鉴定、销毁等工作。二是党委组织部。内设人事档案管理室。负责学校在编教职员工及离退休人员人事档案的收集、整理、归档、保管、利用、统计、查阅等工作,以及有关档案的编研和开发利用等工作。三是学校图书馆。内设校史馆。负责校史发展规划,及校史馆资料搜集、整理、归档、保管、管理、开发利用及日常参观接待等工作,以及对校史馆宣传播放系统、校友信息等查询系统和留言书写系统的使用,并做好资料保存。

2.人员配置

党政办公室配编制内专职档案管理员 1 名,具有 6 年以上档案管理工作经验,业务能力强,能够胜任档案管理工作,接受保密工作培训,签订保密承诺协议,能够及时有效地完成档案管理各项工作任务。党委组织部设编制内人事档案管理人员 1 名,具有 3 年以上从事人事档案工作经验,接受保密工作培训,签订保密承诺协议。学校图书馆配编制内 2 名兼职管理人员负责校史馆、陈列室档案管理工作。

3.档案保管情况

一是学校现存档案数量 7 805 卷(件),其中,文书档案 1 315 卷(件)(永久 570 卷、长期 379 卷、短期 366 卷)。专业档案 1 879 卷,科技档案 17 卷(长期 17 卷),会计档案 4 243 卷(永久 266 卷、长期 3 621 卷、短期 121 卷)。各类照片、影像档案 45 册,共 20 829 张(数码照片档案 15 300 张)、实物档案 1 108 件(音、视频档案 108 盒),年均档案利用 270 次、档案 580 卷(件)。二是学校存有人事档案共计 498 卷,其中,在编教职工档案 306 卷,离退休人员档案 192 卷。三是校史馆、陈列室陈列展示物、历史档案共 1 040 种,共计 2 732 件。

三、档案机构主要职能

贯彻执行档案工作的法律、法规和方针政策,建立健全各项规章制度;负责统一管理本单位的档案,并按照规定向有关档案馆移交档案;对所属单位的档案工作进行监督和指导;对本单位文书部门和业务部门的文件材料的形成、积累和归档工作进行指导。

四、档案工作主要业绩

一是档案保密培训工作有力开展。为了进一步加强学校涉密人员的保密教育和管理,提高保密意识,强化保密责任,落实涉密人员的保密法律义务,确保学校秘密安全,涉密人员在了解有关保密法规制度,知悉应当承担的保密义务和法律责任的前提下,按照保密文件要求,针对涉密岗位、涉密人员进行保密培训,同时签订保密责任书、保密承诺书。二是档案管理规范、严格、归档及时。能够对已批示行政公文进行分类、整理、归档,保证了文件查阅、归档时的准确性、快捷性。对所有须归档的文件材料经整理后,统一建立电子台账进行管理,极大地提高了检索速度和档案的质量。在归档过程中,文件归档目录、盒内文件目录、文件资料汇编等全部采用统一格式(校名—类别—时间—文件名称),有利于档案的保存、查阅,保证档案管理的规范化、科学化。累计收集归档材料百余份。日常工作中严格按照查阅、借阅、转入、转出的流程做好人事档案管理工作。做好新上岗及调入教师的档案整理、归档工作。做好干部提职前的干部基本信息复核确认工作，材料归入考察文书档案。三是公文传阅及时、准确。公文传阅，一般采取了一日两次传阅；特殊文件（急件、密件等）随收随传，保证了公文传阅的及时性、准确性和保密性。对于接收到的公文统一进行登记、转办、催办、报结、存档工作，确保将领导批示意见的文件及时、准确无误地传达给承办部门，使其在要求上报的时间节点内，高质量、高要求地完成工作。同时对各部门取件人进行信息登记，以达到文件事事有回应 、件件有落实。

五、面向未来工作设想

一是推进档案规范化管理。明确工作任务，压实责任，细化分工，不断将档案管理工作向制度化、规范化、现代化方向推进。在加大资金投入，提升档案管理队伍素质，利用数字化手段等方面下功夫，见实效。通过加大档案管理工作宣传教育，提升全校对档案管理工作重要意义的充分认识。完善档案管理制度办法，规范档案收集归档等工作流程，加快改善档案基础设施条件，增强档案管理责任意识，切实提升学校档案规范化管理。二是推进档案科学化管理。统筹管理，科学安排，推进档案管理工作有序开展。着力提高档案管理科学化水平，加强硬件及软件基础建设，为提高档案管理科学化水平提供技术和人力保障。合理运用各项档案管理载体，运用现代化信息技术手段，加快档案管理工作提质增效。三是推进档案数字化管理，加快推进档案管理信息化建设。通过数字化、网络化等各种信息技术来建立起各类规范化、标准化、可共享的目录数据库，实现档案信息存储、异地安全备份、数字化档案信息运用与档案管理高度融合。加快推进档案数据库建设，将各类档案（音频、视频、图像资料）融入档案数据库，以达到对事业单位档案库的及时更新、整理、运用。坚持把档案信息化建设和档案资源建设作为重点，为推动黑龙江省高等院校档案工作实现高质量发展提供助力。

（齐齐哈尔高等师范专科学校党政办公室　耿　伟）

鸟瞰学校

档案库房（一）

档案库房(二)

档案库房(三)

哈尔滨城市职业学院档案工作概览

一、学校概况

哈尔滨城市职业学院是经黑龙江省政府批准、哈尔滨市人民政府主管、教育部备案的民办普通高等院校，始建于1991年，学校原名哈尔滨江南职业技术学院，2017年5月，经黑龙江省政府批准、教育部备案更名为哈尔滨城市职业学院。学校设有中专部、大专部、继续教育学院、专本衔接管理中心、科研中心和医学投资大学生创业基地。

哈尔滨城市职业学院占地面积16万m^2，建筑面积12.7万m^2，总资产3.2亿元。拥有现代化的阅览室、幼儿发展与健康管理中心、计算机电教中心、空中乘务训练仓、护理实训室、护理仿真模拟医院、护理助产实训室、口腔医学技术实训室、中医康复实训室、中医养生实训室、医学美容整形实训室、医学验光与检影实训室、眼视光视觉功能检查室、医学验光配镜工作室、会议实习室、电子商务工作室、市场营销工作室、微电影拍摄产业园、汽车实习车间等实训场地。其中校内实训基地21个，校外实习基地31个。现有教职工283人，其中：专任教师202人，教授24人，副教授39人，校级名师31人。

哈尔滨城市职业学院现开设护理、医学美容技术、口腔医学技术、眼视光技术、中医康复技术、中医养生保健、老年保健与管理、现代家政服务与管理、健康管理、婴幼儿托育服务与管理、高速铁路客运乘务、空中乘务、国际邮轮乘务管理、大数据与会计、工商企业管理、连锁经营与管理，电子商务、市场营销、全媒体广告策划与营销、汽车制造与试验技术、计算机应用技术、国际商务、体育艺术表演等23个专业。其中，空中乘务专业被省教育厅评为黑龙江省唯一的重点建设专业；护理、汽车检测与维修专业被哈尔滨市教育局评为重点专业。护士资格证通过率达98%，毕业生就业率与满意度持续3年达98%以上。

多年来，哈尔滨城市职业学院始终秉承“以大爱之心办学，持大爱之举育人”的办学理念，注重学生思想教育和修为管理，采用体悟式培养模式，让学生在自我管理实践中成长成熟。同时，聘请企事业(医院)专家、学者担任客座教授及顾问，实行校企联合、产学合作，以市场需求为导向，努力打造以医药卫生类专业为核心，摄影摄像技术、幼儿发展与健康管理专业为辅助的优势专业。以特色出人才，以特色用人才，以特色创名牌，主动融入龙江经济社会发展大局，培养社会所需要的城市服务型短缺人才，更好地发挥学院在推动龙江全面振兴发展中的作用。哈尔滨城市职业学院曾荣获黑龙江省教育厅、中共黑龙江省高等学校工作委员会、黑龙江省卫生和计划生育委员会“依法治校示范单位、学生工作先进集体、先进基层党组织、无偿献血先进单位”等称号。

二、档案机构发展沿革

哈尔滨城市职业学院档案室于1991年建校时期成立，收藏1991年建校至今的各类档案，隶属于学校办公室。随着学校的教育教学和各项管理工作走向正规化、科学化的轨道，综合档案管理工作也高标准、严要求，与其他各项管理工作同步建设、同步发展。特别是在学校有关领导的大力支持和关怀下，档案的基础设施、用品配备、人员管理、业务建设等方面，都有了显著的进步，工作取得突出的成绩。

三、档案机构基本情况

档案室现有工作人员3人，其中高级职称1人，初级职称1人，其他1人。现有兼职档案员15人，形成了以学校档案室为业务指导、兼职档案员各负其责的二级档案管理体制。档案室现有面积160 m^2，办公室28 m^2。档案室配备了计算机、打印机等设备，基本满足了档案工作所需。按照档案库房管理要求，配备了气体灭火、监控等设施设备。

在规范管档方面，通过制定、修订、完善各项档案制度，加强归档工作监督检查，依法治档取得较好成效。根据《高等学校档案管理办法》，结合实际情况，档案室修订、完善了《哈尔滨城市职业学院档案管理办法》，制定了《哈尔滨城市职业学院电子文件归档管理暂行办法》《档案信息安全管理制度》等一系列规章制度，做到制度上墙、上网，并编印了《哈尔滨城市职业学院档案工作手册》，使档案工作有章可循，也使各部门对档案的收集、整理、移交均按照制度、流程规范执行，实现了档案管理的制度化、规范化、科学化。

四、档案机构主要职能

档案室作为学校档案的业务机构，贯彻执行党和国家有关档案工作的方针政策和法律法规，综合规划学校档案工作；负责收集、整理、鉴定、统计、保管学校各种类型的档案及有关资料，开展学校档案工作人员的业务培训、多种形式的档案宣传教育活动及档案学术研究和交流活动，为各部门提供更为方便快捷的档案利用途径，充分发挥了档案的凭证与查考作用。

五、档案工作主要业绩

哈尔滨城市职业学院及时研究档案工作，确定档案工作重点任务，明确提出要紧紧围绕学校教学中心，大力提升服务水平，稳中求进，改革创新，在确保档案安全的前提下努力实现档案工作提质增效。

一是夯实基础业务建设。加强对档案人员进行档案法律法规及档案业务的指导。进一步拓展档案收集领域和范围，多渠道、多层次收集各项工作中形成的不同门类和载体的具有保存价值的文件材料。完善重大活动档案工作机制，进一步加强重大活动档案资料收集、归档、接收工作。

二是强化档案安全管理。完善档案安全工作机制，切实履行档案安全工作监督管理责任。抓好库房管理、档案利用、数字化加工、网络应用等重要场所、重要环节的安全管理，定期开展档案安全检查，排除档案安全隐患。加强档案信息安全管理，切实做好档案保密工作。

三是提升档案服务水平。围绕学院中心工作,配合学院开展各项重点工作和重大活动,深度挖掘档案信息资源,不断提升档案服务学校、服务社会能力。完善档案利用制度,优化档案查询服务环境,提高档案服务效率。同时,通过外送内培、自学等方式,不断提升档案室工作人员的业务素质。

(哈尔滨城市职业学院办公室　段有志)

学院图书馆

忙碌有序的档案工作日常

黑龙江公安警官职业学院档案工作概览

一、学校概况

黑龙江公安警官职业学院是经黑龙江省人民政府批准、教育部备案的全日制普通高等职业院校，同时作为全省公安机关重要的培训基地，承担相关的培训任务。学院由黑龙江省公安厅主管，教育教学业务由黑龙江省教育厅指导。

黑龙江公安警官职业学院是东北地区公安职业教育的发源地，自1946年创立以来，为全国、全省各级公安政法机关培养、输送了大批业务骨干和专门人才。近年来，学院按照习近平总书记"对党忠诚、服务人民、执法公正、纪律严明"总要求和"铁一般的理想信念、铁一般的责任担当、铁一般的过硬本领、铁一般的纪律作风"标准，围绕"高质量发展、高水平办学、高标准育才"要求，秉承"勤学苦练、忠诚为民"校训，聚焦创建重点公安院校目标，扎实推进师资队伍、专业特色、校园文化和保障体系建设。学院依托"树型专业课程衔接体系"国家级教学成果，推动公安院校全景式课程育人实践项目，多项教科研项目获评国家级、省级教学成果奖，建设全国唯一以公安高技能人才命名的省级技能大师工作室"崔道植技能大师工作室"，创新打造新型警务技术孵化基地和龙江公安精神谱系德育高地。学院发挥区位优势，对俄广泛开展国际学术交流合作活动，现已形成学历教育与在职培训并重，学历教育与成人教育同步，教学、科研、实战一体化，具有鲜明公安特色的办学格局。

二、档案机构发展沿革

黑龙江公安警官职业学院于1997年起设置专人管理文书档案，负责上级来文和学校文件的整理、归档、借阅和日常管理工作，管理1974年至今的各类档案。2003年，学院建立独立的档案库房，面积达86 m^2，隶属办公室。2003年至2005年，学院按省档案局及省公安厅档案科下发的立卷归档制度完成当年院发及其他单位来文的立卷归档工作，并逐步完善补充了历史档案。2006年，根据省档案局和厅档案科的精神要求，学院立卷归档工作实行电子化管理，所有归档文件制作电子目录。2013年9月，学院购进30组五节新文件柜以及抽湿机和吸尘器各1台，新增独立阅文室25 m^2，完善各项档案管理制度并上墙。2018年，学院新建档案库房，面积约500 m^2，集库房、办公区、阅览区于一体并相互独立，购置了密集架、底图柜、光盘柜、防磁柜等基础档案装具，档案基础建设得到进一步完善。

三、档案机构基本情况

黑龙江公安警官职业学院系黑龙江省公安厅直属单位，档案管理工作每年按照黑龙江省公安厅档案管理规定进行归档、指导检查,统一管理。学院档案室隶属于学院办公室,现有兼职档案员 2 人,档案室内现存档案约 1 180 卷/25 190 件。

四、档案机构主要职能

黑龙江公安警官职业学院档案部门集中统一管理学院的档案工作,负责对各处、室、系、部档案工作进行业务指导。具体组织学院档案的收集、整理、鉴定、保管、检索、利用、编研、统计工作,开发学院档案信息,为学院工作服务。工作职能主要包括:

(1)各处、室、系、部在办公室(档案科)领导下,进行本部门档案管理。

(2)负责收集、整理本部门文书档案、业务档案、科技档案、财会档案、实物档案和资料照片等全部档案。

(3)编制检索工具,提供学院档案,办理借阅手续,定期统计利用效果,开发学院档案信息,为学院工作服务。

(4)督促、指导各处、室、系、部文书部门的有关人员管理好文件材料,做好平时归卷和年终归档工作。

(5)加强库房管理,做好档案的技术保护工作,积极抢救历史档案和破损档案,延长档案寿命。

(6)开展编研工作。围绕党的中心工作和学院工作,积极开展学院档案的编研工作,系统地提供学院档案,为学院工作服务。

(7)定期开展档案的鉴定工作,确定档案保管期限,对无继续保存价值的档案材料,要造册登记上报档案鉴定领导小组,待批准后,具体组织销毁工作。

(8)开展统计工作。负责对学院档案的收进、移出、利用等基本情况进行统计。

五、档案工作主要业绩

1.持续提升管理标准

黑龙江公安警官职业学院专设独立的档案室用于存储档案,配备了灭火器、空调、除湿机、吸尘器、甲级防火门、防盗门窗等基础防护设施,安装了避光窗帘,在档案库房及阅览区域安装了监控设备,具备了防盗、防火、防高温、防光、防虫、防尘等基本条件。能够认真落实“八防”措施,定期监控档案室温湿度并进行安全检查,未发现霉变、虫蛀现象,温湿度基本能够控制在一定范围。配备了密集档案柜、底图柜、光盘柜、防磁柜等基础档案装具,保证了档案的合理存放,符合适用性、专业性、安全性原则。

2.持续健全制度体系

黑龙江公安警官职业学院高度重视档案安全工作,将《中华人民共和国档案法》及实施办法等法律法规贯穿于档案工作始终,加强制度建设,提升管理效能,在长期工作中逐步建立并完善档案安全防护、保管、利用、统计、奖惩等各项工作规章制度,实行档案专人保管、专人查阅、集中归档。认真执行《档案库房管理制度》《档案查阅利用制度》《档案管理人员岗位职责》等相关制度,在档案利用、移交和接收等过程中严格执行交接制度,履行交接手续,确保档案流转过程中的档案安全,并做好档案出库、入库时的清点确认工作。

3.持续强化日常管理

黑龙江公安警官职业学院按照省公安厅下发的《机关文件材料归档范围和文书档案保

管期限表》《归档文件整理规则实施细则摘要》及《归档工作流程》等文件精神，严格开展档案整理归档工作，移交和接收档案时交接登记明晰，责任到人，确保交接流转过程中不丢失、不损毁。档案分类科学，保持前后一致，组卷合理，编目规范。档案柜摆放整齐，柜上有明显的指引标记。档案保密工作良好，无丢失、扩散档案内容现象。

4.持续深化利用服务

黑龙江公安警官职业学院充分发挥档案的凭证和参考价值，严格执行“档案查阅利用制度”，持续提升档案利用服务水平，档案室为学院职工年提供档案利用服务 50 余人次，年查阅利用档案 100 余件，为学院党政、教学、科研等各项工作提供了有效的信息参考。

六、面向未来工作设想

黑龙江公安警官职业学院档案工作始终着眼于发挥档案存史、资政、育人作用，服务学院公安教育事业发展大局。多年来，取得了一定的成绩，但与其他档案部门相比，还存在一定的差距和不足，我们将一如既往，开拓进取，持续提升档案管理水平：一是强化基础设施建设。加强档案库房硬件设施配备，所需经费逐步纳入预算，充分利用现代技术手段赋能，提升自动化监测程度，实现档案基础建设新的跨越。二是加强档案队伍建设。支持档案工作者继续教育，为其创造充足的“学习充电”机会，为学校档案工作发展提供高水平人力、智力支撑。三是加快推进数字转型。以其他高校先进档案管理工作为借鉴，不断充实档案数据库内容，逐步实现档案现代化管理。

（黑龙江公安警官职业学院办公室　唐道静　刘忠芳）

学院档案库房

学院红旗广场

黑龙江商业职业学院档案工作概览

一、学校概况

黑龙江商业职业学院始建于1958年，历经黑龙江省蚕业学校、牡丹江商业学校等历史沿革，在八易其名的基础上，2003年3月经黑龙江省人民政府批准，独立晋升为省内唯一一所公办商贸类普通高等职业学校，跨入高校序列，是一所以经济学、管理学专业为主，现代服务业等多专业群协同发展的综合类高职院校，主要从事高素质、高技能型职业人才培养，兼具中职教育和社会培训功能。隶属于黑龙江省商务厅，位于牡丹江市爱民区西圣林街。

黑龙江商业职业学院现有内设机构23个，设有会计系、工商管理系、经济贸易系、机电工程系、旅游系、艺术系、信息工程系、基础教育部（下设思政理论课教学部、通识教学部、就业创业教学部、体育教学部、外语教学部）等7系、5部共12个教学单位。

黑龙江商业职业学院围绕区域经济发展和现代产业布局共建立5大专业群（智能财务专业群、新商贸专业群、商旅服务专业群、汽车营销专业群、电竞服务专业群），开设17个专业（市场营销、大数据与财务管理、大数据与会计、电子竞技运动与管理、电子商务、高速铁路客运服务、健康管理、酒店管理与数字化运营、空中乘务、跨境电子商务、连锁经营与管理、汽车技术服务与营销、汽车检测与维修技术、影视多媒体技术、现代物流管理、新能源汽车检测与维修技术、计算机应用），覆盖了以商贸为主的第三产业门类。其中，中央财政支持重点建设专业2个，省级重点建设专业6个，省级高水平骨干建设专业1个，高水平专业群1个，省级课程思政示范课程4门，是国家第二批1+*X*证书制度试点院校（1+*X*证书14个）、全省商务人才培养实践基地。

黑龙江商业职业学院现有教职工201人，其中在编职工159人（专业技术人员125人，管理人员23人，工勤人员11人）。有专任教师91人，其中教授13人，副教授33人，“双师型”教师94人，有5人具有注册资质，硕士65人。

黑龙江商业职业学院面向全国招收高中和同等学力的三年制高职专科学生，面向全省招收初中起点五年制专科和三年制普通中专学生。学院还举办成人高等教育，在所开设的高职专业范围内，招收函授学生。现有学生总数9 231人。其中，高职生9 098人（统招1 948人，扩招7 150人），中职生133人。多年来，学院已为社会培养了30 000多名优秀毕业生，与同类学校相比有较强的竞争力。

二、档案机构发展沿革

1998年9月黑龙江商业职业学院成立了综合档案室，隶属办公室。主要负责保管和提供利用学院党务活动、行政管理、教学、科研中形成的各种门类、各种载体档案。档案工作管理机制为一名副院长主管，办公室主任具体负责。受当时办学条件限制，前期发展较为缓慢，设备较为滞后。

2005 年，在办学经费紧张的情况下，黑龙江商业职业学院领导在保障档案业务经费的基础上，加大了对档案硬件设备的投入力度（近 5 万元），实现办公室、借阅室、库房“三分开”。更换防盗门窗，购置标准档案柜 13 套，定做 15 组专门用于财会档案的铁柜，在 2005 年 12 月学院晋升为“黑龙江省科技事业单位档案工作目标管理省级标兵”单位。

2008 年，黑龙江商业职业学院档案工作建设又实现了跨越性的发展，新建档案室，库房购置了档案密集架，引进了《南大之星》档案管理系统软件。

三、档案机构主要职能

综合档案室对全院各门类档案实行集中统一管理（干部人事档案存放不管理），全院共有归档部门 23 个，兼职档案员 27 名，形成了以档案室为中心的档案工作网络体系。

黑龙江商业职业学院全部档案按照原国家教委颁布的高等学校档案实体分类方案进行管理，包含党群、行政、教学、科研、设备、基建、财会、声像、实物等 9 大类实体档案。

办公室现有工作人员 7 名，专职档案员 1 名，库房面积 60 m^2。配备计算机、复印机、扫描仪、碎纸机、刻录机、档案消毒除尘柜、档案密集架等现代化办公设备。

四、档案工作主要业绩

在黑龙江商业职业学院领导和各部门的大力支持下，档案室坚持做好基础工作，各门类档案的收集、整理、保管、统计、鉴定和提供利用均达到规范要求。档案室现存文书档案（党群、行政、教学）1 648 卷/8 492 件、科研档案 105 件、设备档案 12 件、基建档案 82 件、财会档案 1 580 件、光盘档案 395 张、录像带档案 33 盘、照片档案 20 368 张、实物档案 196 件。档案借阅量年均为 260 人次，1 000 份左右。

在黑龙江商业职业学院编写《中国共产党黑龙江省牡丹江商业学校组织史资料》《牡丹江商业学校校史（1958—1988）》《黑龙江商业职业学院校史（1958—2017）》，筹建“校史馆”期间，档案室提供了大量珍贵材料和实物。认真征集编纂学院大事记、商务年鉴，同时积极主动参编《黑龙江教育年鉴》《黑龙江商务年鉴》《牡丹江年鉴》等。

五、面向未来工作设想

坚持规范化、科学化、信息化、专业化的工作目标，认真落实习近平总书记关于档案工作的重要指示批示精神，全面加强档案工作，充分发挥好档案作用。

1.加强档案工作队伍配备，健全组织保障

进一步加强档案工作队伍管理，补充数量充足、素质优良的干部档案工作管理队伍。在配备档案岗位工作人员时，注重把好高政治素质关，参照机要、保密等核心涉密岗位的人员配备要求，优先选用共产党员、共青团员（且为在职在编人员）担任档案干部，充实档案管理队伍。

2.加强档案专业化水平建设，落实“三个走向”

贯彻实施好新修订的档案法，以法治思想，推进依法建档管理，提升档案工作的法治化水平。加强档案开发管理,由全保管理向服务转变,增强档案利用价值。加强档案信息化水平,探索数字信息档案建设,实现档案工作信息化、现代化,推动数字化建设。

3.坚持存史资政育人的根本任务,发挥"四个好"作用

按照习近平总书记提出的保管好、利用好、记录好、留存好"四个好"及服务党和国家工作大局、服务人民群众"两个服务"的要求,在记录留存好校史的同时,发挥好档案馆作用,利用校史馆开展"走入校史"教育活动,加强师生爱党、爱国、爱校教育引导。

4.加强档案培训教育,增强政治责任感

紧密结合新时代档案工作新要求,加强档案工作人员教育培训,提升业务素质和工作能力,增强工作本领,强化做好档案工作的政治责任感和历史使命感。

(黑龙江商业职业学院档案室　王慧华　张湘琳　范文成)

黑龙江商业职业学院远景

档案库房

黑龙江旅游职业技术学院档案工作概览

一、学校概况

黑龙江旅游职业技术学院是经省政府批准、教育部备案、省内唯一一所商贸旅游类高职院校，隶属于黑龙江省商务厅。省财政部分拨款事业单位，公益二类，按副厅级事业单位管理。

黑龙江旅游职业技术学院前身是2002年由原黑龙江省服务学校、黑龙江省食品工业学校和黑龙江省二轻职工大学合并组建的黑龙江省旅游学校，2003年晋升为省部级重点中专，2004年升格为高职院校，定名为黑龙江旅游职业技术学院。2008年作为全省首家新指标试点单位通过教育部评估，2014年建设成为省级骨干高职高专院校，2018年入选黑龙江省高水平专业立项建设单位。2017年4月整合并入黑龙江省外派劳务人员考试中心，8月整合并入黑龙江省旅游培训中心。2019年4月整合并入黑龙江省商业职工大学。2020年12月整合并入黑龙江省商务厅机关服务中心。2021年3月整合并入黑龙江省对外贸易学校和黑龙江省贸易经济学校，2021年晋升为黑龙江省第二批高水平高职院校和高水平专业群建设单位。

黑龙江旅游职业技术学院现拥有学府路一、二校区，太阳岛校区和佳木斯校区，还有旅游培训中心、外贸大厦、国民街实训基地、镜泊湖培训中心等校外实习实训基地。总占地面积近18.4万 m^2，建筑面积16.8万 m^2，在校学生4 300余人。

二、档案机构发展沿革

黑龙江旅游职业技术学院档案室成立于2006年10月，位于综合楼一楼，隶属于学校党政办公室，在岗人员3人。

三、档案机构基本情况

黑龙江旅游职业技术学院负责管理学校党群、行政、财会、基建、学生及其他档案。综合档案2 657卷/43 679件。

四、档案机构主要职能

近年来，黑龙江旅游职业技术学院主要负责收集、整理学校各部门常规类档案，以及党政文件、合同协议、基建设施等专题档案。

档案工作人员在党的全面领导下，以《“十四五”全国档案事业发展规划》和新修订的档案法为引领,做好档案日常管理工作,提升档案管理水平。

1. 国家档案行政管理部门的主要职责

(1)根据有关法律、行政法规和国家有关方针政策,研究、制定档案工作规章制度和具体方针政策。

(2)组织协调全国档案事业的发展,制订发展档案事业的综合规划和专项计划,并组织实施。

(3)对有关法律、法规和国家有关方针政策的实施情况进行监督检查,依法查处档案违法行为。

(4)对中央和国家机关各部门、国务院直属企业事业单位以及依照国家有关规定不属于登记范围的全国性社会团体的档案工作,中央级国家档案馆的工作,以及省、自治区、直辖市人民政府档案行政管理部门的工作,实施监督、指导。

(5)组织、指导档案理论与科学技术研究、档案宣传与档案教育、档案工作人员培训。

(6)组织、开展档案工作的国际交流活动。

2.县级以上地方各级人民政府档案行政管理部门的职责

(1)贯彻执行有关法律、法规和国家有关方针政策。

(2)制订本行政区域内的档案事业发展计划,制定档案工作规章制度并组织实施。

(3)监督、指导本行政区域内的档案工作,依法查处档案违法行为。

(4)组织、指导本行政区域内档案理论与科学技术研究、档案宣传与档案教育、档案工作人员培训。

3.各级国家档案馆的职责

各级国家档案馆包括综合档案馆和专门档案馆。综合档案馆,即中央和地方的国家档案馆,是集中保存、管理档案的文化事业机构。专门档案馆,按照 1992 年 1 月 27 日经国务院批准,由国家档案局实施的《全国档案馆设置原则和布局方案》中的规定,是指收集和管理某一专门领域或某种特殊载体形态档案的事业机构。如收集、管理全国范围内具有重要历史价值和艺术价值的照片档案或其复制件的中国照片档案馆;收集、管理有关城市规划、建设及管理方面的具有永久保存价值的档案或其复制件及有关资料的城市建设档案馆。

(1)收集和接收本馆保管范围内对国家和社会有保存价值的档案。

(2)对所保存的档案严格按照规定整理和保管。

(3)采取各种形式开发档案资源,为社会利用档案资源提供服务。

4. 机关、团体、企业事业单位及其他组织档案机构的职责

(1)贯彻执行有关法律、法规和国家有关方针政策,建立、健全本单位的档案工作规章制度。

(2)指导本单位文件、资料的形成、积累和归档工作。

(3)统一管理本单位的档案,并按照规定向有关档案馆移交档案。

(4)监督、指导所属机构的档案工作。

五、档案工作主要业绩

黑龙江旅游职业技术学院档案室档案校内利用率较高。学校档案管理规范,制订了有效的档案整理工作计划和方案，确保各项工作按时完成。编制档案管理目录，提高查阅的效率。建立合理的制度，保证档案利用的同时有效地预防档案遗失和损坏等情况。

六、面向未来工作设想

黑龙江旅游职业技术学院档案工作还处于起步阶段，学校下一个阶段要继续加大《中华人民共和国档案法》的宣传力度，认真贯彻落实档案法律法规，进一步完善档案普法的制度建设，健全法制宣传的责任制度、信息通报制度、检查考核制度，做到年初有计划、年中有检查、年末有考核。进一步完善学校档案数字化的管理。

（黑龙江旅游职业技术学院档案室　李　楠）

档案库房

档案室一角

黑龙江三江美术职业学院档案工作概览

一、学校概况

黑龙江三江美术职业学院(以下简称"学校")是经黑龙江省政府批准、教育部备案，隶属于黑龙江省教育厅领导的一所集美术教育、基础教育、幼儿教育、中老年教育与管理、环境艺术工程、数字传媒、影视动画、IT信息、国际专本硕合作办学为一体的国家普通高等学校，是黑龙江省唯一纳入国家招生计划的高等美术学院，在全国美术类高职学院中排名前三位。

学校地址在黑龙江省佳木斯市大来社区，在北京和哈尔滨分别建有教学实习基地。建校以来，培养了数以万计的高水平复合型"能用"人才，深得用人单位器重。有数千名毕业生独立创业，赢得社会各界广泛好评。中央电台、电视台与国家级媒体多次报道三江美院的办学事迹，联合国教科文组织等国际组织或国家教育代表团来校考察并洽谈合作，三江美院已进入国际教育交流合作行列，连续多年荣获"全国美育先进集体"等称号。

二、档案机构发展沿革

学校成立初期，只建有档案室，没有专职档案管理人员。2004年升格为普通高等学校以后，学院成立了档案馆，配备了专职档案管理人员，建立了档案管理各项规章制度，档案管理实现了科学化、正规化、标准化。

三、档案机构基本情况

学校档案馆自建立以来，馆内建设及业务水平逐年提高，各项制度和档案管理水平也在逐步完善和提高。在更新思想、转变观念、服务学院发展等方面做了许多有益的尝试，提升了学院档案工作业务水平。不断适应新时代、新形势的需要，保障了档案馆的各项工作有序进行。现已有文书档案、声像档案、照片档案、教职工档案、学生档案、实物档案等多种档案数万件。

学校高度重视档案建设工作，逐渐完善档案设施，推进了依法治档，健全了学院档案的各项工作制度，做到了档案工作为教育教学、科研及学院的发展提供全方位服务。

学校领导始终亲自抓档案管理和建设工作，成立了主要领导负责的档案工作领导小组，教学实习基地、各部门设有兼职的档案管理工作人员。

四、档案机构主要职能

学校档案机构或者档案工作人员，负责保管单位的档案，并对所属的档案工作实行监督和指导。各级各类档案，要负责接收、收集、整理、保管和提供利用各分管范围内的档案。档案工作人员应当忠于职守，遵守纪律，具备专业知识。在档案的收集、整理、保护和提供利用等方面工作是一项重要的基础工作，是全面做好其他各项工作的前提条件，做好档案管理工作，必须按照统一领导、统一管理的原则，建立档案管理制度，明确专人，统一管理。

五、档案工作主要业绩

学校建有独立的档案馆。档案馆卫生整洁，无易燃、易爆、危害档案安全的物品存放，档案馆门窗均已安装防护栏，配有监控设施。灭火器、档案装具、铁皮柜充足。管理人员定期投放防虫药、防潮剂，保证了档案馆的规范与安全。学院档案集中统一管理，每年初集中进行档案收集、分类、编目、立卷、归档，明确了各类档案的归档范围和保管期限。档案管理制度上墙，档案库房符合档案保管防护要求，做到了“十防”，即防火、防盗、防潮、防高温、防水、防鼠、防虫、防光、防尘、防有毒气体。做到了经常检查，保证每日通风和消毒。档案馆单独配备了工作需要的专用服务器以及计算机、扫描仪、打印机、复印机等办公设备。多年来学院档案建设、管理和服务都得到了各部门的认可。

学校每年都会组织档案相关工作人员开展档案学习或档案业务培训。2016 年省档案局、省教育厅联合检查组莅临学校对档案工作进行了检查指导，给予了高度评价。此次检查对学校档案工作起到了很大的推动作用。学校根据专家们的意见，进行了深入研讨，梳理了档案工作存在的问题，有针对性地提出整改措施，推动了学校档案工作再上新台阶。

学校不断加强档案管理队伍建设，保证档案管理人员数量，提高了他们的业务能力与综合管理能力。科学规划了学院的档案管理工作，组织他们参加不同形式的培训或交流会，与兄弟院校交流学习档案管理工作经验，找到能够提高档案工作管理水平的方式，较好地完成了档案管理工作任务。

六、面向未来工作设想

学校档案馆在服从和服务于学院发展的同时，切实抓好档案资源体系、利用体系、安全体系建设。近年来，不断创新档案收集方法，强化了力度，提高档案工作的效率。档案馆本着“对历史负责，为现实服务，替未来着想”的理念，按照学院发展需要以及档案工作发展要求，在注重硬件设施建设的同时，不断加强软件建设，采取多种措施不断提高工作人员的政治素质和业务水平，正在为建成科学、规范、有序的校园档案馆而努力。

（黑龙江三江美术职业学院档案馆　常　莉　江　天）

档案室一角

历年奖项室一角

黑龙江生物科技职业学院档案工作概览

一、学校概况

黑龙江生物科技职业学院由始创于1948年的原黑龙江省北安农业学校和始创于1958年的原黑龙江省水产学校于2003年合并组建,晋升高职。2019年,以农业机械类专业为主的黑龙江省齐齐哈尔农业机械化学校并入学院。黑龙江生物科技职业学院是教育部人才培养工作水平评估优秀院校、省首批骨干高等职业院校建设项目优秀院校、省高水平高职院校建设项目立项建设单位,目前已发展成为一所面向现代农业、生物医药产业、智能制造业和新一代信息技术的农业高等职业院校,是东北、华北、西北地区唯一一所具有“农牧渔”类专业的高职院校,具有涉农专业门类最全、专业产业链最长、涉农类专业在校生规模省内最大的专业优势。设有农业与食品科技、动物科技、生物制药、经济管理、信息工程、建筑工程、智能工程、人文共8个分院,思政部、体育部、创新创业工作部3个教学部,共开设43个专业,现有在校生1万余人。学院总占地面积75.53万 m^2,建筑面积29.88万 m^2;师资力量雄厚,有专任教师377人,其中副高级以上职称教师141人,占专任教师的37.40%,具有硕士研究生学历教师242人,占专任教师的64.19%;馆藏纸质图书68.56万册;学院固定资产2.6亿元;有1个中央财政支持的职教实训基地、1个特有工种职业技能鉴定站(047站)、2个省财政支持的职教实训基地;有200个校内实验实训室和259个校外实训基地。

二、档案机构发展沿革

黑龙江生物科技职业学院2003年设立档案室,对合校前两所中专学校的档案进行了统一管理,档案室隶属于学院办公室。2008年,随着学院新建办公楼的投入使用,档案室也搬迁至行政楼一层,并配备了标准的档案专用库房。2022年,齐齐哈尔农业机械化学校档案全部移交黑龙江生物科技职业学院档案室管理,进一步扩大了学院的档案管理范围。

三、档案机构基本情况

黑龙江生物科技职业学院建立了由院长担任组长、副院级领导担任副组长,党政办公室主任及学院各部门负责人为成员的档案管理工作领导小组,并配备1名专职档案管理人员,各部门配有兼职档案员。目前,学院有档案专用房3间,面积180 m^2,其中档案库房150 m^2,阅文室和微机室共30 m^2,有密集档案柜25组。

四、档案机构主要职能

黑龙江生物科技职业学院档案室认真贯彻执行《中华人民共和国档案法》以及党和国家

关于档案工作的方针、政策，按时完成上级领导部门下达的各项档案工作任务。

学院拟订了全院各类档案管理的规章制度和办法，并负责监督、指导和检查执行情况。做好全院党群、行政、教学、科研、基建、资产设备、外事、财会、实物等综合类档案的收集、整理、鉴定、保管、统计、利用工作；负责收集、保管与档案有关的各类文件资料，以便配合学院撰写校史、大事记、年鉴等文献时能够有充分、准确的资料支撑。

组织实施档案信息化建设和电子文件归档工作，落实学校 OA 系统中办结的电子文件的归档工作。对全院各单位的档案工作实行统一管理，在业务上指导院内各部门兼职档案员的归档工作。开展毕业生成绩单、学历学位材料的认证服务工作，以及毕业生学历证明及学习证明的开具工作。

五、档案工作主要业绩

1.业务规范落实

为实现档案管理的规范化、制度化，黑龙江生物科技职业学院根据档案目标管理要求及合校后的相关情况，重新撰写了《全宗指南》《机关文件材料归档范围和文书档案保管期限表》等，做到归档有据可依。建立健全了一整套档案管理制度，如《档案归档制度》《档案借阅制度》《档案利用制度》《档案安全保管制度》《档案保密守则》《档案鉴定制度》《档案销毁制度》等，做到归档有章可循。严格将档案管理的各项制度落到实处，从而使黑龙江生物科技职业学院在各项工作中产生的文书、基建和设备、声像、荣誉实物等档案、资料实现了集中统一管理。做到每个环节都规范、有序，使档案安全存放、科学利用、严守机密有了制度保障，为更好地开展档案工作奠定了良好的基础。

2.注重现代化档案管理

为了提高工作效率，黑龙江生物科技职业学院档案室在正常开展工作的同时，特别注重档案管理手段现代化。为此，购置了《南大之星》档案管理系统软件。充分利用此软件，建立了档案数据库，对馆藏档案进行了各级分类录入 。黑龙江生物科技职业学院逐年加大档案的信息化建设力度，使档案信息化建设进一步完善。目前档案室配备了档案专用服务器 1 台，高性能计算机 1 台，打印、复印、扫描一体机 1 台，A3 扫描复印一体机 1 台。同时，档案室也购置了防磁柜、数码相机、光盘刻录机、摄像机、录音笔等现代设施，对学校许多珍贵的声像、文字档案资料进行保护、翻新、修复、储存、编辑等，以最大限度地利用现代科技做好学校档案的保管和利用工作，逐步实现文档的一体化和管理的现代化。

3.档案实体安全情况

黑龙江生物科技职业学院十分重视档案的保管保护工作，不断改善库房保管条件，加强相应防范、抢救措施，以确保馆藏档案万无一失。制定了档案安全保管保护的各项规章制度，并且做到专人负责，职责到位。发现安全隐患及时解决处理，使档案管理安全做到了制度化、责任化、规范化。投入资金不断完善档案库房的安全防范设施。现库房内配有视频监控装置、自动报警装置，安装了防盗门，配置了灭火器等保护设备。做到档案馆库房内档案保管保护措施到位。

4.档案宣传情况

为充分发挥档案的社会功能，不断增强师生员工的档案意识，利用档案开展多种形式的宣传教育活动，向广大干部职工和学生普及档案知识、宣传档案文化，让档案工作更好地服务社会、服务民生。在教职工中积极开展档案理论和实践的探讨，不断提高兼职档案员的业务素质和管理水平。

六、面向未来工作设想

黑龙江生物科技职业学院档案工作将以基础档案资源建设为根本，以档案信息化建设为方向，以档案工作创新为动力，以为师生提供优质服务为目标，努力构建一个适应学校教学、科研、管理工作和学校事业发展的，符合高校档案工作规律的，门类齐全、结构合理、管理科学、有效服务，有高校特色的档案工作管理体系。

（黑龙江生物科技职业学院党政办公室　于　粲）

档案库房

档案架

黑龙江能源职业学院档案工作概览

黑龙江能源职业学院是双鸭山市唯一一所全日制普通高等职业院校，隶属于双鸭山市人民政府。学院具有60多年的办学历史，1949年由原双鸭山矿务局创办，初名是双鸭山矿务局工业学校，1999年整合更名为双鸭山矿业集团职工大学，2004年4月经黑龙江省人民政府批准并报教育部备案组建成立黑龙江煤炭职业技术学院，2011年11月整建制移交双鸭山市人民政府。学院以全日制高等职业（大专）教育为主体，以中职教育和技能培训为辅，兼有在职研究生教育、成人本（专）科教育、成人中专教育、师范教育、网校教育职能，形成了学历教育与非学历教育、各类技能培训并存，全日制教育与函授教育、网络远程教育共济的多层次的办学格局。

黑龙江能源职业学院现设有资源环境工程系、机电工程系、信息工程系、化学与环境工程系、安全工程系、经济管理系等9个二级教学系部和1个继续教育学院。

黑龙江能源职业学院现有教职员工374人，其中具有副高级以上职称129人，中级职称85人，硕士研究生56人。教师中国家煤炭专业学科带头人4人、省级学科带头人2人、校级学科带头人9人。

黑龙江能源职业学院占地27.3万m^2，建筑面积13.25万m^2。教学仪器设备先进，设备总值6 000余万元。馆藏图书19.38万册。校内建有防爆电器检验、防爆电器维修、防爆电器装配、采煤机模拟仿真、矿物加工、电工电子、PLC等校内实验实训室88个，另与企业合作建立稳定的校外实习实训基地60余个。

黑龙江能源职业学院与行业企业建立了广泛联系，吸纳企业工程技术人员和能工巧匠，校企共同制定专业人才培养方案，共同制定培养目标、课程计划、课程体系、管理模式，将课程标准与行业标准对接，确保人才培养质量贴近行业企业实际需求。

黑龙江能源职业学院档案室建于2016年，占地面积200多m^2，因办学条件有限，档案室仅存放人事档案、财务档案、文书档案。学院档案机构宣传和贯彻执行党和国家有关档案工作的方针、政策和法律、法规。结合学院工作实际，制定档案工作各项规章制度；对学院相关部门文件材料的形成、积累、整理和归档工作进行监督和指导，并集中统一管理学院财务、文书、人事档案资料。办理领导交办的其他有关档案业务工作。

黑龙江能源职业学院设有人事档案管理员1名，文书档案管理员1名，主要负责贯彻执行档案工作的各项规章制度，掌握档案管理专业知识。熟悉所藏档案的情况；指导相关部室做好文件材料的收集、整理、归档工作，提高档案整理质量。做好保护工作，维护档案的安全。

2016年至今，档案室圆满地完成了财务部门账目档案、人事部门档案、文书部门档案文件的分类存放与保管工作，并与市档案局建立了长期合作关系。今后，黑龙江能源职业学院档案室将编制档案检索工作，迅速准确地提供利用，确保档案的检索、筛选、查找工作有序完成，并做好档案信息化工作，提高档案科学管理水平。黑龙江能源职业学院的档案管理工作与优秀的高校还有一定的差距，我们会不断完善档案管理工作，多向档案管理工作经验丰富的高校学习借鉴，使黑龙江能源职业学院的档案管理工作上一个新台阶。

（黑龙江能源职业学院档案室　孟祥鑫）

学校概貌

档案库房

黑龙江生态工程职业学院
档案工作概览

一、学校概况

黑龙江生态工程职业学院是经黑龙江省人民政府批准、教育部备案的全日制公办高职学院,是一所以培养生态文明建设人才为特色的省级骨干高职建设优秀院校,也是我国北方第一所生态环保类高等职业学院,肩负着为生态文明建设、环境保护和绿色生态产业发展培养高素质、应用型技术人才的神圣使命。学院承担高等专科职业教育、成人高等专科学历教育、省森工系统党员干部培训和省森工系统中小学教师及教育行政干部培训。

学院档案工作,在学院党委的正确领导下,在上级业务部门的亲临指导下,完善和建立健全各项规章制度,增添了设备,各种门类、载体的档案不断齐全完整。目前,已经建成集人事、文书、会计、科研、基建、声像、出版、设备、学籍档案于一体的综合档案室,负责全院各类档案的管理,具备了档案的收集、整理、鉴定、保管、统计和开发利用等多种功能,现有专职档案员 2 人,兼职档案员 11 人,正在为学院的教育事业发展、信息资源的开发利用发挥着重要作用。

二、档案机构发展沿革

1.黑龙江省森林工业管理干部学院

学院始建于 1953 年 9 月 29 日,后经十多次更名,到了 1992 年 7 月,经黑龙江省编委黑编〔1992〕68 号文件批准,黑龙江省森工管理干部学院挂“中共黑龙江省森林工业总局委员会党校”牌子。这期间档案由档案室统一保管,隶属学院办公室,档案室配备 1 名专职档案员,集中保管学院全部文书档案。

档案情况:文书档案 1 286 卷,其中永久 674 卷、长期 471 卷、短期 141 卷。

2.黑龙江省林业教育学院

1979 年 7 月 6 日,国家林业部(现国家林业和草原局)以〔1979〕林计字 181 号文件批复黑龙江省林业总局:同意在哈尔滨市新建黑龙江省林业教育学院,请黑龙江省编委核批。1979 年 8 月 6 日,黑龙江省编制委员会以黑编〔1979〕173 号文件批复黑龙江省林业总局:同意在哈尔滨市建立黑龙江省林业教育学院,处级单位,隶属林业总局领导。这期间档案由档案室统一保管,隶属学院办公室,配备 1 名专职档案员,集中保管学院全部文书档案。

档案情况:文书档案 491 卷,其中永久 229 卷、长期 124 卷、短期 138 卷。

3.黑龙江生态工程职业学院

1999 年 2 月,省森工总局党委会议决定,黑龙江省森林工业管理干部学院、森林工业职工大学与省林业教育学院正式合并，组成新的“黑龙江省森林工业管理干部学院”。迁址哈尔滨，原带岭黑龙江省森林工业管理干部学院档案全部搬迁至哈尔滨与林业教育学院档案一并管理，这时档案室由两名专职档案员负责，隶属学院办公室。2004年5月12日，中华人民共和国教育部教发函〔2004〕76号文件批准“黑龙江省森林工业管理干部学院”更名为“黑龙江生态工程职业学院”。2005年3月21日党委会议研究决定将档案室从学院办公室剥离出来，成立综合档案室，直接由主管院长分管。现有专职档案员2人，兼职档案员11人，充实和完善了学院档案管理的力量。

三、档案机构基本情况

学院历届领导一直非常重视档案工作，成立了专门的档案工作领导小组，领导学院档案工作，研究学院档案工作中的重大问题。机构设置为学院直属三层机构，档案室副主任具有副研究馆员职称。学院档案室是独立综合档案室，负责全院各类档案的管理。

为提高档案管理的规范化、专业化、现代化管理水平，学院在办公室比较紧张的情况下，按照档案管理要求实现了“三分开”，办公室29 m^2、阅文室6 m^2、专用库房75 m^2。为了确保档案的安全，延长档案的使用寿命，近些年来不断地改善保管条件，现有铁质档案柜60组，共计300节，检索柜3个，其他设备有计算机、复印机、打印机、缝纫机、电熨斗、电风扇、加湿机、刻录机、灭火器等。

自1953年建院，截至2021年12月，综合档案室共保存文书、财务、科研、基建、出版、声像、学籍等档案7 985卷/2 683件、录音带23盒、光盘89张、照片4 299张；人事档案618卷。

四、档案机构主要职能

（1）认真学习、贯彻、执行《中华人民共和国档案法》及上级关于档案工作的政策法规，开展档案宣传工作。

（2）负责收集、整理、鉴定、保管、统计和利用学院的各类档案。

（3）负责档案对内、对外的查阅和借阅，积极开展档案资源的利用工作。

（4）负责督促、协助各部门档案的规范性立卷、归档工作。

（5）做好档案鉴定工作，对已经超过保管期限的档案，提出销毁意见，办理销毁的报批手续。

（6）编制各种档案专题目录、索引目录等检索工具，为档案资源的开发和利用服务。

（7）定期检查库存档案，做好安全保密及档案的保护工作。

（8）熟悉学院各部门档案工作，负责组织好学院内档案业务学习。

（9）负责做好学院的档案工作，随时接受省档案局、省教育厅及总局等部门的指导与检查。

（10）做好领导交办的其他工作。

五、档案工作主要业绩

档案室始终秉承提高人员素质，提高服务意识，追求办事效率，突出工作质量的理念，讲管理，重实效，进一步做好学院档案工作。

1.加强政治理论学习和档案业务学习

档案工作是学院工作的重要组成部分,涉及面广、保密性强、工作量大,为使档案工作能与学院的各项工作协调稳步发展,我们十分注重自身的政治理论水平和业务能力的提高。认真学习党的会议精神,坚定理想信念不动摇。认真学习宣传《中华人民共和国档案法》《中华人民共和国教育部令第27号》及上级有关文件精神。同时十分重视加强业务学习,对自己所分管的档案进行有针对性的学习,通过学习增强了业务能力,坚定了做好本职工作的决心,大大提高了工作效率。同时经常对科室人员和兼职档案员进行保密安全教育,使他们能够认识到档案工作的重要性和深知自己所承担工作的重要性。

2.态度端正,完成各项工作任务

工作中,在重视档案基础业务建设上,使档案工作能力得到增强;在重视档案信息化建设上,使档案工作服务水平得到提高;在重视档案人员队伍建设上,使档案工作人员业务水平不断提升。为学院中心工作服务,做到积极主动;为学院各职能部门工作服务,做到注重实效;为广大教工提供服务,做到热心细致。时刻牢记党的宗旨,始终以全心全意为人民服务的思想,充分发挥窗口单位的服务意识,积极配合相关部门做好提供利用服务。

服务于组织、人事部门工作,组织部对干部的考核、入党、任免、奖励材料等的添加,人事处职称晋升、考核、工资工作,部分退休职工职业年金重新核定、职工退休退职、养老保险、工作调转等都能认真配合人事处查找大量档案核对信息,积极配合组织部、人事处将以上工作做好;服务于学生处、就业处、招生办和各系部查找大量学生信息进行复印,做到积极配合;服务于保卫处、基建办工作,积极配合查找消防图纸、基建项目所需资料;服务于计财处工作,上级审计、固定资产清查等,积极配合计财处反复查找大量的档案;服务于科研工作,为教职工晋升职称提供科研成果;服务于总务处工作,为总务处查找房屋维修资料、图纸等,为房改办发放房改补贴提供资料。往届毕业生纷纷前来查询学籍档案,进行学历认证,能够本着对历史负责、对本人负责的思想,做到细致、耐心反复查找,进行复印。帮助学生专升本、当兵学生晋衔、在校学生参加技能大赛等复制入学三联单。完成了从1982年至2020年全部普通高等学校录取新生名册的信息录入工作,使得查档更便捷,提高效率。编制各类档案检索工具,充分发挥档案的潜在作用,方便各部门利用。严格保密制度,较好地完成了各项工作任务。

服务于学院整体工作,发现档案管理的问题及时解决,在与各部门的工作沟通中把握档案管理为学院发展服务的主线,同时利用各类档案解决学院、部门及个人的一些棘手问题,发挥了档案的凭证作用。

赵兰凤同志2013年获黑龙江省教育厅授予的黑龙江省高校档案工作先进个人称号;2016年获黑龙江省人力资源和社会保障厅、黑龙江省档案局授予的2012~2015年度全省档案工作先进工作者荣誉称号;多次被学院评为优秀共产党员、先进个人。

六、面向未来工作设想

(1)完善机制,正常运作。加大《中华人民共和国档案法》《中华人民共和国教育部令第27号》的宣传贯彻执行力度,提高全体人员档案管理意识,明确档案工作的地位和作用,完善机制,确保档案工作顺利开展。

（2）培训队伍，提高素质。抓好档案人员的政治、业务培训工作，进一步提高他们的档案管理水平和实际业务能力，及时解决工作中存在的问题。

（3）规范管理，提升效率。继续做好各年度归档材料的收集、整理、鉴定、保管、统计和开发利用工作，规范管理，提升工作效率，开创档案管理工作的新局面。

（4）创新方法，引进设备。在实现各门类档案集中统一管理的同时，添置档案密集架、装订机等各类档案现代用具，使档案管理在硬件上有保障，适应现代化管理的需要。

（5）全员配合，分工合作。各处室、科室密切配合，做好档案归档工作，实行部门立卷，形成工作有布置、有要求、有检查的齐抓共管的良好局面。

（6）健全组织，加强领导。加强档案管理指导和监督，逐步走向规范化、制度化、科学化，制定一整套科学管理和标准化的工作流程，不断提升学校档案工作水平。

（黑龙江生态工程职业学院档案室　赵兰凤）

学校主楼

档案室工作人员在研究分析库房档案

黑龙江民族职业学院档案工作概览

一、学校概况

黑龙江民族职业学院由原黑龙江省民族中等专业学校(黑龙江省民族干部学院)、哈尔滨朝鲜族师范学院(黑龙江省朝鲜族教师进修学院)、齐齐哈尔民族师范学校合并组建而成,于2005年7月8日挂牌成立,是一所国家公办的全日制少数民族高等院校。

黑龙江民族职业学院是黑龙江省唯一一所民族院校,也是国家民委与黑龙江省人民政府共建高校。学院坐落在北国冰城哈尔滨,其前身可追溯到1928年张学良创办的东北蒙旗师范学校。学院忠实履行人才培养、科学研究、社会服务、文化传承创新、国际交流合作和促进民族团结进步的办学职能,为国家和社会培养了一大批优秀人才,为科教兴国、兴边富民、振兴东北老工业基地和推动黑龙江边疆文化大省建设方面做出了重要贡献。

二、档案机构发展沿革

黑龙江民族职业学院档案包括建校前黑龙江省民族干部学院、哈尔滨朝鲜族师范学院档案,2005年建校后成立学院综合档案室。

三、档案机构基本情况

黑龙江民族职业学院综合档案室建筑面积近260 m^2,是集中统一管理各种门类、各种载体的档案室,实现了库房、办公室、阅档室"三分开"。现有专职档案管理员1名,研究馆员职称,大学本科学历,硕士学位。学院成立了档案工作领导小组,档案管理网络和制度健全,形成了一支由处级领导分管,专职与兼职档案员互相配合的科学合理的档案管理网络。

档案室案卷归档共1 938卷,其中数字化档案总记录16 042件、案卷921卷、文件15 121件,保管期限永久5 723件、长期8 223件、短期420件,为推进管理处档案信息化建设,实现档案信息资源共享和服务平台,配备档案工作专用服务器,大力开展档案数字化工作,实现了档案在线检索,提高了档案检索利用水平和工作效率,满足了各项业务工作需要。

四、档案机构主要职能

认真贯彻执行《中华人民共和国档案法》及本单位有关档案管理制度;负责本单位各职能部门形成的各种门类、各种载体的档案及有关资料的收集、整理、鉴定、保管、统计和利用工作,并监督、指导二级机构的档案工作,做好档案服务工作,为各项工作提供优质服务。

1.健全组织领导和管理机制

学校领导重视档案工作，把档案工作列入议事日程，成立了学院档案工作委员会，形成了由院长领导，分管档案工作的院领导协助院长负责档案工作的领导机制，在办公室设立了档案科，形成了“领导管、专人抓”的良好工作格局。

2.重视制度建设

重视建章立制，提高依法行政能力，使档案工作有法可依、有章可循，用制度的稳定性和执行制度的严肃性来规范学院档案工作，使档案材料的形成、收集、整理等工作有了可靠的依据，为档案工作的顺利开展创造了有利条件，使学院档案工作步入科学化、规范化和制度化管理轨道。

3.丰富馆藏资源

在对全院档案进行集中管理的同时，推行部门立卷，涵盖了学院的各个职能部门的各种门类，一直以来，严格按照档案工作的有关规定及时收集整理各种门类和载体的档案，加强了对各类有参考和凭证价值的资料、学院特色资料的收集，进一步丰富和优化了各门类档案，形成了基本满足学院各方面利用需求的档案资源。

4.强化队伍建设

设立兼职档案员，组织兼职档案员认真开展政治理论和业务知识学习，要求每个档案人员必须做到政治上硬、业务上精、能力上强，具有较高的理论和业务素养。举办了全校兼职档案员培训班，重点学习了电子文件的归档管理和网上归档档案软件应用，聘请校外专家，通过专家集中讲授、分组座谈讨论、实际上机操作，提高了兼职档案人员的业务整体水平，日常对兼职档案进行一对一的业务培训，通过开展学习教育活动，打造了一支业务娴熟、爱岗敬业，与学院规模相适应的专兼职档案队伍，为做好档案工作打下了坚实的组织基础。

5.服务热情周到

为配合学校的检查、审计等工作出具原始的、可靠的第一手佐证材料。学籍档案对外利用，政策性的把握非常强，不能有丝毫偏差。为广大师生员工服务，一直是档案工作的重点，在做好服务的同时，严格掌握原则，绝不允许出现任何纰漏，做到行政工作部署到哪里，档案工作就跟踪服务到哪里。

五、档案工作主要业绩

1.管理创新

实现档案的最大价值，努力探寻管理理念创新、管理体制创新、管理手段创新，强调用新的视角来看待档案，用新的机制来管理档案，用新的技术和手段来盘活档案。积极探索档案现代化的管理和实践，随着信息技术的高速发展和广泛应用，档案领域也发生了深刻的变革，档案管理数字化、资源利用网络化，已成为当今档案工作的主流模式，档案工作职能和档案工作人员的角色会发生根本性的转变。建院后，学院档案全部实现了数字化管理。针对学生学籍查阅量非常大的特点，把学院建院前后的学籍档案全部进行了数字化，为快速、准确地查找提供了方便，使学院档案的目录数据库、全文数据库和多媒体数据库得到了进一步的完善和提高，依托数据库，可以在全院对 130 m^2 的库房进行管理，大大提高查阅效率，不仅可以方便广大师生查询，而且可以大幅度减少重要纸质档案的翻阅次数，保护珍贵的纸质档案资源。从文件的形成到归档、保管利用实现了一体化管理，更好地适应了电子文件的管理和使用，有利于将文件和档案管理作为一个整体，进行总体设计和通盘考虑，从而提高了文件管理质量。

2.工作亮点

加强理论研究与交流，谋求档案工作新的发展，不断提高自身业务素质，撰写国家级和省级论文8篇；2013年被评为黑龙江省高校档案工作先进个人；2015、2017年参加黑龙江省档案局举办的征文活动，《与档案同行，清苦并快乐着》《故纸堆中剪新梅》分别获得二等奖、三等奖；共3篇论文获黑龙江省档案局评比一等奖；学院部门立卷在2007年得到省教育厅的公开表扬；注重开发档案信息资源，编辑出版档案文献，服务学校中心工作，为《五常市史志》编写中五常朝鲜族师范学校历史的编写提供原始材料；档案编研成果《培育民族团结的种子》，获得社会各界的一致好评，也得到了省档案局和省教育厅联合检查小组的认可，2016年在全省档案高校工作会议上做了专门经验交流。按照简化整理、有利保管、方便利用的原则，在全院各种载体和门类档案完成归档的前提下，对建院前哈尔滨朝鲜族师范学校档案进行了规范化整理，从1948年至2005年，时间跨度非常大，对文化的积累和传承起到重要的作用。

六、面向未来工作设想

随着档案事业的不断发展，档案工作科学化、规范化、现代化水平不断提高，学院继续把档案达标升级工作作为一项重要任务来抓。谨记“为党管档、为校守史”的庄重诺言，强化服务理念，创新服务方式，优化服务平台，积极主动融入学院中心工作，为总体工作思路，在硬件、软件、人力、财力上加大投入，狠抓档案工作标准化、特色化建设，积极进行全面的整改、完善和提高。坚持把求真务实的职业道德情操融入高校档案管理工作中，以兢兢业业、勤勤恳恳的态度服务于广大师生员工，积极提倡一专多能，提高整体协作能力和水平，促进各项工作的协作与开展，使档案工作能融入学院发展的各个环节，服务于民族教育事业的发展。

（黑龙江民族职业学院档案室　孙美凤）

档案库房

民族博物馆

哈尔滨传媒职业学院档案工作概览

一、学校概况

哈尔滨传媒职业学院创办于1989年，系黑龙江省人民政府批准、教育部备案的全日制普通高等学校。2018年被黑龙江省教育厅评为文明校园称号，2019年被黑龙江省教育厅批准为单考单招试点院校。

哈尔滨传媒职业学院坐落于哈尔滨市南岗区学府路延伸线102国道1 289 km处。办学30余年来，已经为社会培养应用型人才4万余人，其中50%以上毕业生已经拥有了自己的企业。近年来学校充分发挥自我办学优势，以培养应用型人才为主，锐意改革创新，正在以超强之势迅猛崛起。

哈尔滨传媒职业学院设有传播与艺术学院、商学与工程学院、国防后备生学院、国际交流学院、直播电商培训中心5个二级教学单位。开设普通高等教育专业27个，其中重点专业5个：播音与主持、室内艺术设计、新闻采编与制作、影视编导、计算机网络技术。学科建设上充分发挥传媒领域学科特色和综合优势，已经形成了以新闻传播和广播影视学科为龙头，工学、管理学、经济学等多学科协调发展，相互交叉渗透的学科体系。

哈尔滨传媒职业学院坚持社会主义办学方向，践行“全人”教育理念，突出人才的个性化教学模式。拥有新闻直播间、广播直播间、演播厅、播音主持实训基地，MIDI音频编辑工作室、非线性编辑实训室、动漫设计工作站、录音棚、舞蹈室、摄影摄像实训室、画室、琴房、语音教室、设计实训室、新闻发布厅、汽车实训室、会计实训室、计算机综合实训室、餐饮实训室、客房实训室、航空舱实训室，专业体育训练馆；同时与多家电视台、影视公司、传媒公司等校外企事业单位建立了校企合作关系，为学生的实习实训搭建了良好的平台。

二、档案机构基本情况

哈尔滨传媒职业学院档案工作始于1989年6月，设置了综合档案室，直属院长办公室，由主管院长领导，院长办公室主任分管档案工作。综合档案室是学校档案工作的职能管理部门，档案工作是学校工作的组成部分，对于提高学校工作效率和教育质量、维护学校历史真实面貌发挥着举足轻重的作用。

作为永久保存和提供利用本校档案的执行机构，综合档案室是学校档案信息资源的保管和利用中心，是传承校园文化和进行爱国主义宣传的重要基地。综合档案室现有专职档案员2名，各二级单位有负责档案工作的领导和兼职档案员，形成了学校档案工作管理网络体系。

档案室建筑面积400多m^2,现有库藏档案1万余卷,并配备有专用计算机、复印机、空调机、打印机等管理设备,档案保管条件日趋完善,办公条件基本实现了现代化。综合档案室紧紧围绕学校中心工作,为学校教学评估、党建评估、资产清查评估、学科申报、重点学科建设等各项重点工作提供了大量的原始资料和数据支持。近几年,档案室在档案的收集、整理、提供利用等工作中,不断加强规范化、信息化建设,持续加强库房基础设施建设,学校档案工作取得了长足的进步。当前,综合档案室正积极致力于档案管理的信息化建设,不断提升服务水平和服务质量,最大限度地满足广大师生及社会利用的各种需求。

三、档案工作主要业绩

哈尔滨传媒职业学院成立了档案工作领导小组,有明确的领导分管档案工作,档案工作列入分管领导岗位责任制。哈尔滨传媒职业学院建立了独立的档案管理机构和档案人员岗位责任制,并定期考核。学院档案工作坚持集中统一管理原则,实行了综合管理,做到了统一领导,统一制度,统一管理。档案工作建立了管理网络并定期开展活动。

哈尔滨传媒职业学院建立了档案工作制度并纳入了单位的管理制度汇编。制定的档案制度包括:档案归档制度,档案安全保管制度,档案收集、销毁、整理、鉴定、统计、借阅利用、保密等制度。形成了本单位档案工作办法,明确了各类档案的归档范围。

哈尔滨传媒职业学院档案室的文件材料能及时归档,归档率98%,归档文件完整率98%以上,准确率100%。认真编写归档文件整理说明;建立了全宗卷,材料完整规范;归档的文件制成材料符合质量要求。档案管理现代化列入了单位管理现代化计划,运用现代化手段提高档案管理效率,取得了一定效果;开展档案数据库建设。

哈尔滨传媒职业学院为档案机构设立了专项工作经费。档案库房、阅览室、办公室实现了“三分开”。旧库房按要求进行了改造,库房面积400多m^2,不但能满足目前工作要求,还留有一定的发展空间。同时,库房采取了防火、防盗、防高温、防潮湿、防光、防鼠、防虫、防污染等安全措施。档案装具符合国家要求,档案柜数量充裕,质量过关。

哈尔滨传媒职业学院档案室配备了适应工作需要的现代化设备,配有计算机、打印机、扫描仪、复印机、速印机等设备。档案室建立了网站,在校园网发布信息内容充实。哈尔滨传媒职业学院经常组织学校档案工作人员参加档案业务学习,档案室认真履行对学校档案工作的监督、检查和指导责任。哈尔滨传媒职业学院档案室能够充分做到及时了解利用者需要,采用多种形式主动提供档案信息服务,档案利用成果显著。

第一,领导重视是做好档案工作的关键。

档案室成立后,各单位档案工作负责人按照教育部27号令对档案工作的要求开展工作,认真履行职责。领导的重视,为档案室开展档案工作创造了良好的氛围,是对档案工作莫大的支持。

第二,精诚团结,勇于奉献是做好档案工作的基础。

档案工作平时不起眼,也不引人注目,因此常常被忽略。但档案工作又是一项对“历史负责、为现实服务、替未来着想”的工作,发挥着延续历史和依据凭证的重要作用。档案工作者本着对学院高度负责的态度,不计名利得失,默默工作着。全体专兼职档案工作人员努力勤奋工作,相互支持配合。

第三，加强专业人才队伍，提升管档人员能力素质。

哈尔滨传媒职业学院认真落实从严管理干部工作要求，切实加强干部档案的专业人才队伍建设，以“人才引进+育才培训”等形式，引进专职档案员 2 名。

哈尔滨传媒职业学院十分重视档案员的业务学习和培训，引导档案员虚心向兄弟院校学习，探讨档案管理经验。学院领导组织专兼职档案员到黑龙江东方学院学习，由办公室主任亲自带队，参观了黑龙江东方学院档案馆，通过交流学习，有效提升了档案工作队伍的专业能力和业务水平。

四、面向未来工作设想

目前，哈尔滨传媒职业学院档案管理现代化处于起步阶段，要想跟上社会信息化发展形势，未来的工作任重而道远，我们必须做出艰苦的努力。一方面，学院需加大投入；另一方面，我们必须做好基础工作，加强管理，充分发挥各部处、各单位积极性，相互支持，形成合力。只有提高档案管理的现代化水平，档案的作用才能得以充分发挥，实现档案存史、资政育人的价值，为学院改革和发展提供高水平服务。

今后我们将抓住机遇，把握重点，积极推进哈尔滨传媒职业学院档案信息化建设，进一步提高档案室的地位和作用，增强档案管理人员的创新意识，开拓进取，努力工作，为推动学院全面发展做出应有的贡献。

（哈尔滨传媒职业学院档案室　战凤翠）

七台河职业学院档案工作概览

一、学校概况

七台河职业学院成立于2005年,由七煤师范学校和市成人教育学院合并而成,面向全国多个省市自治区招收全日制专科生,同时承办成人学历教育。

七台河职业学院是七台河市唯一一所集高等职业教育、技工教育、成人教育、职业培训和职业技能鉴定为一体的含大专、中专、技工、成人专本科学历教育的综合性职业院校,实行党政统一领导,人员统一管理,经费统一使用,资源统一调配。形成了“资源共享、优势互补”新的办学机制,构建了职业教育与技工教育相互促进的新发展格局。

七台河职业学院现有南北两个校区,总占地面积27万 m^2,总建筑面积16万 m^2,固定资产总值5.93亿元。七台河职业学院现有口腔医学技术、护理、医学检验技术、康复治疗技术、药品生产技术、药品质量与安全、数控技术、机械设计与制造、智能控制技术、工业机器人技术、电气自动化技术、大数据与会计、学前教育、婴幼儿托育服务与管理、汽车制造与试验技术、新能源汽车技术、计算机网络技术、运动训练等18个专业设置;七台河技师学院现有机电设备安装与维修、机电一体化技术、烹饪(中式烹调)、美容美发与造型、家政服务、建筑装饰(室内装饰施工技术)、化工仪表及自动化、化工工艺、煤矿技术(综合机械化采煤)、服装制作与营销、数控加工(数控车工)、通信网络应用等12个专业设置。

二、档案机构基本情况

七台河职业学院档案工作,由学院党政班子统一领导,学院办公室分管,设有专职工作人员2名。

三、档案机构主要职能

(1)贯彻执行党和国家有关档案工作的方针政策和法律法规,综合规划学校档案工作。

(2)制定学校档案工作规章制度、技术标准与规范,并负责贯彻落实;编制档案检索工具。

(3)档案借阅。借阅人填写“档案资料借阅审批表”,由借阅部门领导及档案管理部门领导签字后,方可借阅。

(4)档案查阅。全部档案实行计算机管理,根据“档案借阅审批表”上的内容及要求,在计算机上迅速查找所需档案对应的档案号,根据档案号快速确定档案盒所在位置,达到快速准确地查找所需档案的目的。

(5)档案梳理。

①定期清理文件。将与本单位无关的文件,自留备用。

②定期归纳文件。按文件保存年限(永久、30年、10年)进行分类保存。

③定期编排文件。按要求格式打印档案目录。

④定期进行文件装档。按学院规定的相关要求装文归档。

(6)组织实施档案信息化建设,推进数字档案馆(室)、智慧档案馆(室)建设。

(7)开展多种形式的档案宣传教育活动。

四、档案工作主要业绩

(1)按照学院档案管理要求,做好档案室环境工作和档案信息的保护工作。

(2)定期与各部门沟通协调资料归档相关工作。

(3)定期做好电子数据的收集、整理,维护和利用好档案管理系统,努力做到收一份文件,及时存录一份文件。

(4)按照档案管理制度,定期对单位档案室进行常态化管理,专人管理。按照标准对已入库档案进行保存,做好档案的收藏和保密工作。

(5)严格按照档案借阅制度,完善借阅程序,一般只限于在"档案阅览室"使用,并进行登记。严格履行借阅手续,借阅者要认真填写"档案借阅登记表",不得转借、涂改、卷划、批注、增删、抽页、裁剪、拆卷、摘抄、拍照等,不得擅自公布档案内容,确保档案的保密、完整与安全。

(6)耐心细致,做好档案管理工作。档案工作的内容比较烦琐,面对大量的日常性档案保管工作和领导临时交办的事项,均做到抓紧时间,高效、圆满、妥善地办理,为学院档案工作的正常开展提供有效保证。

五、面向未来工作设想

1.加强硬件建设

添置遮光窗帘、档案柜、除湿设备、温湿度计、灭火器。保持档案库房清洁、宽敞、明亮、通风,并达到防盗、防光、防尘、防潮、防鼠、防火、防腐、防高温等要求。

2.规范操作程序

做好档案的收集工作;制定较为科学合理的分类方案;认真做好日常的档案管理;加强对档案管理人员的培训。

(七台河职业学院办公室　张　辉)

档案室(一)

档案室(二)

大庆医学高等专科学校档案工作概览

一、学校概况

大庆医学高等专科学校是大庆所属的一所公办普通高校，学校目前以普通专科教育为主，成人教育和继续教育为辅。现开设护理学、康复治疗技术、临床医学、口腔医学、药学、医学检验技术、助产、中药学、针灸推拿、中医学、中医康复技术、药物制剂技术、药品经营与管理13个专业。

学校现有全日制普通大专在校生5 757人，目前占地面积24.6万m^2，建筑面积7.5万m^2。学校设教学系（部、院）10个，机关后勤部门9个，直属部门5个。现有职工269人，其中专任教师125人。

学校是黑龙江省优秀骨干高等职业校和省高校系统文明校园。建校以来，培养毕业生32 000余人，有些已成为所在单位的业务骨干，深受大庆乃至全国各医疗单位的欢迎。

二、档案机构发展沿革

其前身卫生学校建于1965年，大庆职工医学院于1985年在卫生学校基础上成立。2006年2月经教育部批准成立，成为黑龙江省一所独立设置的医学高等专科学校。2019年6月18日，学校从油田公司划转大庆市政府管理，成为大庆市第一所高校。

三、档案机构基本情况

档案工作是学校工作的重要组成部分，是做好学校管理工作的基础条件，是评估学校各部门的尺度，也是衡量学校管理水平的重要标志。档案室既是学校档案工作的管理部门，也是负责集中保存和提供利用学校各门类档案的信息中心。

学校现设综合档案室1个，专职档案员1人。成立了由校长担任组长、主管档案工作的校领导担任副组长，包括全校各单位行政正职为成员的学校档案工作领导小组，统一领导学校档案工作的发展建设。现有校属副处级单位24个，直属科级单位5个，设兼职档案员24人，负责收集、整理本部门形成的档案材料和归档。档案工作做到了学校有人管，中间环节有人抓，具体工作有人做，把工作落到了实处。

升专之初，学校着眼于发展，对全校的规章制度进行了重新梳理和完善，编制了《大庆医学高等专科学校规章制度汇编》，将档案管理纳入了教学、科研、基建、管理等各方面。对档案管理制度进行了修订，新增了检查考核、出具档案证明规定等新内容，使档案管理制度进一步充实完善。

档案室现藏有党群、行政、教学、科研、基建、仪器设备、财会、声像8大类档案，截至2021年底，档案室共保存综合档案4 340卷/20 849件，文书档案17 327件、科研类档案12卷、基建类397卷、设备仪器36卷、会计档案3 895卷，声像档案2 538件、电子档案1 170件、光盘41盘、资料类档案402件。档案室总建筑面积120多m^2，档案库房、办公室、查阅室"三分开"。

四、档案机构主要职能

(1)认真学习、宣传、贯彻执行党和国家有关档案工作的法律法规、方针、政策和档案行政管理部门的规定，完成上级领导机关下达的任务。

(2)制订全校及本室档案工作计划，制定管理规定并经常督促检查其执行情况。

(3)对本校各单位的各种文件材料的收集、整理、立卷和归档工作进行督促和指导。参与有关新成果、基建、仪器设备等方面的管理及鉴定、验收活动。

(4)集中统一管理本校各部门各种载体的档案；负责档案的接收、收集、整理、鉴定、保管、统计等项业务工作，积累档案史料。

(5)编制档案目录和其他检索工具，积极配合有关单位编写全宗介绍、组织沿革、大事记、基础数字汇集、专题文件汇集等，熟悉室藏档案的情况，做好利用工作，有效地为本校各项工作服务。

(6)负责对全校专、兼职档案工作人员进行业务培训，使其忠于职守，遵守纪律，具备专业知识。

(7)认真执行国家有关保密规定，正确处理利用与保密的关系。

五、档案工作主要业绩

我们注重提高服务意识，努力发挥档案职能作用，服务于师生员工，服务于学校的发展建设。升专以来，学校陆续完善了校园基础建设，改善了教学楼、操场、食堂、浴池，新建了宿舍楼等，档案部门及时准确地提供了相应的基建档案资料；在学校校史室的建立和改建中，档案部门配合学校宣传部做了大量基础工作，提供了详尽丰富的历史文献资料；在全国人才培养水平评估中，档案部门配合教学、机关、后勤各单位做了大量的准备工作，得到了专家的好评；开展编研工作，整理了学校发展史简介，制作了学校宣传画册、录像片，在上级来校检查、对外交往、新职工入校教育、新干部入校学校情况介绍、学校组织沿革编撰等工作中发挥了重要作用；2019年6月油田划转市政以后的每三年一次的巡检工作中，配合市政府巡查工作组和学校各部门查阅、复印大量各类文件、财务账本和凭证。

六、面向未来工作设想

近几年随着国家的政策逐步完善，学校历届毕业生在学历认证、职业资格考试、职称晋升等各方面的需求越来越多，而且各类实际情况不尽相同，对学校的档案工作提出了新的要求，我们坚持"以人为本"，以服务为先，在坚持原则的前提下，尽可能地提供优质、高效、便捷的服务，尽最大的努力满足大家的需求，帮助解决实际困难，体现档案工作的价值。

(大庆医学高等专科学校档案室　吕　游)

学校教学楼

档案库房(一)

档案库房(二)

黑龙江交通职业技术学院档案工作概览

一、学校概况

黑龙江交通职业技术学院是黑龙江省教育厅直属的一所公办高等职业院校。黑龙江交通职业技术学院始建于1946年,2014年成为黑龙江省首批优秀骨干高等职业院校,2017年成为黑龙江省高水平高职院校立项建设单位,并于2021年以双优秀的成绩通过项目验收,同年获批黑龙江省第二轮“双高”立项建设单位。

黑龙江交通职业技术学院铁道专业特色鲜明,是黑龙江省唯一一所铁路运营类高职学院,也是我国铁道类专业最齐全的高职院校之一,铁道专业综合办学实力、铁路专业人才培养规模在全国同类高职院校中位居前列。办学70多年来共培养了5万多名毕业生,为我国铁路事业发展输送了大量专门人才。

黑龙江交通职业技术学院办学规模较大,在哈尔滨市和齐齐哈尔市共有3个校区。现开设25个专业,其中铁道机车、铁道车辆、铁道供电技术、铁道交通运营管理专业列为黑龙江省高水平建设专业。现有普通高职在校学生16 211名。同时,与北京交通大学联合举办远程教学,成为北京交通大学现代远程教育教学中心,现有网络专科、本科学历教育学生5 000余名。

黑龙江交通职业技术学院师资力量雄厚,现有专职教师460名,其中教授、副教授136名,具有硕士以上学位教师比例占38%,全国轨道交通职业教育名师3名、省级教学名师9名。

黑龙江交通职业技术学院实训基地完备,共建有169个校内实训基地、实训室,其中铁道综合演练场、电气化铁道演练场、有铁道机车模拟驾驶、列车运行自动控制、铁道信号设备检修、铁道工程等校内实训基地在全国铁道类高职院校中处于先进地位。黑龙江交通职业技术学院加强与全国各铁路局等企业合作,共建有141个校外实训基地,能够满足学生实习实训需求。

黑龙江交通职业技术学院深化校企合作,积极探索产教融合、协同育人模式,80%左右的学生实行订单培养、学徒制培养。黑龙江交通职业技术学院实行准军事化管理,强化德技双修,毕业生以应用能力强、综合素质高而赢得用人单位好评。近年来毕业生就业率一直保持在95%以上,其中75%以上面向国有大型企业就业,涌现出了一批杰出毕业生,有62名毕业生荣获“火车头奖章”或铁路局先进个人。

黑龙江交通职业技术学院坚持“立足龙江、服务交通、辐射全国”的办学定位,致力于培养高素质技术技能人才,开放办学,改革创新,特色强校,努力把学院建成国内一流、国际有影响的高职院校。

二、档案机构基本情况

黑龙江交通职业技术学院已经具备档案管理的基本条件,档案硬件设施基本齐全。黑龙江交通职业技术学院哈尔滨校区设有两间独立档案室,档案五联柜 29 联共计 145 个,保密柜 5 个,防磁柜 1 个;齐齐哈尔校区设有独立的档案库房、查档室、办公室各 1 间,档案五联柜 20 联共计 100 个。黑龙江交通职业技术学院具有较完整的档案管理制度,并全部张贴上墙,如档案保管制度、档案保密制度、档案鉴定制度、档案利用制度,以及档案室人员岗位职责制度。

三、档案机构主要职能

1.档案归档

在工作中,档案归档是其重要的管理职责。包含行政档案、基建档案、财务档案等相关档案资料。这些档案都具有较强的保存价值,按照相关规定进行归集和保管。对于档案室的日常管理而言,档案的归档是其主要的工作内容,应当按照档案的分类做好档案的收集工作,确保学院各类档案能够归集到综合档中。

2.档案保管

档案资料在收集整理之后,需要按照不同的类别进行分类保管,例如学生档案和财务档案不能放在一起,需要按照档案自身的类别放到专属的档案区域中进行管理。同时,不同的档案资料所采取的管理方式也不同,例如财务档案对财务凭证的保管有严格的要求,需要利用专门的场地和设施予以保管,并且要保证档案资料等的完整性和安全性。所以,对于档案资料的保管是档案室的重要职能,也是档案室发挥其管理职能的重要方式。

3.档案调用

档案调用能够为学院日常工作提供有效的信息支持。档案室根据调用规定,做好档案的调用登记,避免档案在调用过程当中发生损坏或丢失,最大限度地保证档案资料的完整性。因此,做好档案的调用是综合档案室日常管理的重要职能,也是重要的工作内容。

四、档案工作主要业绩

黑龙江交通职业技术学院认真贯彻执行新修订的档案法以及国家有关档案工作的方针政策,定期做好档案工作的法规、制度、规定的宣传工作,增强工作人员的档案意识。依照相关法规,切实加强对文件材料收集和鉴定销毁工作的监督、检查和管理。

1.档案资料的收集

档案工作人员认真做好文件的收、发工作,做好档案的收集整理工作,保证归档文件材料完整、准确、系统,做好对各科室档案的接收进库工作,并参与接收文书档案卷、会计档案卷等。

2.档案资料的整理

在接收档案入库前,对各科室的档案进行案卷质量检查,对不符合入库要求的,按《档号编制规则》,指导并帮助其进行整理。

3.档案资料检索利用

对各科室的全引目录负责接收和整理,对各科室报送的目录进行整理,精装成册,并在原有检索工具的基础上,根据学院档案的利用情况不断完善,不断增加,健全检索体系。

4.档案资料保管保护管理

定期对档案的数量和保管状况进行全面检查,填写登记簿;对档案资料库内温湿度按照要求进行调控,及时对档案资料进行除尘、消毒,定期清理库房卫生,并进行安全检查,至今未出现任何档案事故。

5.档案资料的登记与统计

建立了各种档案登记统计簿册,并及时进行登记统计,按上级要求及时报送有关数据。

在工作中,严格执行档案工作的各项制度,主动接受主管部门的业务指导和督促检查,积极完成与档案相关的其他工作,保证了档案工作的有序开展。

五、面向未来工作设想

利用计算机技术对传统档案数字化后的“数字形式”信息与电子文件集中统一管理是未来高校档案管理的发展趋势。这种管理方法不仅有利于档案资源的整合与共享,而且有助于档案提供利用方式由“被动服务”向“主动服务”的转变,也可以大大提高档案资源管理和利用服务的水平。因此,数字化与信息化不仅改变了档案信息的存储载体和形式,同时也变革了档案信息的管理方式与提供利用方式。

传统纸质档案的保存需要建立一个干燥防潮、防火防虫的保管空间,但随着时间流逝,纸质档案将会变色、老化。相比纸质档案而言,电子档案易于保存且节省空间,但是稳定性差,容易遭到修改或病毒攻击而丧失真实性,因此未来档案室应积极研究电子文件中原始信息的长期保存问题,不断提高电子档案储存的安全性和稳定性。

(黑龙江交通职业技术学院档案室　李　君　李　果)

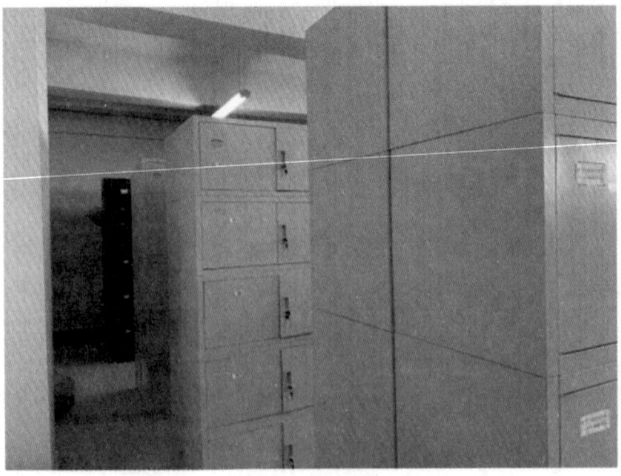

档案室(一)

档案室(二)

哈尔滨应用职业技术学院档案工作概览

一、学校概况

哈尔滨应用职业技术学院的建院基础是1999年成立的哈尔滨应用技术专修学院。2006年4月,经黑龙江省人民政府批准,教育部备案,在哈尔滨应用技术专修学院的资源基础上成立哈尔滨应用职业技术学院,隶属于黑龙江省教育厅,由哈尔滨市人民政府主管,是独立设置的国家计划内统一招生的全日制综合性高等职业院校。2010年12月学院通过教育部高职高专院校人才培养工作水平评估,2018年6月,代表黑龙江省人民政府接受国务院教育督导核查组赴学院检查黑龙江省人民政府履行教育职责情况,核查组对学院工作给予充分的肯定。

哈尔滨应用职业技术学院位于机场路998号,总占地面积26.23万m^2,建筑面积12.46万m^2,有护理分院、汽车工程系、建筑工程系等8个教学分院、系、部。设有护理、汽车制造与试验技术、建筑工程技术、机电一体化技术等专业,哈尔滨应用职业技术学院现有全日制在校高职大专生3 900人。学院现有专任教师199人,其中具有硕士学位教师41人,占专任教师总数21%;具有高级职称的教师42人,占专任教师总数21%;"双师型"教师102人,占专任教师总数的51%;图书阅览室座位300个;纸质图书42.01万册,电子图书2.76万册。校内实验室、实训基地62个,教学设备总值2 803万元;校外实习、实训基地251个,教学用计算机913台。

哈尔滨应用职业技术学院开设交通运输、装备制造、土木建筑、信息传播、现代服务管理与护理康养类6大专业群。其中汽车检测与维修技术专业实训基地2013年被确定为教育部、财政部支持的职业教育实训基地建设项目。另有汽车检测与维修技术专业、机电一体化技术、高速铁道技术、软件技术、汽车电子技术、计算机网络技术、电子商务技术和印刷媒体技术等8个哈尔滨市重点专业建设、双元培育重点建设专业和紧缺专业建设项目。建校以来,已向社会输送1.4万余名毕业生,近3年毕业生平均就业率为96.77%,用人单位满意率87.59%。

二、档案机构发展沿革

建校之初,哈尔滨应用职业技术学院教务处、学生处和就业处分别成立了教学档案室、学生档案室和就业指导中心档案室。2016年3月,由教学档案室、学生档案室和就业指导中心档案室合并组成综合档案室。

三、档案机构基本情况

哈尔滨应用职业技术学院成立了档案工作领导小组，组长由院长担任，成员为副院长，各系部、处室主任，就档案工作中的重大问题进行决策和协调。学院设有综合档案室，设主任 1 人，有专职档案工作人员 1 人，兼职档案工作人员 10 人。综合档案室现有建筑面积 120 m^2，配备了专用档案库房及相应档案柜、计算机、扫描仪、打印机、复印机、刻录机等专用设备，使档案工作在硬件上有了保障，满足档案管理工作的需要。

四、档案机构主要职能

(1)贯彻执行有关档案工作的法令、政策、规定，规划全校档案工作。

(2)组织制定、实施本校关于档案的各项规章制度，指导本校文件材料的形成、积累、预立卷和立卷归档工作，并监督、指导和检查执行情况。

(3)负责收集、整理、分类、鉴定、统计、保管、利用全校的各类档案及有关资料。编制检索工具和参考资料，开发档案信息资源，定期向网上发布数据，积极主动提供利用。

(4)建立健全学校档案工作网络，负责全校专、兼职档案人员的业务培训。

(5)开展全校档案学术研究和交流活动，提高档案管理水平。

(6)采用先进科学技术，逐步实现档案管理现代化。

(7)参与学校信息化建设，开展多方面协作，开展档案信息交流。

(8)开展档案宣传工作。

(9)完成上级业务主管部门和学校交办的其他任务。

五、档案工作主要业绩

1.学院党政高度重视档案工作，认真部署档案各项工作落实

一是为切实做好档案整理归档工作，学院积极召开年度档案工作专门会议，精心部署，严格要求各相关部门按照档案管理规定，进行全方位的档案收集，确保学院档案的齐全完整，为整理归档工作打下了坚实的基础。

二是学院注重加强档案工作队伍建设，不断提高档案工作人员综合水平。近年来，学院认真按照上级档案部门要求，积极组织有关人员参加各类档案管理培训活动，不断增强档案工作人员专业知识和业务能力。

三是综合档案室认真做好年度各类档案归档整理工作。成立档案整理归档工作指导组，按时保质完成一年来各类档案收集整理归档工作。年初，学院组织档案管理人员采用分类指导、区别对待的办法，按照要求认真开展年度档案整理归档工作，力求做到整理归档速度快、归档文件材料整理质量高。

2.逐步完善档案管理制度，规范档案管理

一是对原有的教学档案、学生档案、实物档案等管理制度进行了修订，结合学校实际，制定了更为合理的归档范围，完善了归档交接工作流程，明确了相关部门的归档责任，不断推进学校管理工作规范化，有力地促进工作质量的提升。

二是牢固树立“安全第一，预防为主”的思想。为加强档案安全工作，学校先后研究制定了

《档案安全保密制度》和《档案库房管理制度》等，严格要求档案工作人员做好档案的保管工作。

3.创新机制，不断实现档案现代化管理

为积极推进档案现代化管理，档案室在实施档案整理的同时，及时完成录入工作。编制电子文件目录，定期进行脱机备份，有效推进档案电子化管理。同时，加强档案基础业务工作。

一是注重日常工作中文件资料的征集，广泛收集学校落实新政策、研究理论学说、应用高新科技等工作，以及涉及学校规划建设等方面的文件资料，扩大学校档案信息来源。

二是档案入库前，首先对其真实性、完整性、可用性、时限性和保密程度进行鉴定，并分类进行整理、编号、登记，处理，有利于对室藏档案实施动态管理，便于档案的检索利用，增强了档案的保存价值和使用价值。

三是档案入库时，按规定的分类库柜位置存放，确保档案目录、档案名称、档案存放位置相对应，以便于清查、使用档案。

四是档案入库后，按照档案库房“八防”要求，切实加强对档案的安全保管和保密工作。

五是做好档案资料的利用工作，一方面对未开放档案进行妥善保管和防护，另一方面对鉴定开放档案按照审批、登记、发出的程序向社会提供档案利用咨询服务，产生较好的社会效应。

六、面向未来工作设想

一是进一步强化档案意识。积极组织有关人员学习国家和省关于档案工作的一系列法规、文件，深入贯彻落实《高等学校档案管理办法》等文件精神，不断加深对档案工作重要性的认识，增强做好档案工作的责任感和紧迫感。

二是进一步加强对档案工作的领导和目标管理。加强对档案收集、整理、分类、归档、销毁等各环节的督促、检查和指导，努力实现档案工作的科学化、规范化、制度化和现代化，把学院的档案工作提高到新的层次和水平，使档案工作在为教学、训练、科研、管理等各项工作服务中发挥更大、更好的作用。

三是不断加强档案管理信息化建设，充分利用综合档案管理平台，努力推进人事档案管理平台、学生档案管理平台的建设，积极探索在互联网上进行档案全文、照片等多媒体档案的远程录入与文件图片的上载，开展信息检索打印、任意格式输出等，加快档案工作信息化建设进程。

（哈尔滨应用职业技术学院档案室　王宏玉　王　立　卞　博　穆喜军）

学校概貌

学校远景

佳木斯职业学院档案工作概览

一、学校概况

佳木斯职业学院是经黑龙江省人民政府批准、教育部备案的一所全日制公办普通高等职业院校,坐落在全国生态魅力城市——佳木斯市新城区。学院是全国首批国家级示范性职教集团培育单位——佳木斯职教集团的牵头单位、理事长单位、核心层成员单位。

学院现占地面积 67.7 万 m^2,建筑面积 32.9 万 m^2,建有校内实训基地 13 个,各类实验实训室 126 间,大师工作室 5 个,建有各类实验实训室(基地)80 间,教学仪器设备总值近 6 700 万元。现有教职工 617 人,全日制在校生 6 498 人。设有学前教育学院、护理学院、交通运输系、现代服务与管理系、智能制造工程系、焊接系、建筑工程系、信息工程系、艺术系、职业能力培训部、继续教育学院等 11 个院系,共计 28 个专业,高职就业率 95%,中职就业率 97%,其中高职本地就业比例 35%左右,中职本地就业比例 70%左右。现有国家级"1+X"证书制度试点证书 18 个、国家级现代学徒制试点专业 3 个、省级高水平专业群 1 个、省重点建设专业 5 个、高本贯通试点专业 1 个,形成了具有多层次、多专业的集高等职业教育、成人继续教育、职业培训和职业技能鉴定为一体的办学模式。

学院自 2007 年成立以来,先后获得了国家级综合技能培训基地,国家级高技能培训联合委成员单位,并于 2012 年 9 月顺利通过教育部高等职业院校人才培养工作评估。学院是国家中等职业教育改革发展示范学校、国家职业院校数字校园建设实验校、国家级现代学徒制试点院校、国家级"1+X"证书制度试点院校、国家级高技能人才培训基地、国家级(SIYB)创业培训基地、国家级残疾人职业培训基地、全国职工教育培训示范点、黑龙江省东部地区专业技术人员继续教育基地。

在十余年的办学历程中,佳木斯职业学院凝练出"厚德强技笃学敦行"的校训,立足新时代,秉承高质量发展的办学理念,坚持走集团化办学之路,紧密对接黑龙江省和佳木斯市经济社会发展战略,服务龙江东部地区经济社会发展。

(1)省级高水平专业群 1 个:智能制造装备专业群。

(2)国家级"1+X"证书制度试点专业 10 个:机电一体化技术、智能焊接技术、建筑工程技术、环境艺术设计、计算机应用技术、数字媒体艺术设计、环境艺术设计、会计与大数据、现代物流管理、学前教育、汽车检测与维修技术。

(3)国家级现代学徒制试点专业 3 个:机电一体化技术、智能焊接技术、汽车试验与装配技术。

(4)省重点建设专业 5 个:学前教育、数控技术、智能焊接技术、建筑工程技术、计算机应用技术。

二、档案机构基本情况

佳木斯职业学院档案机构隶属于党政办公室的档案科。具备档案管理基本条件,档案硬件设施基本齐全。设有独立档案库房、查阅室和办公室各1间。档案管理制度、档案工作人员职责、档案库房管理制度、档案利用制度、馆藏全宗及标识全部张贴上墙。

三、档案机构主要职能

(1)贯彻执行国家关于档案工作的法令、政策和规定, 规划集团档案工作。
(2)制定集团关于档案工作的规章制度,并负责监督、指导和检查执行情况。
(3)负责接收(征集)、整理、分类、鉴定、统计、保管集团的各类档案及有关资料。
(4)开展档案的开放和利用工作。
(5)负责编辑档案参考资料,编制检索工具,积极开发档案信息资源。
(6)参加档案信息工作的整体化建设,开展多方面协作,进行档案信息交流。
(7)负责对集团档案工作人员的业务培训。
(8)开展档案宣传工作和利用者教育活动。
(9)开展档案学术研究和校际间的交流活动。
(10)负责承办向上级档案馆移交档案相关工作。
(11)集团领导交办的其他业务工作。

四、面向未来工作设想

1.数字化与智能化

随着信息技术的不断发展,职业院校档案工作将越来越倾向于数字化和智能化。建立电子档案系统,将纸质档案转化为电子档案,实现档案的数字化存储和管理。利用人工智能和机器学习技术,提高档案的自动分类、标注和检索能力,提高工作效率。

2.数据安全与隐私保护

在数字化环境下,确保档案数据的安全和保护师生的隐私将是至关重要的。加强网络安全防护,采取数据加密、用户认证等措施,防止档案数据的泄露和滥用。

3.移动化与远程访问

为了方便师生和相关人员随时随地访问档案信息,开发移动应用程序或提供远程访问功能将成为趋势。用户可以通过手机或其他移动设备,便捷地查询和浏览档案资料。

4.开放数据与共享

推动学院档案的开放和共享,将有助于教育资源的共享和学术研究的发展。建立合理的授权机制,允许合法用户访问和利用档案数据,促进知识的传播和创新。

5.大数据分析与应用

利用大数据分析技术,对学院档案进行数据挖掘和分析,发现其中的潜在价值和趋势。这将为学校管理、教学改进和决策提供有力的支持。

6.档案教育与培训

加强对师生和管理人员的档案意识和技能培训,提高他们对档案工作的重视和参与度。

开展档案管理课程和培训活动,培养专业的档案管理人才。

7.跨部门合作与共享

加强学院内部各部门之间的合作,促进档案资源的共享和协同管理。建立跨部门的档案工作平台,提高工作效率和信息流通。

总之,职业院校档案工作应紧跟时代发展的步伐,积极应用新技术,注重数据安全和隐私保护,提高服务质量和用户体验,为学院的发展和教育教学提供有力的支持。

(佳木斯职业学院党政办公室档案科　刘　菲)

学校远景

黑龙江幼儿师范高等专科学校档案工作概览

一、学校概况

黑龙江幼儿师范高等专科学校是教育部于2007年3月16日正式批准成立的一所公办普通高等院校。学校的历史可以追溯至1906年(清光绪三十二年)清政府在宁古塔(现宁安市)两等小学附设的师范学堂。1990年以后,牡丹江师范学校、宁安师范学校、牡丹江幼儿师范学校3所学校合并,在此基础上建立黑龙江幼儿师范高等专科学校,发展成为独具特色的高等学府,是全国最早组建的3所幼儿师专之一。

黑龙江幼儿师范高等专科学校现有主校区和东校区两个校区,占地面积17.6万m^2,建筑面积7.8万m^2,固定资产总额1.27亿元,其中教学仪器设备4 908.2万元,图书馆藏书42.14万册。学校现有学前教育系、外语系、初等教育系、音乐舞蹈系、美术系、早期教育与特殊教育系、信息与电化教育系、思想政治教育部和体育部共9个教学系部。开设13个师范类专业和10个非师范类专业。现有教职工383人,其中教授40人,副教授118人,博士1人,在读博士7人,硕士149人,省级名师3人。全日制专科生5 506人,其中高中起点4 913人,初中起点593人。

经过不懈努力,学校综合办学实力不断提升,在国内同类院校中处于领先地位,先后被确定为首届黑龙江省人才培养模式创新实验区、黑龙江省学前继续教育师资培训中心、黑龙江省高素质、技能型学前教育专业创新创业人才培养改革试点项目、黑龙江省教育评价改革试点学校、黑龙江省博士后创新实践基地。学校先后荣获全国五四红旗团委、国家级节约型公共机构示范单位、省级文明校园、省级绿色校园、省级五一劳动奖状、省级师德建设先进集体、省级安全和谐校园、省级民主管理工作先进单位、省级“三育人”工作先进集体等,学校的知名度、美誉度和社会影响力不断增强。

二、档案机构发展沿革

黑龙江幼儿师范高等专科学校的档案工作与学校的发展变迁相依相随,走过了一条漫长而曲折的道路。自1950年牡丹江师范学校建校以来,经历了5次搬迁,1987年,在学校领导的大力支持下,建立了一个初具规模的综合性档案室,隶属于校长办公室。学校的另一个前身——牡丹江幼儿师范学校,1990年建立综合档案室,2001年并入牡丹江师范学校,2007年7月,经教育部批准牡丹江师范学校升格为专科院校,并更名为黑龙江幼儿师范高等专科学校,档案工作由党政办公室负责,集中管理文书档案和教学档案。为适应新时期学校发展需要,2019年,经学校党委研究决定成立黑龙江幼儿师范高等专科学校综合档案室,科级建制，隶属党政办公室，履行统一管理学校档案和档案工作监督指导的双重职责。

三、档案机构基本情况

2012 年 3 月，黑龙江幼儿师范高等专科学校成立档案工作领导小组，学校行政主要领导担任组长，分管领导担任副组长，各单位、各部门明确 1 名负责人分管本单位的档案工作，并根据实际情况配备专、兼职档案工作人员。现有工作人员 2 人，均为中级职称，其中硕士学位 1 人，兼职档案管理人员 23 人，全校已建立了一支相对稳定、整体素质较好的档案工作网络队伍，形成“专管成线，群管成网”的档案工作管理体系。

近几年来，在学校的大力支持下，综合档案室的库房、阅览与办公条件得到了全面改善。馆舍总面积为 111.35 m^2，其中库房 76.67 m^2，阅览室 17.34 m^2，办公室 17.34 m^2。馆舍内配有计算机、打印机、扫描仪、照相机、复印机、加湿器、吸尘器、灭火器、电子文档防磁柜及 15 组密集架等现代化设备。

黑龙江幼儿师范高等专科学校办学历史时间跨宽较大，但由于历史原因部分档案遭到破坏，现藏文献资料仅保留原牡丹江幼儿师范学校、黑龙江幼儿师范高等专科学校 2 个全宗，分为 10 个门类，即：党群、行政、教学、科研、基建、出版、外事、财会、声像、实物档案。牡丹江幼儿师范学校 923 卷，黑龙江幼儿师范高等专科学校共 3 291 卷/5 001 件，全面记录了黑龙江幼儿师范高等专科学校创建、变迁、发展和建设的辉煌历史。

四、档案机构主要职能

学校自综合档案室成立就履行统一管理学校档案和档案工作监督指导的双重职责。其具体职责如下。

(1)宣传贯彻执行国家、地方有关档案工作法律法规和方针政策，提高全校师生员工档案法治意识。

(2)制定学校档案工作规章制度，并负责监督、指导、检查各单位执行情况。

(3)负责学校档案及有关资料收集、整理、鉴定、保管、统计、保护等工作，并对学校各部门档案工作进行指导、监督、检查。

(4)及时收集各类档案材料，并做好鉴定、归档、整理、装订、统计等工作。

(5)指导和协助各单位做好各类档案归档等工作，负责专(兼)职档案工作人员业务学习和培训。

(6)编制档案的检索工具，开展档案的编研工作，多途径、多形式地开发档案信息资源，为教学、科研及各项管理工作服务。

(7)组织实施档案信息化建设，加快推进传统载体档案数字化，积极探索和开展电子文件归档工作。

(8)负责开展档案的开放和利用工作，利用档案开展多种形式的宣传教育活动，充分发挥档案的文化教育功能。

(9)开展档案理论研究，组织、参加档案工作协作与交流活动。

(10)负责落实档案的安全、保密、保卫等工作，确保档案的绝对安全，防止失泄、窃密。

(11)做好档案的保护和抢救工作，最大限度地延长档案寿命。

(12)完成学校交办的其他工作。

五、档案工作主要业绩

黑龙江幼儿师范高等专科学校档案工作伴随着学校的诞生和发展逐步完善,综合档案室坚持"为党管档、为校守史、为师生校友服务",围绕学校中心工作,为各项工作服务,发挥"存史、资政、育人"作用,并取得较好成效。

1987年,学校综合档案室建立后,全校上下齐动员,积极向档案室移交材料,2名档案员也深入各部门,甚至到每个人手中去收集材料,经大家不懈努力,档案工作有了较快发展,建立了文书、教学、会计、声像、基建共5个类别的档案。此时,虽然档案工作在分类管理方面还存在不足,但在当时教委系统已经较为突出,曾荣获市级档案工作先进集体,1993年荣获省一级机关文书档案管理合格证书。

从1999年3月开始,学校按照《黑龙江省机关档案工作"九五"目标管理办法》和《考核标准》对学校1969~1998年的档案全部进行整理、分类,特别对1993年以来文书档案重新分类、立卷、整理、装订。

2001年,牡丹江幼儿师范学校并入牡丹江师范学校,其中将932卷的档案移交到牡丹江师范学校综合档案室统一管理。

2012年,黑龙江幼儿师范高等专科学校引进专业的计算机管理软件——《南大之星》档案管理系统,并配置了计算机、复印机、扫描仪、刻录机、装订机等一体化的现代办公设备,满足了办公和提供利用的需要,极大地促进了档案管理现代化水平的提升。

2014年,学校进一步加强档案管理,除人事、会计档案外其他类别的档案都实行集中统一管理,健全档案工作网络,以确保档案的完整安全。

2016年,学校综合档案室抓住机遇,努力推进档案信息化建设,档案数据库建设也初见成效。在传统的纸质档案管理方法与计算机软件管理相适应的过程中,档案人员积极探索、不断革新,以扩充档案资源为宗旨,以方便查阅利用为目标,优化著录细则,使用《南大之星》档案管理系统软件,现已建成牡丹江幼儿师范学校1969~2001年间所有案卷级的档案和牡丹江师范学校1969~1994年的文书档案目录数据库及2007年升专后文件级目录数据库,并开始发挥检索作用。同年,在全省档案考核中,学校综合档案室被授予黑龙江省事业单位档案规范化管理二级单位称号。

2017年,综合档案室曾多次梳理库藏牡丹江幼儿师范学校和牡丹江师范学校的库藏档案资料,同时把过去分散在各部门积存的材料逐步清理,筛选、整理、立卷、归档,有力地充实了各类档案的内容,丰富了馆藏资源。与此同时,还完成教学档案的学生录取名册复印工作,并专门管理,方便查询利用服务,也加大了对纸质档案的保护力度。

2018年,将牡丹江幼儿师范学校(1969~2001年)和牡丹江师范学校(1969~2000年)的所有档案按照国家标准统一更换为无酸纸卷盒的档案装具,这不仅有利于维护档案的完整与安全,还能延长档案使用寿命,提高档案工作效率。

2019~2021年,学校档案工作仍注重库藏档案的梳理,其中完成1978~2007年基建档案的梳理工作,并优化目录规则,建立基建档案目录数据库。将2008~2019年度的会议纪要从各年度的档案中提取出来,重新整理、编目、装订,进行专门管理,并建立会议纪要目录数据库。学校档案工作坚持以新修订的档案法及《普通高等学校档案管理办法》《中华人民共和国档案行业标准归档文件整理规则》等为准绳，结合新形势对档案工作的要求，重新制定和修订了一系列规章制度，使档案工作有法可依、有章可循。

近5年来，综合档案室为1 000余人次提供1 700余件的查档服务，为学校在制度制定、文化建设、人才发展、教学科研、基建工程、审计、编史修志、巡视、各项迎检等方面提供依据参考；为广大师生在求职、考试、补办档案、职称职务晋升等方面提供服务。

六、面向未来工作设想

档案工作存史资政育人，是一项利国利民、惠及千秋万代的崇高事业。《"十四五"全国档案事业发展规划》的提出，必将对高校档案工作的各方面产生重要影响，为今后的档案工作指明方向，学校将贯彻落实习近平总书记对档案工作的重要指示批示精神，结合学校实际，克难奋进，守正创新，提质增效，全面推进学校档案工作高质量发展。

一是强化依法治档效能。以新修订的档案法为纲要，引导规范档案工作依法依规建档、归档、用档。进一步健全完善学校档案规章制度并做好各项规章制度的宣传和解读，做到"依法治档、依法管档"，为建设法治型档案室提供保障。

二是强化档案资源体系建设。建立电子文件归档制度，进一步加强档案的形成和收集工作，有效落实"应归尽归、应收尽收"，构建覆盖面广、内容丰富、形式多样、结构优化的档案资源体系，全面记录新时代黑龙江幼儿师范高等专科学校新成就。

三是强化档案信息化建设 。进一步优化档案信息化硬件设施，加快推进档案目录数据库和全文数据库建设及增量档案数字化工作，确保档案信息化工作与学校业务工作、智慧校园同步建设、同步发展，实现数字档案共建共享。

四是强化利用服务能力。探索新兴信息技术在档案管理中的应用，深入挖掘档案资源，丰富查档方式，便捷高效地为领导决策和师生提供高质量的服务。进一步拓展档案文化交流方式，发挥档案育人功能，提高档案服务水平，提升师生利用档案的获得感。

潮起海天阔，扬帆正当时，黑龙江幼儿师范高等专科学校档案工作将以党中央、国务院决策部署为指引，直面机遇和挑战，踔厉奋发、笃行不怠，大幅度提升档案利用服务和现代化管理水平，为推动档案事业高质量发展做出新的积极贡献。

（黑龙江幼儿师范高等专科学校党政办公室　李春梅）

学校全貌

档案库房

哈尔滨科学技术职业学院档案工作概览

一、学校概况

哈尔滨科学技术职业学院是哈尔滨市人民政府直属的全日制公办普通高等职业院校。学校顺利通过教育部人才培养工作评估，是黑龙江省高水平高职学校、省文明校园标兵、省高校师德先进集体，入选首批国家语言文字规范化示范校、第二批全国示范性职教集团培育单位。始建于1919年，坐落于“金源肇兴地”——哈尔滨市阿城区，享有“千年文脉·百年学府”美誉。学校全面贯彻党的教育方针，落实立德树人根本任务，坚持“育人为本、质量至上、特色发展、追求卓越”的办学理念，秉承“立德、笃学、精技、致用”的校训，实施“政治建校、质量立校、文化育校”的强校战略，巩固“师范教育为底色、冰雪体育为特色、现代服务业为主色”的办学定位，畅通“以党建为引领、以冰雪为突破、以信息技术为支撑、以文化为保障”的发展路径，大幅提升新时代职业教育现代化水平和服务能力，积极推进学校高水平建设。

哈尔滨科学技术职业学院现为黑龙江省高水平高职学校建设单位，设有现代服务学院、工程技术学院、财经学院、体育学院、师范与艺术学院5个二级学院、1个马克思主义学院和1个培训与对外交流学院，35个招生专业。建有智慧交通技术与运营管理、冰雪运动与教育2个省级高水平专业群，体育教育、心理咨询2个中央财政支持重点建设专业，城市轨道交通运营管理1个国家级骨干专业（高职与本科应用型人才贯通培养试点专业）。学院建立了专业动态调整机制，推进供给侧结构性改革，不断增强职业教育适应性。现有全日制在校生7 000余人。近年来，毕业生专升本升学率近30%，毕业去向落实率达到92%以上，位于全省同类院校前列。在全面建设社会主义现代化国家新征程中，职业教育前途广阔、大有可为。

二、档案机构发展沿革

学院档案室于2012年9月成立，建设至今划归党政办公室管理，负责对全校党群、行政、教学、财会、学生、科研、基建、声像、实物等各门类、载体档案的收集、整理、鉴定、保管、统计、提供利用工作。

三、档案机构基本情况

学院有兼职档案员13人，形成了以学院档案室为业务指导、兼职档案员各负其责的二级档案管理体制。档案室内设有密集柜19组、借阅室1个。对照档案规范管理要求每学期进行一次防火、防虫、防盗、防潮、防霉变检查，并对温、湿度长期监控。档案室配备了计算机、打印机、扫描仪等设备，基本满足了档案工作所需。为确保档案的安全存放，落实了档案管理安全责任制。制定了《档案统计制度》《档案立卷归档制度》《档案鉴定销毁制度》《档案保管制度》《档案借阅制度》《档案管理人员岗位职责》等相关制度，并按照文件材料归档范围及保管期限按时将各类文件归档。

四、档案机构主要职能

档案室作为集中管理全校档案的业务机构，紧紧围绕学院的中心工作，以档案资源开发利用为重点，为学院文化建设提供档案利用服务，努力将档案转化为文化产品，提升档案室文化内涵和服务水平，为各部门提供更为方便快捷的档案利用途径，充分发挥了档案的凭证与查考作用。

档案室为在校生及毕业生出具录取、毕业、成绩等证明。

五、档案工作主要业绩

按照学院文件档案归档范围，按时归档率达 100%，档案共 1 800 余卷，其中永久卷 800 余卷、长期卷 500 余卷，短期卷 100 余册，盒装档案 320 余盒。基本建设档案 120 盒，图纸 200 余份。文明创建档案 100 余册。

六、面向未来工作设想

完善档案管理措施，认真抓好落实，严防泄密。继续加强各级工作人员的岗位职责的建设，贯彻执行《“十四五”全国档案事业发展规划》以及国家有关档案工作的方针政策，定期做好档案工作的法规、制度、规定的宣传工作，增强工作人员的档案意识。制定岗位人员责任制，积极落实《档案管理人员岗位职责》。依据责任制要求，组织各工作人员参加国家、省、市组织的档案专业技术和业务知识培训。采取集中学习、自学、网络学习等手段，提高档案工作人员专业素质和工作能力。做好档案的收集整理工作，以及档案信息资源的开发利用工作，保证为学院各项工作提供优质的服务，保证档案的安全。主动接受主管部门的业务指导和督促检查，积极完成与档案相关的其他工作。

（哈尔滨科学技术职业学院党政办公室　白　巍）

档案库房

档案库房存档柜

黑龙江护理高等专科学校档案工作概览

一、学校概况

黑龙江护理高等专科学校是经教育部批准成立的一所公办全日制教育改革创新示范高职院校。

黑龙江护理高等专科学校前身是黑龙江省卫生学校,始建于 1948 年。2008 年黑龙江省卫生学校与黑龙江省第二卫生学校、黑龙江省医院附属护士学校合并组建为黑龙江护理高等专科学校,2010 年 3 月由教育部批准正式建校。2019 年黑龙江省中医药学校、黑龙江省卫生专业学校并入,组建成新的黑龙江护理高等专科学校。

在 70 余年的办学历程中,黑龙江护理高等专科学校秉承"明德怀仁、励学敬业"的校训,肩负为国家卫生健康事业培养高素质技术技能型人才的重任,形成了崇尚"人道、博爱、奉献"的南丁格尔精神之风,培植了习近平总书记提出的"敬佑生命救死扶伤甘于奉献大爱无疆"的医学人文精神,成为白衣天使的成长摇篮,先后荣获"全国文明单位""全国教育改革创新示范学校""国家高等职业教育护理专业教学资源库建设主持单位""中国职业教育就业百强""全国国防教育特色学校""黑龙江省十二所高水平高职院校立项单位""黑龙江省十佳和谐校园"等称号。

黑龙江护理高等专科学校现有南岗、阿城、江北三个校区,占地面积共 61 万 m^2。校园环境优雅,办学基础设施完善。拥有教学仪器设备总值 14 640 万元,建有国家级实训基地 4 个、省级实训基地 9 个,设有 150 余个仿真模拟实训室。黑龙江护理高等专科学校建有现代化的生命科学馆、设施先进的天使剧场、标准化的体育馆、资料翔实的校史馆。

黑龙江护理高等专科学校拥有一支高水平专业教师队伍,现有教职工 712 人,专任教师 539 人,其中研究生以上学历 240 余人,教授 60 余人,副教授 160 余人。现有国家级名师、享受国务院政府特殊津贴、省级名师、省政府特殊津贴、省卫生健康系统有突出贡献的中青年专家等国家级、省级优秀人才 10 余名,双带头人教学团队 5 个,名师工作室 5 个,技能大师工作室 2 个,实行"四阶梯"教师培养模式,教师定期参加临床实践,引进和内培相结合。

黑龙江护理高等专科学校开设护理、口腔医学、临床医学、针灸推拿、助产、康复治疗技术、卫生信息管理、医学检验技术、药学、中药学、药品经营与管理、药品质量与安全、老年保健与管理、口腔医学技术共 14 个专业。护理专业荣获黑龙江省高职院校高水平骨干专业。教育教学质效彰显,目前与北京、上海、深圳等地的多家国内省内三甲医院建立了长期稳定的合作关系,实行定向实习、定向就业,毕业生平均就业率高达 95.11%。近年来,各专业学生参加全国职业技能大赛 100% 获奖。学校开展国际化办学,目前已有 200 余名学生在美国、澳大利亚、新西兰、加拿大、新加坡、日本、沙特等国家留学和就业,让学生实现海外深造、就业梦想。

二、档案机构发展沿革

黑龙江护理高等专科学校档案机构为档案科。为规范档案工作,提高档案管理水平,有效保护和利用档案,2013 年 7 月 9 日,经校长办公会议(第十七次)研究决定,成立综合档案室,负责管理学校档案。成立之初,科室人员为 2 人,现已发展为 3 人。

三、档案机构基本情况

黑龙江护理高等专科学校档案工作由校长领导,以科室人员为主力。每个部门都分别设有兼职档案管理员,负责各个部门内部文件的归档和次年对本年度文件的交管等工作,档案科定期对其进行指导和培训。

四、档案机构主要职能

(1)贯彻执行国家有关档案工作的法律法规和方针政策,综合规划学校档案工作。

(2)制定学校档案工作规章制度,并负责贯彻落实。

(3)负责接收(征集)、整理、鉴定、统计、保管学校的各类档案及有关资料。

(4)编制检索工具,编研、出版档案史料,开发档案信息资源。

(5)组织实施档案信息化建设和电子文件归档工作。

(6)开展档案的利用工作。

(7)开展学校档案工作人员的业务培训。

(8)负责学校教育统计报表的编报工作。

(9)负责校史撰写工作。

(10)负责学校校史、博物馆的建设及管理工作。

(11)利用档案开展多种形式的宣传教育活动,充分发挥档案的文化教育功能。

(12)研究决定学校档案工作中的重要奖惩和其他重大问题。

(13)出具档案证明。

五、档案工作主要业绩

黑龙江护理高等专科学校档案部门在经费有限的情况下,积极开展档案信息化工作,正陆续进行档案电子化录入工作,已经取得一定成效。特别是 2021 年借着“我为群众办实事儿”的东风,有重点地完成了如下工作。

(1)清查整理了 533 名退休员工的人事档案,针对档案中的调配、任免、考察考核、录用、奖励处分、政审等材料,按照材料内容进行梳理和排序。此项工作很好地提高了档案管理的规范性,大大减少了退休教职工在办理包括遗产公证、亲属关系证明、社保金查询等档案材料查询利用时的等待时间,完成校内一站式办事需求。近期共为 8 名教职工完成相关证明资料的查证和出具,帮助学校员工解决具体问题,工作实效明显。

(2)完成了黑龙江省卫生管理干部学院、黑龙江省农村成人卫生中等专业学校,黑龙江省第二卫生学校、黑龙江省医院附属护士学校、黑龙江护理高等专科学校等的三联单整理、电子信息增补和录入工作。本着“服务群众、方便群众”的原则，推出了委托办理服务，通过视频确认办事人资料、沟通证明资料邮寄方式，结合教育网的身份资料核实等多种办事方法，做到“办事人少跑路”，大大提高了档案利用服务效率。

在学籍档案利用中，通过档案比对，发现了 3 例包括学历信息伪造等相关资料作假的案例，保护了毕业生学籍信息准确性。自“我为群众办事儿”活动开展以来，共完成 189 例学生的入学、毕业档案凭证资料的开具和查实工作，获得办事人员的好评。

(3)及时准确地完成档案统计上报工作。黑龙江护理高等专科学校档案部门每年 9 月开始都会进行“教育事业统计报表”的填报工作，做到了报表的准确性、实效性。

六、面向未来工作设想

(1)提高思想认识。思想认识所迸发的活力是创新工作方法的源泉，提高基层党员干部思想认识，创新工作方式，创新基层党建工作方法，充分发挥党员干部的积极性和创造性，以党建带动发展，做到思想认识跟得上形势，工作方法赶得上变化，实践行动赶得上趋势，基层发展跟得上步伐。

(2)落实工作责任制。通过落实责任，增强每个人的责任意识，提高个人工作积极性。加强档案业务学习，提高个人档案工作技能。加强部门联动，积极配合各部门完成学校的各项工作。

(3)完善人事档案信息。由于黑龙江护理高等专科学校历史原因，人事档案制式版本不同，存在存放不规律的问题，今后将继续加强人事档案的整理和清查，圆满完成人事档案核查工作任务。

(4)提高信息化服务水平。已经开始展开包括网络信息认证、视频信息认证等不同形式的学历证明开具信息确认方式，将进一步完善以各种形式为依托办理学历相关信息，做到让办事人少跑路，一站式、一次性办结。

(5)开展部门大事记的收集和整理。

(6)历史资料的整合和重新编档。提供检查等相关资料。由于历史资料多且杂，需要分批次分类型地进行整理，这将是一项长期的有延续性的工作。

(7)加快推进档案数字化工作。2020 年已经申请高速扫描仪，争取加大电子化档案的管理和利用，做到电子化数据、纸质版资料双管齐下。

（黑龙江护理高等专科学校档案科　任　任）

黑龙江护理高等专科学校主校区

黑龙江护理高等专科学校阿城校区

档案工作掠影

齐齐哈尔理工职业学院档案工作概览

一、学校概况

齐齐哈尔理工职业学院是经黑龙江省政府批准、教育部备案的普通高等学校。齐齐哈尔理工职业学院前身是1981年建校的齐齐哈尔市职工建筑工程学校，至今已有40多年高等职业教育的办学历史。办学初期，学校以建筑类专业为主，2008年由黑龙江运建集团斥巨资购置齐齐哈尔医学校原校园，为申办高职奠定了坚实的基础。2011年，经黑龙江省政府批准、教育部备案，在建设职工大学的基础上成立齐齐哈尔理工职业学院，由成人高校转为普通高等职业院校，开创了学校发展的新篇章。40多年来，已形成建筑工程、经济管理、机电工程、信息工程、公共服务5大类，培养出众多高素质技术技能型人才。

齐齐哈尔理工职业学院位于美丽的嫩江之畔，坐落于富拉尔基区和平路249号。校园占地面积45.3万 m^2，建筑面积12万多 m^2，其中教学行政用房近8万 m^2。教学设施完善，教学设备先进，学习、生活和文化体育运动设施齐全；校园环境优美，绿荫蔽日，传统与现代交融，被誉为齐齐哈尔市“园林式”单位，黑龙江省文明校园。

齐齐哈尔理工职业学院设有学院办公室、党委办公室、组织部、宣传统战部、工会、纪检监察处、人事处、招生就业办、继续教育学院、信息中心、综合档案室、学工处、团委、总务处、保卫处、餐饮中心、计财处、教务科研处、建筑工程系、经济管理系、机电工程系、信息工程系、公共服务系、思政部、基础部、体育部、中专部、督导处、党委教师工作部。

二、档案机构发展沿革

齐齐哈尔理工职业学院于2013年末成立档案工作委员会并设立综合档案室。综合档案室设主任1名，专职档案管理员1名。现综合档案室设在图书馆二楼，严格按照《国家档案库房建设规范》进行设计建筑，格局、通风、防盗等都达到了专业要求。有综合档案室库房1间、档案阅览室1间。综合档案室为行政职能部门，具有对学院档案工作的行政管理、业务指导和对本院档案永久保存、提供利用的职能。

综合档案室的基本任务是：贯彻执行国家有关档案工作的法令、政策和规定，规划全校档案工作；制定本校关于档案工作的规章制度，并负责监督、指导和检查执行情况；负责接收（征集）、整理、立卷、归档、鉴定、统计和保管全院各类档案及其相关文件资料；开展为学院师生员工提供利用档案工作；积极开发档案信息资源，负责编制各类检索工具，文件材料专题汇编等，方便检索利用；参与学校校园信息化建设，进行档案信息交流；负责对全校专（兼）职档案员的业务培训；积极宣传、贯彻、落实新修订的档案法，开展档案学术研讨和交流活动。

三、档案机构基本情况

综合档案室保管有党群、行政、教学、科研、基建、财会、出版、外事、设备、产品、学生、声像、实物共13大类档案。现室内按管理区域分为:综合档案管理、文书档案管理、财会档案管理、人事档案管理、学生档案管理、个人业绩档案管理6部分。综合档案管理包括:合校前(自1952年建校以来至2000年两校合并之前)黑龙江交通高等专科学校全宗和哈尔滨工程高等专科学校全宗的全部档案。文书档案管理包括:2000年之后文书、教学、科研、外事出版、照片档案及电子档案等。财会档案管理包括:黑龙江交通高等专科学校全宗、哈尔滨工程高等专科学校全宗、黑龙江工程学院全宗所有财会类档案。行政档案管理包括:全校普通干部、工勤人员、离退休人员人事档案。学生档案管理包括:在校生学籍档案、录取新生名单、毕业生名单、学生原始成绩单、毕业成绩单、电子注册名单等档案。个人业绩档案管理包括:教职员个人简历材料、不同阶段获得的奖励证书、公开发表的论文著作、公开出版的教材及SCI、EI等检索的学术论文。

馆藏档案资料全部来源于学校各文件资料生成部门,自文件资料生成之日起,由各部门兼职档案员统一保管,并按学校档案归档范围、归档时间和要求每年向档案馆进行移交归档。

学校所属各部门、系部分别由部门领导主管本部门的档案工作,并设有兼职档案员若干名,负责部门文件资料的收集、整理、立卷和归档工作。现已形成较完善的齐齐哈尔理工职业学院档案工作管理网络。几年来,在学院领导的关心重视和全体档案工作人员的共同努力下,学校档案管理水平、办公条件、馆藏条件都得到了较大的改善。

四、面向未来工作设想

立足档案材料的收集整理,狠抓基础设施建设,健全管理机制,提高档案管理水平,不断加大提供利用的广度和深度,进一步加快学校档案工作制度化、规范化和科学化的步伐,更好地为学校工作服务。

(1)收集工作。按照有关规定,结合学校实际情况,建立健全收集工作规章制度,形成材料的部门和档案管理部门能够及时收集、整理和全面归档档案材料,使学校档案能真实完整归档、系统整理、安全保管和有效利用。

(2)整理工作。按照新修订的档案法,建立健全定期整理与经常性整理相结合制度,每卷档案,做到认真鉴别,分类准确,编排有序,目录清楚,装订整齐,基本达到完整真实、条理精练、便查实用的要求,消灭整理工作的“死角”。

(3)基础设施建设工作。学校综合档案室档案全部使用专用柜,要基本实现档案库房、阅档室、档案人员办公室“三分开”,并达到防火、防潮、防蛀、防盗、防光、防磁、防高温等“十防”要求。

(4)人员配备工作。学校综合档案室配备一至两名专职的管理人员,负责档案规范管理。

(5)培训工作。组织档案管理人员参加各级档案管理学习培训活动,使学校档案管理人员比较系统地掌握档案基本业务知识,逐步提高专业素质,适应学校档案科学化管理的需要。

(6)计算机应用工作。学校档案工作要尽快运用计算机管理档案信息,推进学校档案编目、转递等多项基础流程的计算机登记工作,实现学校档案的计算机管理。

(齐齐哈尔理工职业学院综合档案室　魏　颖)

学校概貌

档案馆楼

哈尔滨幼儿师范高等专科学校档案工作概览

一、学校概况

哈尔滨幼儿师范高等专科学校是黑龙江省成立最早的幼儿师范学校，至今已有70余年办学历史。它的前身哈尔滨市幼儿师范学校始建于1952年，1980年被联合国儿童基金会、教育部确定为联合国儿童基金会受援单位。2010年哈尔滨市人民政府整合幼教资源，合并哈尔滨市幼儿师范学校、哈尔滨市妇联幼师学校、哈尔滨市民进幼儿师范学校和哈尔滨艺术职业学校，筹建哈尔滨幼儿师范高等专科学校。2012年5月，黑龙江省人民政府下发批复，同意在哈尔滨市幼儿师范学校的基础上建立哈尔滨幼儿师范高等专科学校，2014年3月，学校新校区正式投入使用。

哈尔滨幼儿师范高等专科学校位于哈尔滨市香坊区香东街9号，校园占地面积27万 m^2，建筑面积10万 m^2，环境优美、视野开阔、精致典雅、布局合理。学校现开设学前教育、早期教育、特殊教育、音乐教育、小学英语教育、舞蹈教育、体育教育、美术教育、音乐制作、空中乘务、婴幼儿托育服务与管理、书画艺术、民航安全技术管理、运动训练等专业。以全面推进“双高”院校建设为契机，不断强化办学特色、优化人才培养模式，全力加强内涵建设，大力提高人才培养质量与社会服务能力，努力提升学校办学层次和水平，持续推动学校实现高质量发展。

在70余年的办学历史中，哈尔滨幼儿师范高等专科学校累计为社会培养了数万名高素质专业人才，毕业生综合素质全面、专业技能扎实、文艺特长突出，深受用人单位欢迎，得到了社会高度认可，学校是黑龙江省高水平高职学校建设单位、中国学前教育研究会教师发展高中专分委会副理事长单位、黑龙江省学前教育人才培养研究基地、黑龙江省幼儿教师资格认证培训基地、哈尔滨市幼儿园教师继续教育基地、哈尔滨市幼儿园园长教师培训基地、哈尔滨学前教育职业教育集团理事长单位。

哈尔滨幼儿师范高等专科学校先后荣获“哈尔滨市三育人工作先进集体”“哈尔滨市劳动模范集体”“黑龙江省师范类学校一类学校”“黑龙江省省级文明单位标兵”“省级文明校园(标兵)”“全国办学先进单位”等。

二、档案机构发展沿革

1986年，哈尔滨市幼儿师范学校独立设校，学校办公室管理学校的人事档案和文书档案。2014年9月，学校整体搬入新校区，在行政办公室下设档案室，管理学校的文书档案、科技档案、实物档案和学生档案，电教中心设声像档案室，人事处下设人事档案室，同年成立了以学校校长为组长的档案工作领导小组，各部门负责人为副组长、各部门兼职档案员为组员的档案工作三级管理网络，档案专职人员做好档案业务指导、监督和检查验收工作，形成了完善的档案管理体系。

三、档案机构基本情况

哈尔滨幼儿师范高等专科学校档案室成立于2014年9月，现隶属学校党政办公室。学校现有专职档案员1人，兼职档案员22人，均为本科以上学历。目前，学校已经形成了一支素质较高、能力较强的专兼职相结合的档案管理队伍。档案室现有室藏全宗4个，集中统一管理哈尔滨幼儿师范高等专科学校的党群、行政、教学、科研、外事、设备、财会、基建、实物9大类档案，原哈尔滨市幼儿师范学校的党群，行政、教学、科研、基建、财会及实物档案，原哈尔滨市民进幼儿师范的教学、行政及财务档案，原哈尔滨市妇联幼儿师范学校教学及财务档案。2016年学校购置了《南大之星》档案管理系统软件，继库存文件全部实现了目录化管理后，又着手逐步实行与纸质档案同步的数字化加工工作，使档案工作迈进了数字化管理阶段，真正成为学校各项工作的重要支撑部分。

哈尔滨幼儿师范高等专科学校档案室总面积118 m^2，办公室配备计算机2台、打印机1台、高速扫描仪1台、多功能一体机1台，软件为《南大之星》档案管理系统，库房内配有空调1台、密集架5列、五节柜20组。

四、档案机构主要职能

哈尔滨幼儿师范高等专科学校档案室是集中保存和提供利用学校档案工作的业务部门，负责综合规划学校档案工作，制定和实施全校档案工作规章制度，监督指导学校各部门做好各类档案的收集、整理、立卷和归档工作，对接收的档案进行系统的整理、保管、鉴定和统计，组织实施档案信息化建设和电子文件归档工作，开发档案信息资源，提供档案利用。

五、档案工作主要业绩

(1)学校档案室作为学校档案的永久保存中心，始终秉承全心全意为利用者服务的理念，发挥档案文化育人作用，在校园文化推广、学校升专迎评、校史馆建设等活动中积极配合各部门提供展出学校历史档案资料，弘扬学校文化。

(2)为学校改革发展提供有效支持。在教学评估、专业认证、学历核查、财务审计等工作中提供可靠的证据和翔实的资料，为学校决策决议、维护师生权益等方面提供重要参考，发挥了积极的作用。

(3)学校每年以“6·9国际档案日”为契机，开展档案宣传工作，使广大师生意识到档案工作的重要性，理解档案工作“功在当代，利在千秋”的神圣使命，近距离感受档案文化，扩大档案的影响力。

(4)档案室积极开发室藏资源编制学校大事记。

六、面向未来工作设想

(1)进一步加强档案工作人员队伍建设，参加省、市举办的档案业务培训，有计划地与省内高校结对子进行帮扶活动，做好校内兼职档案员的业务培训。

（2）加强学校档案信息化建设，推进电子档案归档管理，提升档案利用服务水平。

（3）积极开展档案编研工作，开发室藏档案资源的历史功能和文化传承作用。

哈尔滨幼儿师范高等专科学校档案室在校党委的正确领导下，遵循“为学为师，至真至美”的校训精神，围绕学校内涵建设，充分发挥档案工作在学校发展中的基础性、支撑性作用，坚持把“为党管档、为国守史、为民服务”神圣职责，主动融入学校发展的大局中。

（哈尔滨幼儿师范高等专科学校档案室　张求新）

学校正面图

建党百年图片展

黑龙江冰雪体育职业学院档案工作概览

一、学校概况

黑龙江冰雪体育职业学院是经黑龙江省政府批准、教育部备案，由黑龙江省体育局主管的全日制普通专科学校，是全国首家以冰雪体育为主要特色的高等职业院校，致力于为中国冰雪产业发展，培养和输送服务型人才，同时承担哈尔滨市全民健身中心、黑龙江省社会体育指导员培训、黑龙江省三校生对口升学考试基地及黑龙江省中职体育教师培训等职能。学院地处国家级湿地保护区、国家生态旅游示范区内，总占地面积 60.2 万 m^2，建筑面积近 6 万 m^2，规划建筑面积 30 万 m^2，现有在校学生 1 400 余人。

自 2015 年建校以来，黑龙江冰雪体育职业学院坚持走“内涵式”发展道路，在专业设置上实现“一体两翼”，以冰雪体育人才培养为主线，推动“体医结合”及“互联网+体育”。黑龙江冰雪体育职业学院坚持从惠及黑龙江省体育经济发展，满足黑龙江省体育公共服务需求出发，从全国体育产业发展需求出发，从毕业生就业市场现状出发，精心设置专业，合理安排课程，采取订单式人才培养模式，以社会需求为导向，学生就业前景广阔。

二、档案机构发展沿革

黑龙江冰雪体育职业学院档案室成立于 2015 年 10 月，隶属学院办公室，负责学院的档案工作。

三、档案机构基本情况

黑龙江冰雪体育职业学院综合档案室，目前配备专职档案人员 1 人，具有本科以上学历、副研究馆员职称。各处室、系部设兼职档案员，负责本部门档案材料的收集、整理工作。各处室、系部的主要负责人均作为本部门档案工作第一责任人。学院档案实行集中和相对集中管理的模式，即综合档案由办公室归档立卷，人事档案、学籍档案及会计档案由各主管部门负责立卷，集中统一保管。

四、档案机构主要职能

黑龙江冰雪体育职业学院综合档案管理工作由办公室负责，现集中统一管理党群、行政、财会、学生、教学、科研、出版、外事、仪器设备、基建、声像、实物等 12 大类档案，设二级类目 30 个。其主要职能是：贯彻执行国家和地方有关档案工作的法律法规和方针政策，并负责监督、指导和检查执行情况；负责制定和完善学院档案管理工作规划和规章制度，负责全院各类档案和有关资料的收集、整理、分类、鉴定、统计与保管；编制检索工具；负责档案的开发和利用工作，做好档案保密工作；负责组织实施档案信息化建设，逐步推进数字档案室建设工作，开展档案宣传教育活动，为学院各项工作服务。其库藏资料为学院各部门在其管理、教学、科研、财务、基建等职能活动中形成的各种形式和载体的档案文件材料，具体而生动地反映了学院发展的历史轨迹，是学院各项工作的最为直接、最为真实的历史记录，是学院宝贵的信息资源和文化财富。

五、档案工作主要业绩

1.领导高度重视，加强制度建设

学院的领导班子高度重视档案的管理工作，成立了以学院党委书记、院长为组长，各分管副院长和部门负责人共同参与管理的专门的领导机构，办公室牵头档案管理工作，建立档案管理网络。档案管理机构成立以来，充分发挥学院档案的信息功能、教育功能和文化功能，树立为学院发展服务的宗旨。档案管理始终坚持依法治档和规范化管理，以《中华人民共和国档案法》、国家档案局《机关文件材料归档范围和文书档案保管期限规定》(8 号令)和《高等学校档案管理办法》为依据，结合学校情况制定了《黑龙江冰雪体育职业学院档案管理办法》《黑龙江冰雪体育职业学院档案分类大纲及编号方案》。随着学院档案资料逐年增多，学院档案管理工作持续向标准化、规范化、系统化、信息化的要求发展，制定了《黑龙江省冰雪体育职业学院档案归档范围与保管期限表》《档案室工作职责》《档案员工作职责》《档案室保管制度》《档案室保密制度》《档案资料接收进室制度》《档案资料查阅利用制度》等一系列规章制度，完善了各个不同岗位人员的工作职责，使学院的档案工作始终处于良性发展的状态之中。

2.完善基础设施建设，保障工作质量

学院非常重视档案管理的软硬件建设，划拨了一间总面积 56 m^2 的专用档案保管室，购买了 52 组档案柜，共 260 节。档案室配备有计算机、复印机、空调机、彩色打印机等设备。按照档案库房防护的“十防”要求，档案室设在背阳房间，安装了防盗门、遮阳窗帘。库房内配备温湿度计及消防器材等设施，防火、防虫、防盗设备齐全，确保了库存档案的安全。档案管理过程中未出现过霉变、褪色等现象，也从没出现过档案损毁、丢失、涂改、伪造等情况。档案装具符合安全防护要求，库房摆放整齐。

3.狠抓规范化建设，确保工作高效快捷

学院狠抓档案管理的规范化建设，明确收集、整理、立卷、归档、保管、查阅、利用等工作程序，确保归档文件材料基本齐全、完整，确保档案整理质量符合要求。按照分类方案进行分类、组卷，准确地编制档号，仔细录入计算机，规范装盒上架，在组卷中尽量做到科学、合理，使案卷分类科学、划分期限准确、书写规范、排列方法统一、库房整洁卫生。每年都在规定的期限内完成收集、立卷归档、分编等工作。

与此同时，学院狠抓档案管理的信息化建设，做到档案信息存储和处理的数字化、收集与传递的网络化。2021 年实现了 OA 系统原生电子文件在线归档，形成了传统载体档案与现代电子档案“二元并重”工作格局。档案查阅方式由最初的档案员手工查找档案实物，演变为如今的电子系统快速检索、高效办结。

4.树立保密意识,加强档案保密工作

严格按照《中华人民共和国保密法》和新修订的档案法管理档案,严格执行借阅规则,加大对归档文件材料的保管以及保密力度,由档案人员统一集中管理,任何个人不得擅自挪用,凡涉及保密的文件资料,均严格把关认真做好传阅和保存工作,做到无遗漏无缺失。

5.加强开发利用,提高档案服务水平

做好档案的统计、利用工作,对各类档案库存、接收、销毁、利用等有计划、有步骤地进行统计,积极做好档案信息资源的开发利用。为方便广大教职工、学生查阅使用,已编制了两种以上检索工具,建立了查阅登记、利用效果调查制度,在提供利用档案中取得了较好的成绩。为学院合同的签订、平安校园的创建、“文明单位”的创建、各项统计报表的填写,都提供了丰富而准确的有效信息帮助。为学院学生学历证书真伪鉴定、学历认定、学籍核查、干部“三龄两历”审查提供了大量的档案原件和复制件,此外,档案室还在学院解决信访、法律诉讼等问题,接受审计等重大检查时提供客观真实的原始凭据,为教职员工开展教学、科研、职称评审等提供查考资料。学院将分期分批为校内建筑办理房屋不动产权证,档案室将会提供建筑物所在地块的相关档案材料。档案室工作人员以亲切的态度和快速的效率为各项工作提供了优质的服务。

六、面向未来工作设想

一是加强档案资源建设。强化档案征集接收工作,完善档案体系制度。加强对重大活动档案、名人档案、重点事项档案资料的收集、整理、归档工作。

二是加强档案宣传与学习。将着力加强档案法治宣传,不断强化档案意识,提高档案规范化管理程度。增强档案工作人员综合素质、提高业务水平,继续抓好档案工作人员的业务培训工作。

三是积极推进档案现代化管理。建立更完善的网络管理系统,购置档案管理软件系统,为档案现代化管理提供基本硬件条件。编制各门类档案管理检索工具,建立数据库。加强特种载体的收集和保管工作,通过现代信息手段更科学地管理档案,进一步提高档案的利用率。

(黑龙江冰雪体育职业学院办公室　李晓杰)

学校概貌

学校近景

黑龙江农垦科技职业学院
档案工作概览

一、学校概况

黑龙江农垦科技职业学院是经黑龙江省政府批准、教育部备案的公办全日制普通高等职业学院,系黑龙江省骨干高职学院、北大荒现代农业职业教育集团牵头单位。荣获黑龙江省学生管理先进单位、黑龙江省师德工作十佳单位、黑龙江省高职院校后勤管理评估先进单位、黑龙江省文明单位标兵等荣誉称号 。

黑龙江农垦科技职业学院坐落于哈尔滨市宾西国家级经济技术开发区大学城,毗邻哈尔滨信息工程学院和黑龙江工程学院昆仑旅游学院。校园占地面积 53 万 m^2,建筑面积 17 万 m^2,固定资产 4 亿多元。建有标准化的体育馆、塑胶运动场和图书馆,基础设施完备,校园网络系统完善。

黑龙江农垦科技职业学院设有机电工程系、护理分院、经济贸易系、动物科学系、农林系、建筑工程系、马克思主义学院和基础部共 8 个教学单位。开设了工业机器人技术、护理、市场营销、食品加工、园林技术、水利水电等 48 个专业。学院面向全国 12 个省市招生,现有全日制在校生 9 000 余人,教职工 456 人,其中,具有副高级以上职称教师 200 人(教授 38 人),博士 3 人,硕士 125 人,省级专业带头人 13 人,是黑龙江省高技能人才培养基地,黑龙江省重要的现代农业技术人才培训基地。

二、档案机构发展沿革

黑龙江农垦科技职业学院档案室属综合性档案室,隶属学院行政办公室,现有管理人员专职 3 人,兼职 5 人。学院始建于 1965 年,最早的档案资料是 1975 年的,1977 年起开始有专人管理档案资料,最初没有单独保存资料的房间,1979 年在新建的宿舍楼内增加一间独立的档案资料室,自此形成了正式的档案室。档案室于 1982 年搬迁至新建教学楼内,增添设备,面积增加了几倍,有 2 间库房,1 间办公室。2007 年随着学院搬迁至宾西经济开发区,档案室搬迁至新建的图书馆楼内,开设 1 间独立档案室,面积约 200 m^2,集库房、办公区、借阅室为一体,三室间隔开。目前学院档案室已承载了 46 年的历史文献资料,共收集管理 10 个门类的档案资料,包括党群类、行政类、教学类、基本建设类、仪器设备类、财会类、科研类、声像类、人事档案、实物档案等,同时兼管学院校史馆。档案室现存档案资料 11 000 余卷、7 万余件,人事档案 600 余卷,接收未整理的资料近万件。随着学院逐年发展壮大,资料也在逐年递增,按高校档案工作检查标准,管理人员需要达到配备的标准,因此于 2019 年增加了两名管理人员。2021 年又添加了多媒体复印机、扫描仪、大型除湿机、档案柜,更换计算机等设备。下一步的工作就是按高校档案检查的标准逐项完善，提升管理水平、服务质量、档案信息利用率，达到与学院的发展相当的水平。

三、档案机构基本情况

黑龙江农垦科技职业学院校史馆位于图书馆楼内，使用面积约 240 m^2，始建于 2010 年春季。面向全校师生、广大校友和社会大众开放。校史馆主要以图片和实物的形式，分前言、历史沿革、领导关怀、教育教学、校园文化、科研学术、后记等几大版块陈列。再现了学院发扬北大荒精神，从 1965 年建校迄今，历经 3 次搬迁、5 次更名的奋斗历程，展现了办学成果和对未来的愿景。校史馆在弘扬大学精神、传承优秀文化、新生入学教育、师生党建及社会服务活动中发挥了重要作用，是学院对内对外宣传的重要窗口。

四、档案机构主要职能

(1)热爱本职工作，提高管理水平，做好档案收集、整理、鉴别、保管工作，同时做好档案的防护工作，做到标准化、规范化、系统化。

(2)严格按照各项规章制度，履行责任义务。

(3)牢固树立服务意识，为领导决策、学校管理、教学活动提供教学服务。

(4)为近年来出现的建党 100 周年、党史学习教育、史料编研及每年的各类大型活动提供专题档案服务。

(5)档案室存档的是能够反映历史时期重要的史实资料，能够真实、客观地反映学院的各项工作，能够展示学院的发展历程，服务于学院各层面的工作需要。

五、档案工作主要业绩

(1)做好档案信息资源利用服务工作。综合档案室在做好本院师生及社会档案利用服务的基础上，还为省教育厅史志办、北大荒农垦集团史志办提供自 2008 年起每年的年鉴材料；为学院编写党史类、财务类志书提供历年相关的信息资料。

(2)推出特殊时期的“预约代办”服务。在学院封闭、教职员工居家办公的情况下，考虑到档案工作的特殊性——经常有急需办理的业务，本着特事特办的原则，推出预约代办服务。利用者无须来校，只需提供相应的材料，即可办理存档信息查阅核实，并通过提供纸质复制件邮寄或电子传递的方法，为利用者提供需要的档案证明材料。此项服务减少交叉、减少聚集，在特殊时期仍能以最快最便捷的方式解决利用者急需急盼档案利用需求。

(3)开展电子档案归档工作。随着大数据和人工智能等新技术的发展，学院已认识到电子档案资源的重要意义，在日常移交资料的工作中已经同步接收纸质资料和电子文件，部分馆藏档案实现了电子、纸质文件同步检索。对于派遣证、照片类档案等做到扫描后存档，对于归档纸质文件实现纸质、电子双套归档，多途径的电子档案资源建设为下一步档案信息工作做好基础准备工作。

(4)加强队伍建设。为应对档案工作现代化的需要，学院支持档案人员线上、线下参加业务培训，提高档案管理水平，提升业务能力，增强现代化服务意识。

六、面向未来工作设想

档案保存历史、启迪未来，如何发挥档案工作存史资政育人的作用是学院档案工作的重要内容。学院档案管理专职、兼职人员利用现有的档案信息资源，随时为需要的群体和个人服务好、宣传好、利用好。校史馆通过校史展览和校史讲解，广泛宣传建校历经3次搬迁、5次更名的奋斗历程，弘扬北大荒精神、传承优秀文化。

档案室全体人员将牢记“为校守史，为师生为社会服务”的责任使命，做好新时代档案人，保管好、利用好档案。今后的工作中我们将不断提高档案法治化、规范化、科学化管理，推进档案信息资源数字转型，做好档案信息资源开发利用，开放共享。我们要用实际行动践行“为党管档，为国守史，为民服务”的使命担当，以新的精神状态和奋斗姿态为实现中华民族伟大复兴之路尽绵薄之力。

（黑龙江农垦科技职业学院档案室　樊雪飞）

美丽校园

档案阅览室

人事档案整理